三浦按針

その生涯と時代

森良和
Yoshikazu Mori

東京堂出版

まえがき

2020年は三浦按針（本名ウィリアム・アダムス、以下「アダムス」）の歿後400年になります。アダムスが日本に来航した西暦1600年4月は、江戸時代が始まる3年前、関ヶ原の戦いの半年前です。「青い目のサムライ」などと形容されるアダムスは、その特異な生涯によって現在でも多くの人々を惹きつけています。日本各地のアダムスゆかりの地で、毎年のように「按針祭」が催されていることからも、その関心の高さがわかります。

アダムスの存在は徳川家康あってこそでした。采地を授けられて旗本扱いとなるなど、家康から破格の寵遇を受けたアダムスは、想像を絶する日本までの苦難の航海を乗り切った強靭な体力と、宿敵スペイン人でさえ認める優れた知性、および沈着冷静で誠実な人柄を活かして、特に外交面で初期徳川政権に寄与しました。

アダムスが日本で過ごした20年間は、近代以前の日本としては例外的な、束の間のグローバル時代でした。この時代にはポルトガル、スペイン、オランダ、イギリスの西洋諸国が日本を舞台に活発な外交活動を展開し、抗争していました。アダムスはそれらの国々すべての言語に通じ、日本語の通訳も行って、幕府の貴重な臣下として活躍しました。

一方、アダムスは決して本国の家族を忘れることはありませんでした。ずっと帰国を願いながらも結局叶うことなく、送金だけは果たしたものの、平戸で生涯を閉じました。それでもアダムスに悲劇は似つかわしくありません。たとえ困難な状況でもアダムスは運命を受け入れながら、その条件下で最大限の自己実現を図ろうとしました。アダムスが人生の大きな転機に何度か用いる「神が私に与えた使命」「神に感謝」という言葉には、諦観とは無縁の召命観さえ見られる気がします。

ちなみにアダムスの歿年には、「召命」を重視するピューリタン102人がメイフラワー号で大西洋を横断し、プリマス（現、米マサチューセッツ州）に到達して北米植民地の基礎を築きました。むろんアダムスはピューリタンではありませんが、アジアに向かうオランダ船に乗り込んだことも「神の導き」としています。そのオランダもイギリスも、日本で特別扱いされているアダムスのことを知って、来航に繋げました。結果的にオランダが江戸時代を通じてずっとヨーロッパ唯一の貿易国となったのは、周知のとおりです。

外に向かうイギリスと、いわゆる「鎖国」への道を歩む日本との狭間に生きたアダムスには、当時の世界史が集約されています。以下、異世界に身を置きながらも自分を見失なうことなく努めたアダムスの生き様に寄り添いながら、江戸初期の史的ダイナミズムを探っていきます。

2020年4月

森　良和

三浦按針——その生涯と時代

目次

第12章◉アダムスと海外貿易 270

第13章◎アダムスの死と商館閉鎖 304

第14章◉アダムスの家族——イギリスと日本

ハワイ諸島
サンルーカス岬
パン島
ジョンストン島
アカプルコ
マーシャル諸島
ココ島
ソロモン諸島
ツバル
マルケサス諸島
ガラパゴス
カヤオ
リマ
アブロル
ホス群島
クック諸島
バルパライソ
コンセプ
シオン
サンタマリア島
チロエ島
マゼラン海峡
フエゴ島

リーフデ号の航路

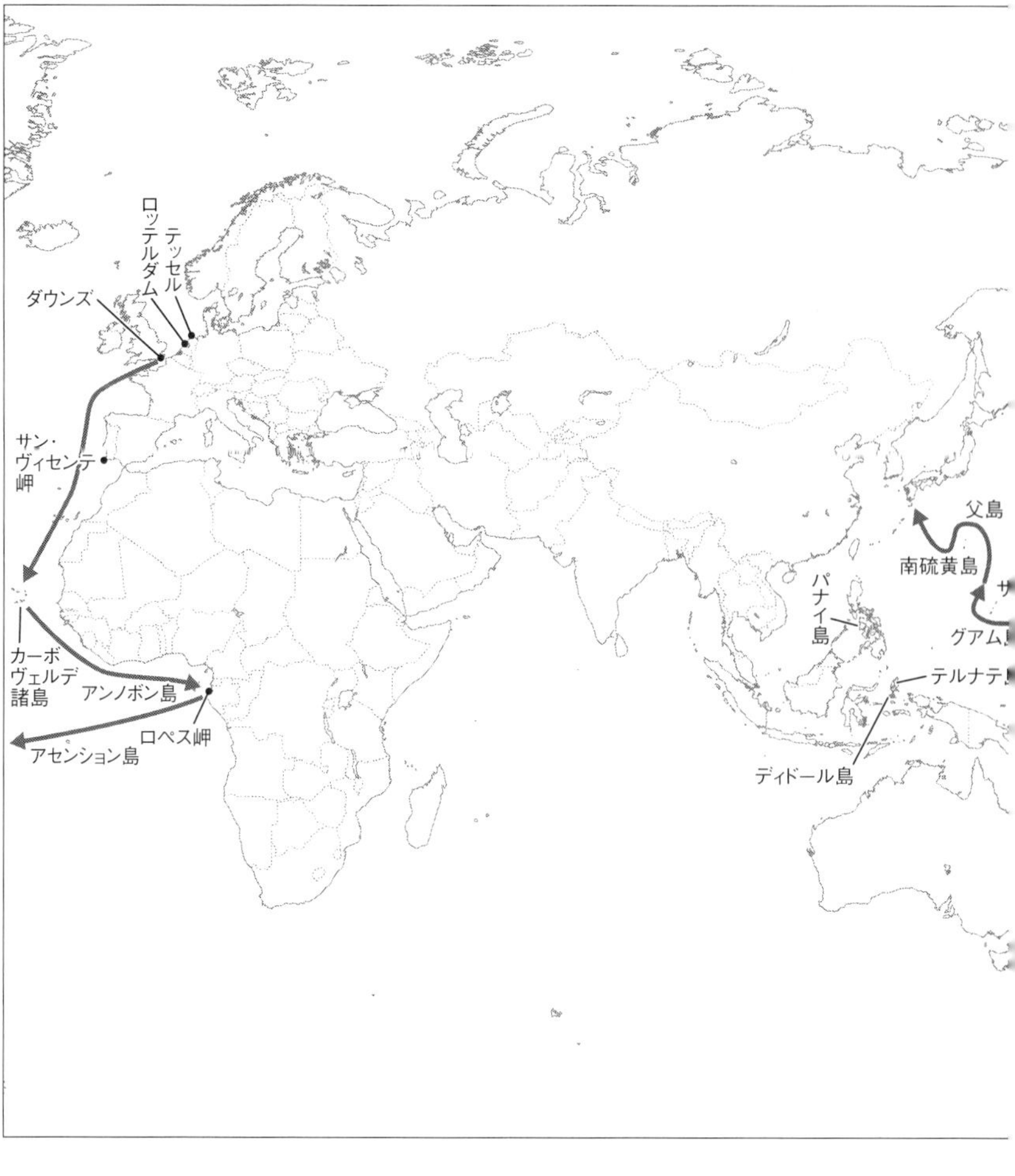

テッセル
ロッテルダム
ダウンズ
サン・ヴィセンテ岬
カーボヴェルデ諸島
アンノボン島
ロペス岬
アセンション島
父島
南硫黄島
パナイ島
グアム
テルナテ
ディドール島

三浦按針の日本関係地図

第1章　1600年までの世界と日本

1　エラスムスとルネサンス、宗教改革

本書の主人公ウィリアム・アダムスは、ちょうど400年前の1620年5月16日（ユリウス暦）に平戸で死亡しました。そのアダムスが乗船してきたリーフデ号は、もともと「エラスムス号」という名でした。船名の由来となったデジデリウス・エラスムスは、16世紀前半に活躍したネーデルラント・ロッテルダム出身の思想家です。当時オランダという国は存在しませんでしたが、のちにプロテスタント国として独立するとエラスムスは英雄的存在となり、現在でも大学などの機関や施設、制度などに多くその名を残しています。

「エラスムス号」という命名には当時のオランダの状況がよく表れています。エラスムスはルネサンス時代の人文主義者として有名でしたし、「エラスムスが卵を産み、ルターが孵《かえ》した」と言われるように、宗教改革の先駆者ともされます。すなわちエラスムスは、ヨーロッパ近代の始まりとされるルネサンス、宗教改革の二つの大精神運動に深く関わり、オランダの大航海時代においても崇敬されていたことがわかります。しかし逆に、オランダ独立戦争の相手国スペインと、彼が批判したカトリ

ックからは敵視されました。
ルネサンス（フランス語で「再生」の意味）は14世紀にイタリアで始まりました。三大巨匠らの絢爛豪華な美術作品群が連想されるのは周知のとおりです。古典古代（古代ギリシア・ローマ時代）を模範とし、人間性豊かで調和の取れた理想美を目指す文化刷新運動がルネサンスでした。それ以前の中世ヨーロッパはキリスト教的世界観に支配され、教会が大きな力を持ち、社会のあり方や人々の生活全般、さらに思考方法までキリスト教の制約を受けていました。それが人間中心の現実的世界観に徐々に移行していったのです。ただ、短期間に急変したのではなく、数世紀をかけての漸進的《ぜんしんてき》な変化でした。

古典古代ブームは著作にも向けられました。古典古代の優れた思想や文学を忠実に復活させ、検証し、表現しようとする人文主義（英、ヒューマニズム）の運動がそれです。当時、多くの学者が古典の文献学的研究を盛んに行いましたが、エラスムスはその代表者の一人です。古典研究の対象は聖書にも及び、精緻な聖書研究も進んだ結果、聖書の教えと現実の教会のあり方とのギャップに疑問を持つ人々も現れ始めました。

実は、教会の堕落を批判した改革運動は中世からずっと起こっています。ただ、15世紀半ばに活版印刷術が西欧に導入されると、人々への広範なアピールという点で前代とは比較にならないほど効果を発揮しました。印刷術はさしずめ「５００年以上前のインターネット」でしょう。ルネサンスの成果である自由な精神を背景とした教会批判の強まりと、印刷の発明が相まった結果、16世紀に入ってまもなく全ヨーロッパを揺るがす大きな出来事が起こりました。

1517年、ドイツの小都市ヴィッテンベルクで、この町の神学教授マルティン・ルターによって「九十五箇条の論題」が発表されたのです。聖書研究を進めていたルターは、当時盛んに販売されていた贖宥状《しょくゆうじょう》という欺瞞《ぎまん》を告発し、教会の悪弊を非難したのです。一般にはこの論題の発表が宗教改革の始まりとされます。キリスト教徒ではない多くの日本人にとって、宗教改革はルネサンスに比べて今一つピンとこないかもしれません。しかし人々の精神改革を促した点で、宗教改革は後世への影響力がルネサンスよりも大きいとされます。

まもなくルターは、カトリックの聖職者位階制度（ヒエラルキー）や教皇権、教会の権力を否定し、信仰の拠り所は教会ではなく聖書だけであり、救いへの道は教会の説く善行や儀式への参加ではなく、信仰によってのみであると説いたのです。エラスムスは当初、ルターの宗教改革に共鳴しましたが、のちに次第に過激化するルターと離反します。エラスムスはカトリックの内部改革が必要とは考えましたが、そこからの離脱には同調できなかったようです。それでもローマ教皇ピウス4世は1559年、エラスムスの痛烈なカトリック批判に対する報復として、その著作を禁書とします。

エラスムスが死亡した1536年には、ジャン・カルヴァンの『キリスト教綱要』が出版されました。神の「予定」による救済を信じて、禁欲的な生活を過ごしながら勤勉に天職に励むべきことを説き、その結果としての蓄財も肯定したカルヴァンの思想は、当時台頭し始めた新興中産階級の倫理に適《かな》ったと言われます。カルヴァン派はネーデルラントでは「ヘーゼン（ゴイセン）」と呼ばれ、オランダ独立戦争を担う主力となります。

一方、カトリック側も綱紀粛正に努めました。カルヴァンの上掲書が出版された2年前には、厳格な規律と強固な組織構成を特徴とするイエズス会が結成されています。イエズス会はカトリックの対抗宗教改革を推進する中心となり、また、非ヨーロッパ世界への布教にも積極的に乗り出して行きます。アジアにはポルトガルの東インドへの航海船に便乗して渡航し、1549年にフランシスコ・ザビエルが来日したのは周知のとおりです。その後、オランダ人やイギリス人が来日すると、イエズス会は彼らを「ルター派」と呼んで敵視します。

宗教改革の波が西欧のほとんどに及んだ結果、16世紀後半には多くの国で大規模な宗教戦争や、深刻な宗教対立が発生しました。フランスのユグノー戦争（1562―1598）、オランダ独立戦争（1568―1648）のほか、イギリスではカトリックとイギリス国教会の国内対立も誘因となって、スペイン無敵艦隊の侵攻を招きます。ルター派が勢力を拡大したドイツでも、いったんアウグスブルクの和議（1555）が出されましたが、その内容があまりに中途半端だったことで対立は解消せず、のちに三十年戦争（1618―1648）が勃発します。もっとも、宗教戦争とは言え、対立の図式は単純にカトリック対プロテスタントとはならず、同じ宗派内にも複雑な対立関係が存在していたことも見逃せません。

ところで、ルネサンスの偉大な芸術家の一人にミケランジェロがいますが、本書の主人公ウィリアム・アダムスが生まれた1564年はミケランジェロの歿年でもあり、またガリレオの誕生年でもあることは時代の一つの目安になるでしょう。すなわち「世界と人間の発見」と言われるルネサンスが一段落し、理性時代のはしりとなる「科学革命の時代」が始まったのです。そのため16世紀後半のヨーロッパでは、さまざまな自然理論や科学技術が発展しました。

ルネサンスによる「古代の発見」は地理学、天文学、自然学などの分野にも向けられ、印刷術の発明による書籍の刊行は知識の伝播に貢献しました。イスラムの科学や技術の導入もあって、ヨーロッパ全体に発展機運が高まったことは大航海時代に繋がります。特に当時、東方貿易の恩恵をあまり受けていなかったイベリア半島の国々にとっては、西アジアに強大な勢力を張っていたオスマン・トルコや、東西貿易を仲介していたイタリア商人に拠らない「宝庫アジア」に至るルートの発見が熱望されていました。

2 大航海時代——ポルトガルとスペインの先行

一般に中世末期の14、15世紀は、ヨーロッパのどの国でも国内情勢が不安定でした。もっとも、「国」とはいえ、当時は現在の国家の概念とは異なって西ヨーロッパ全体が地方分権的であり、国としての統一性は弱く、国境も曖昧でした。それまで西ヨーロッパの精神的紐帯《ちゅうたい》となっていた教皇の権威も徐々に衰退し、また封建社会の領主として各地に分立していた諸侯や騎士たちも、銃砲などを用いた戦術の変化や荘園制の崩壊と共に、次第に存在意義が薄れるようになりました。

こうした変化の背景には「小氷期」とも言われた不順な気候があり、農作物の不作が続いて餓死者も多く出ました。特に14世紀半ばの「大ペスト（黒死病《こくしびょう》）」によって、西ヨーロッパの人口は激減し、地域によっては人口の3分の1、あるいは半分が失われたと言います。この時期にはイギリスとフランスが百年戦争の渦中にあり、ドイツやイタリアでは各地に小国が乱立して互いに抗争していました。

こうした中で、太平洋に面したポルトガルとカスティリャ（スペインの正式な成立は1479年）は、社会の危機に対する打開策を海洋進出に求め、レコンキスタと相まって盛んに大西洋沖やアフリカ西海岸の探検事業を進めました。

レコンキスタとは、長くイスラム教徒の支配下にあったイベリア半島中南部を、キリスト教徒の手に取り戻そうとする運動で、広義の十字軍に当たります。その過程で上記両国は他のヨーロッパ諸国よりもいち早く中央集権化を推し進めました。この運動は1492年にスペイン南部のイスラム王国グラナダが降伏して完了します。同じ年にスペイン王室の支援を受けたコロンブスが、西回りで「インド」（実際はアメリカ）に達したと思われましたので、この年号は一つの区切りとなるでしょう。

レコンキスタの過程で、ポルトガルはアフリカかアジアに存在すると考えられた「プレスター・ジョン（司祭ヨハネ）の国」と連携しようと、大西洋をアフリカ西岸伝いに南下して盛んに探検事業を進めました。特に王ジョアン1世の王子エンリケは、15世紀中頃に海洋探検を積極的に推進したので「航海王子」と呼ばれます。同王子の時代にポルトガルは大西洋のマデイラ、アゾレスなどの島々、およびアフリカ西端のヴェルデ岬に達しました。

一方、コロンブスはマルコ・ポーロのいわゆる『東方見聞録《とうほうけんぶんろく》』を愛読したと言われます。同書にある「黄金の島ジパング」の伝説は、ヨーロッパ人のアジアへの夢をかき立てました。16世紀末には日本近海にあるという「金銀島」の噂が流れ、一部の国がその発見を競いました。のちにアダムスは幕府の船奉行向井将監《むかいしょうげん》から、「金銀島」の信憑性について尋ねられていますし、実際スペインやオランダは17世紀になってその「幻の島」の探索を行っています。

金銀に限らず、中世以来、ヨーロッパ人はアジアを貴重な物産の宝庫と考えていました。十字軍はイスラム教徒に占領されている聖地イェルサレムの回復を目指しましたが、そうした大義名分のほか、アジアにある豊かな物産の入手という世俗的目的もありました。騎士たちは良質の軍馬などの戦利品の獲得を目指しましたが、商人たちは香辛料、絹製品、綿製品、絨毯、陶磁器などを扱う東方貿易をいっそう有利にかつ活発にしようと図りました。

もっとも、イスラム支配下の時代にキリスト教徒がかえってイスラムの優れた文化や技術を吸収できたことも明白です。いわゆる「ルネサンスの三大発明」もイスラム世界から伝わったものですし、数学や化学、医学、地理の諸成果、多種多様な航海器具や航海術などでも、ヨーロッパはイスラム世界に多くを負っています。中世ヨーロッパで忘れ去られていたアリストテレスら古代ギリシアの優れた著作の一部が、いったんアラビア語に翻訳されてイスラム世界に残され、それを知ったヨーロッパ人は改めてそこからラテン語に翻訳して古典古代の学問成果を取り入れることができたのです。

15世紀までのヨーロッパには、まだ「アメリカ」とか「新大陸」、あるいは「太平洋」という地理概念はありませんでした。「世界地図」は古代のプトレマイオスのものをベースに、その後の探検の諸成果を取り入れたものが作製されていましたが、今日からすれば全く稚拙なもので、未踏の地は想像によって書き加えられていました。例えば、15世紀末にマルティン・ベハイムが作製した最初の地球儀にある「ジパング（日本）」は、カナリア諸島沖の大西洋上に位置しています。

15世紀末になると、ヨーロッパに革命的なインドへのルートが二つ開けました。1492年にコロンブスが西回りで「インド」に、また1498年にはヴァスコ・ダ・ガマがアフリカ南端回りでインドのカリカットに達したのです。それを受けて、当時の二大海洋大国ポルトガルとスペインは、すぐ

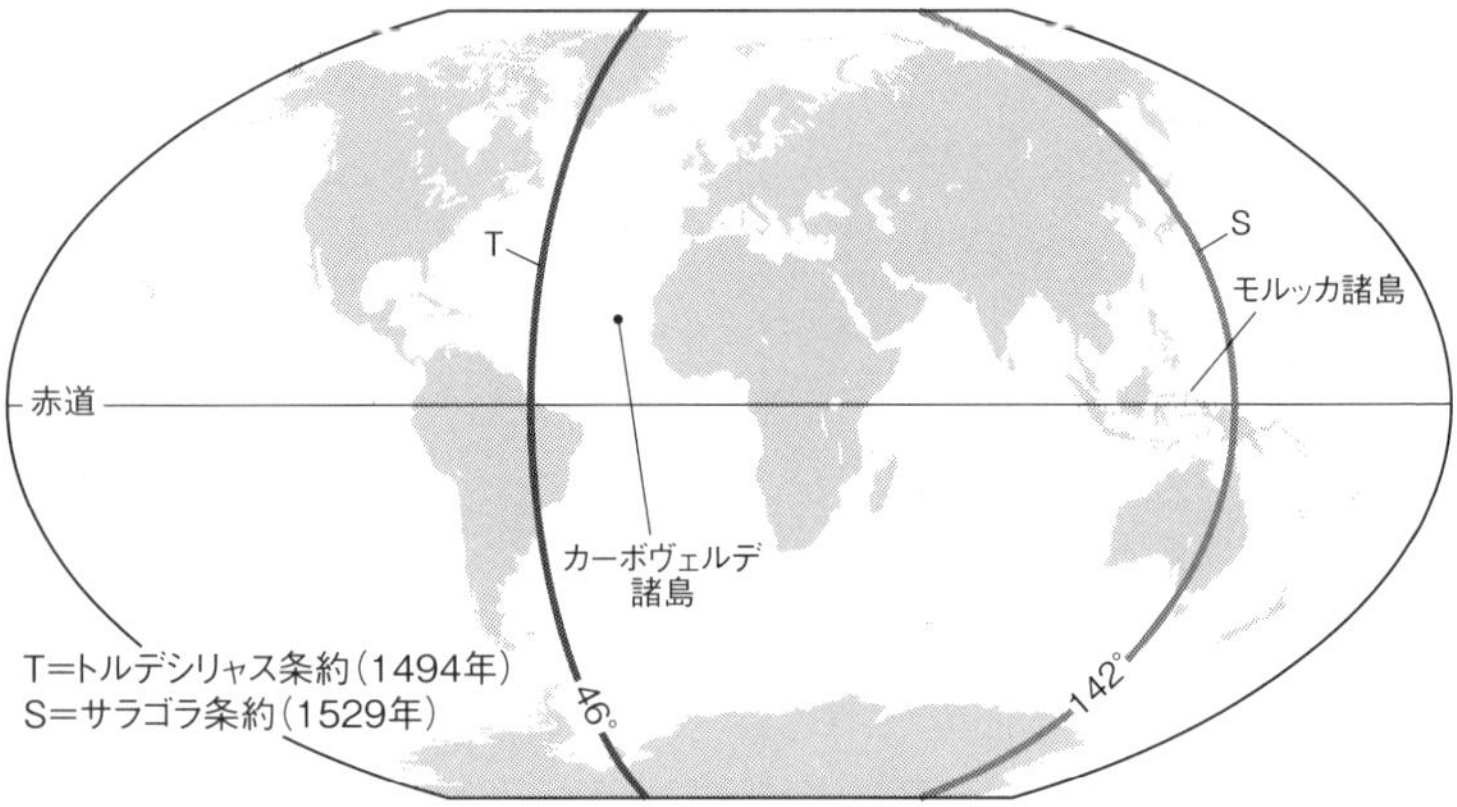

図1-1　ポルトガルとスペインによる世界の分界線

に両国による世界分割条約を締結します。1494年のトルデシリャス条約によって、カーボ・ヴェルデ諸島の西370レグア（約2180km）上を分界線とし、その西はスペインの、東はポルトガルの勢力圏と定めました。

まもなくコロンブスの達した地が「新大陸」であることが判明し、さらに「南の海」すなわち太平洋の存在も知られます。また、マゼラン船隊が1522年に世界周航を達成すると、両国は1529年のサラゴサ条約によって「地球の裏側」についても、モルッカ諸島の東297・5レグア（約1750km）を分界線とするとしました。その結果、東インド（アジア）はポルトガルの、西インド（南北アメリカ）はブラジルを除いてスペインの、各勢力圏とされました。なお、この条約によればフィリピンはポルトガル圏に入りますが、事実上の実効支配が認められる形になります（図1—1）。

3　大航海時代——イギリスとオランダの海外発展

「海軍と貿易と海賊は三位一体」とは、文豪ゲーテの戯曲『ファウスト』におけるメフィストーフェレスの言葉です。当時のイギリスとオランダの海外遠征は、大かれ少なかれこうした三重の性格を備えていました。武装した商船は、平時は貿易船として商品の販路を求めて出航していきましたが、本国の戦争に応じて敵船の攻撃に加わったり、状況によっては略奪を繰り返す海賊に豹変しました。戦時ではなくとも私掠船《しりゃくせん》として国の支配者の了解を得ていたことも多くありました。

特に16世紀後半のイギリスでは、主にスペインの輸送船や植民地の襲撃を行う私掠船が女王によって認められていました。倫理を度外視すれば海賊や略奪は最も利益率の高い「ビジネス」です。一攫千金を夢見た「海の猟犬」たちは「洋上のゴールド・ラッシュ」に疾駆しました。海賊に加わった者には職業的船員だけでなく、風聞を耳にして酒場や牢獄から集まった無頼漢さえ少なくなかったと言います。彼らの憧れは、私掠船を率いて途方もない略奪品を持ち帰ったフランシス・ドレークやトマス・キャヴェンディシュでした。

「海賊の大スター」はドレークです。1577年に本国を発したドレークは、洋上や植民地でスペインから莫大な価値の金銀財宝を奪い、結果的に世界周航を果たして1580年に帰還しています。略奪品の多くがエリザベス女王に献上されましたので、財政が逼迫していたイギリスの国庫は一挙に潤い、その功績でドレークはナイトに叙勲されましたし、のちにプリマスの市長にもなっています。現在、大西洋を見下ろすプリマスのホーの丘には、ドレークの銅像が建てられています。

ドレークに刺激されたトマス・キャヴェンディシュ隊も、1587年に現在のメキシコ沖で太平洋横断中の大型スペイン貿易船を襲撃し、翌年世界周航を果たして高価な絹製品などを大量にイギリスへ持ち帰りました。また、ジョンとリチャードのホーキンス父子も、奴隷貿易や海賊行為で知られており、子のリチャードは16世紀末にマゼラン海峡を通過しています。

一部の歴史書は、16世紀末から17世紀初頭のイギリスとスペインとの対立を「英西戦争」(1585―1604)と呼んでいます。これはアダムスが日本来航以前にパイロットとして活動していた時期と重なります。スペインを敵視するイギリスは、オランダと表面的な「同盟」を結んでいたので、女王エリザベス自身は戦いを望まなかったにもかかわらず、スペイン側はイギリスとも戦争状態に入ったと認識していました。これにはイギリスにおけるカトリック弾圧、スペインの船や植民地を狙った私掠船の横行、イギリスのオランダ独立支援などが背景にあります。

1587年、イギリスにおけるカトリック勢力の象徴的人物である前スコットランド女王メアリ・ステュアートが処刑されました。これを契機に1588年8月、スペイン無敵艦隊(アルマダ)がイギリス侵攻を図ったものの、敗北した海戦は有名です。ちなみにホーキンス父もドレークもこの海戦の指揮官でしたし、青年アダムスも補給船の船長としてこれに参戦しています。キャヴェンディシュは、この海戦が終わった直後に世界周航から帰国しました。この戦いはスペインからイギリスへの海上覇権への移行を示す象徴的な出来事とされます。

16世紀最後の5年から本格的な東インド進出を図ったオランダは、スペインに対する独立戦争(八十年戦争、1568―1648)を断続的に続けていたので、敵国スペイン船の襲撃は戦争の一環であるという大義名分がありました。オランダが襲撃のターゲットとしたのはスペインだけではなく、1580年以来フェリペ2世の下にスペインと同君連合にあったポルトガルも含まれていました。オランダはフェリペ2世への臣従を拒否することから独立の道に至ったので、ポルトガルが勢力を張る東南アジアでは1600年ころから両国の激しい抗争が続くことになります。

しかし1610年代後半からは、それまで「偽りの友情」で結ばれていたオランダとイギリスも仲間割れを始め、以後両者の激しい争いは17世紀後半まで世界的規模で起こるようになりました。日本でも両商館の関係が険悪になったので、イギリス商館長コックスはオランダ人の非道を訴えるため江戸に参府しています。しかし、アンボイナ事件の起こった1623年に平戸イギリス商館は閉鎖され、その後、東インドでの勢力圏は、イギリスはインド亜大陸に、オランダはインドネシアになります。

オランダ船の海賊的性格については日本への来航船も例外ではありません。1609年に来日したオランダ東インド会社最初の来航船はローデ・レーヴ・メト・ペイレン（矢を持つ赤いライオン）号とフリーフェン（グリフィン）号でしたが、両船とも正に貿易と海賊の二面性を帯びていました。後述のように、日本到着後、オランダ使節は直ちに駿府に至って日蘭貿易の開始を請願し、徳川家康から商館設置の許可を取り付けています。しかし、対日貿易と商館の設立は、実はオランダにとって「第二志望」でした。

前記2隻がもともと属していたピーテル・ウィレムスゾーン・フェルフーフを司令官とするオランダ東インド遠征隊は、ジャワ島西端のバンタン付近に集結していました。このときに、まもなくポルトガル船ノッサ・セニョーラ・ダ・グラサ号（旧名マードレ・デ・デウス号）がマカオを出航するとの情報を得、これを拿捕《だほ》・略奪する目的で両船を出航させたのです。結局、同船の捕獲は成らなかったので、目的を日本での商館設置に変更しました。したがって、平戸のイギリス・オランダの商館員たちも状況次第では十分「海賊」になり得たのです。

ちなみに、オランダ人の攻撃を免れたそのポルトガル船は、無事長崎に入港したのも束の間、肥前日野江《ひのえ》藩主の有馬晴信《ありまはるのぶ》や長崎奉行の長谷川藤広《はせがわふじひろ》らの兵士の猛攻撃を受け、大爆発して炎上・沈没することになります。前年、有馬氏がマカオに派遣した朱印船の日本人船員が、現地で多数殺害された事件の報復でした。しかも、この爆沈事件に絡んで岡本大八《おかもとだいはち》事件が起こると、それまでキリスト教に比較的寛大だった家康も方針を転換し、幕府による本格的なキリスト教弾圧が始まるのです。

4　織豊時代末期の日欧交渉

日本に目を転じますと、アダムスの生年（1564、永禄七年）には上杉謙信と武田信玄による最後の川中島の戦いが行われました。その4年前には織田信長が桶狭間の戦いで今川義元を破っており、また、後日アダムスの庇護者となる徳川家康が「家康」を名乗ったのは永禄九年（1566）です。したがって、アダムスがイギリスで徒弟修業を始めてから日本に到着するまでの時期（1576—1600）は、ほぼ日本の安土桃山時代（1573—1600）に当たります。

この時代が日本史上でもまれな激動期にあったことは言うまでもありません。むろん、その膨大な歴史絵巻をここで詳述することは到底できませんので、本書に関連する日欧交渉の主要事項だけを述べていきます。

1600年までの日欧交渉とは、端的に日葡（ポルトガル）関係でした。ポルトガル人が伝えた鉄砲は、その軍事的効果の大きさで大名たちを驚かせ、以後大名たちは競って鉄砲造りを進めました。中でも織田信長が編成した大がかりな鉄砲隊は有名です。また、いわゆる南蛮貿易によって、明《ミン》（現、中国）や東南アジアの産物が多く日本にもたらされました。主な輸入品は生糸と絹織物、火薬（原料の硝石）、生薬、革製品、砂糖などでした。

南蛮貿易は利益率が高いので、鉄砲や大砲など「南蛮伝来」の武器に引きつけられた九州の大名らは、それらの購入資金に当てるためにも貿易を活発化させたのでした。彼ら大名たちは少なからずキリスト教に入信しています。もちろん、純粋にその教えに共鳴した人々もいたでしょうが、大半はポルトガル人との連携を深める手段としてキリスト教を用いたのであり、領民に入信を強制した場合も多かったのです。当時、独占的に布教活動を行ったのはイエズス会宣教師で、彼らはポルトガル人のルートで来日し、ポルトガル人の貿易を大きな財政基盤にしていたので、両者は密接に結びついていました。

キリスト教勢力の拡大に対して、当然日本の為政者や仏教界は警戒感を抱きます。1580年、キリシタン大名大村純忠《おおむらすみただ》は長崎をイエズス会に寄進し、そのとき多数の神社仏閣を破壊しています。こうした事態を憂慮した豊臣秀吉は、九州制圧中の天正十五年（1587）、突如バテレン追放令を発しました。この命令は2種ありますが、日本は神国であり邪教は許さない、寺社の破壊は許されない、日本人を海外に売買するのを禁ずる、西洋人が農耕用の牛馬を食するのを禁ずる、領民にキリスト教を強制しない、などがその内容とされています。

しかし、秀吉のこの布令は中途半端でした。秀吉は当初、バテレン（宣教師）を20日以内に国外追放させると命じましたが、これは現実的に不可能であり、宣教師たちはそのまま日本に滞在しています。それによって宣教師たちが直ちに捕らえられ、処刑されたわけではありません。また、一般庶民のキリスト教信仰を否定したものでもありませんでしたし、布教から離れた南蛮貿易は許可していました。

その後、1596年に土佐へ漂着したスペイン船サン・フェリペ号の扱いをめぐって、秀吉は「二十六聖人の殉教」事件を起こしました。発端は、同船の船員が不用意に漏らしたスペインの征服方法が秀吉を激怒させたことと言われます。すなわち、「世界最大最強の国スペイン」は、まず狙いをつけた国に宣教師を送り込んで国内情勢を探らせ、その後、軍隊を派遣して一挙にその国を征服するというものです。これは、京にいたポルトガル人によるスペイン人への中傷に端を発するとされます。このあたりは、同じく「海賊」呼ばわりされたリーフデ号に対する非難と似通ったものがあります。

この背景には、スペイン人とフランシスコ会の日本参入を喜ばないポルトガル人やイエズス会の意向があります。すなわち同じカトリックでも、ポルトガル人とイエズス会は、他国や他派が日本に参入することで、貿易や布教の独占状態が脅かされることに懸念を抱いたのです。これら「宣教師スパイ説」やカトリック両国の争いは、アダムスが日本に来着してからも続くことになります。

天正十八年（1590）に天下統一を果たした秀吉は、文禄・慶長年間に朝鮮出兵を行い、その結果、5、6万人とも言われる夥《おびただ》しい数の朝鮮人捕虜が日本に連行されました。後年アダムスには朝鮮人の使用人マイケル（ミゲル）がおり、遺言で彼に遺贈していますが、マイケルも連行された一人だったかもしれません。このほかにも秀吉は強圧外交を進め、琉球王国、フィリピン諸島、高山国《こうざんこく》（台湾）などにも朝貢を求める方針でした。さらに明王朝まで支配しようと企てて大陸侵攻を構想するなど、常に周辺諸国に対する征服欲に駆られていました。

慶長三年（1598）に秀吉が死亡したとき、秀吉は徳川家康ら五大老に息子秀頼の後見を依頼します。中でも家康は、すでに秀吉の推挙によって朝廷から内大臣（内府《だいふ》）の称号を授けられており、かつ五大老の筆頭で、秀吉の遺言によって秀頼が成人するまでの政事を託されたのでした。しかし、こうした家康の権力の突出ぶりと専横は、一部の大老や秀吉の旧臣らの反感を招き、まもなく関ヶ原の戦いが起こります。リーフデ号が日本に来着したのはこうした時期だったのです。

5　名前、暦法、および「アダムスの手紙」

ウィリアム・アダムスは、日本では一般に「三浦按針」として通用しており、本書のタイトルもそれを用いています。ただ、アダムス自身や当時対日貿易を行った国々の記録に「アンジン」はありません。また、江戸時代の和書では「安仁」「安信」「安針」「案仁」などとされ、「按針」はありません。したがって、本書では一貫して「アダムス」を用いています。ちなみにアダムスの受洗した教会で確認したところ、発音は「アダムス」で「アダムズ」ではないとのことです。

暦法についても確認しておきます。当時イギリスでは依然ユリウス暦（西洋旧暦）を用いていました。一方、オランダはユリウス暦より日付が10日早いグレゴリオ暦（西洋新暦）です。新暦は1582年10月から実施されました。したがって、グレゴリオ暦1月1日はユリウス暦では前年12月22日となり

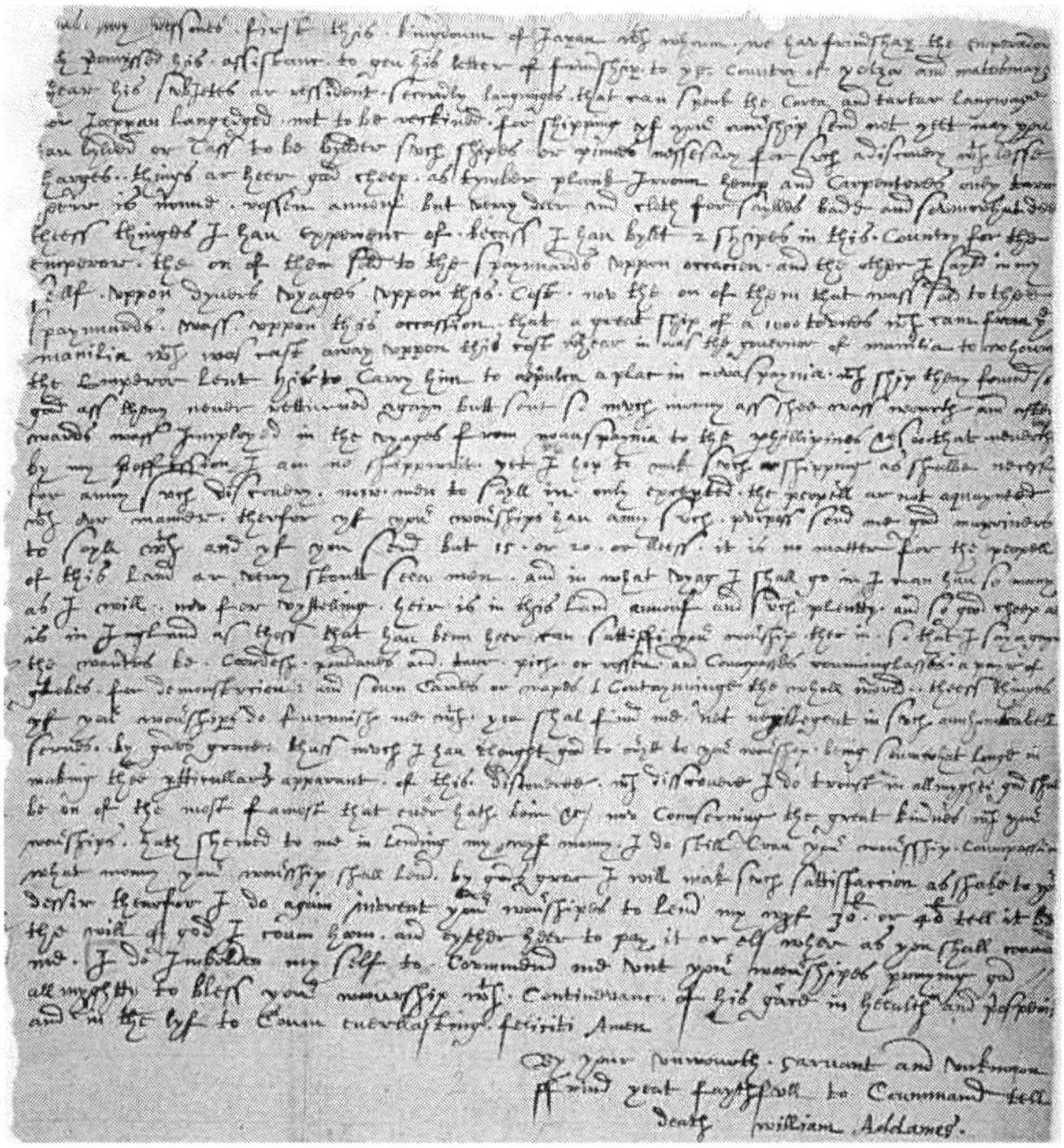

図1-2　アダムスの手紙草稿（「東インド会社宛」の最後部。大英図書館所蔵）

ます。この両国は日本でも本国に合わせた暦を用いていました。イギリス商館長リチャード・コックスの日記には、1615年12月22日の夜明け前と1617年12月21日の深夜（22日未明）に、オランダ人たちが新年の祝砲を発射したとあります。両国の新年は正に10日違いだったわけです。

本書で用いる史料ではこれら二つの暦が混在しており、さらに日本の古典籍では和暦で示されますので、年月日の照合には注意が必要です。和暦の日付は西暦より1ヶ月以上遅れることが多いうえ、年の変わり目も厳密には一致しません。例えば、関ヶ原の戦いは西暦1600年、和暦慶長五年に起こりましたが、同じ慶長五年でも、十二月十五日はグレゴリオ暦では1601年1月19日、ユリウス暦では1月9日になります。なお、本書では和暦を漢数字で示します。

アダムスが書いた手紙は今日11通確認できます。本文中で特に頻度高く引用する手紙には略称を用いました。なお、これまで多くの研究者によってアダムスの手紙の和訳がなされてきましたが、本書ではアンソニー・ファリントン編『日本のイギリス商館1613年―1623年』（未邦訳）に所収された原文から、筆者自身が和訳しています。各手紙と本書で用いる略称は次のとおりです。略称のないものは本書での引用頻度が少ない手紙です。

- 1605年頃、日付・発信地不明、本国の「妻宛」→略称「妻宛」。
- 1611年10月22日、平戸発、「未知の友人および同胞宛」→略称「未知の友人宛」。
- 1613年1月12日、平戸発、バンタンの「オーガスティン・スポルディング宛」→略称「スポルディング宛」。
- 1613年12月初め、平戸発、「ロンドンの東インド会社宛」→略称「東インド会社宛」（図1―2）。
- 1613年12月1日、平戸発、バンタンの「トマス・ベスト宛」→略称「ベスト宛」。
- 1614年7月26日、平戸発、江戸の「リチャード・ウィッカム宛」。
- 1615年10月29日、駿府発、江戸の「リチャード・ウィッカム宛」。
- 1616年10月14日、江戸発、平戸の「ジャック・スペックス宛」。
- 1617年1月16日、平戸発、ロンドンの「東インド会社総裁トマス・スミス宛」→略称「総裁スミス宛」。
・1617年11月10日、堺発、平戸の「リチャード・ウィッカム宛」。

6 本書の基本姿勢

『徒然草』の第七十三段に「世に語り伝ふる事、まことはあいなきにや、多くは皆虚言《そらごと》なり」とあります。世の中に伝わる話は、本当では面白くないので、多くは創り話である、というものです。古来、面白おかしく脚色された話のほうが一般の興味を引くのでしょう。もちろんアダムスをモデルにした数々の優れた小説があり、それはそれで大きな意義を持っているのは疑いありません。

ただ、歴史書としての本書の基本的立場は、「本当はどうだったのか」を探求することです。もちろん基本となるのは多くの史料ですが、近年アダムス関係の史料で通説を根本的に覆すものが発見されたとは聞きません。数少ない断片的史料から全体像を形作るのは至難の業で、全体像の大部分は、「状況証拠」を援用しながらの解釈に基づくことになります。

アダムスが果たした役割については、これまでさまざまに解釈されてきました。アダムスの事績を過剰に評価して、ほとんど神話化したものから、日英交流史に優れた業績を残したデレク・マサレラ氏による「実際以上の評価と名声を得ることになった」とするものまでさまざまです。アダムスが初期徳川政権にどのように関わったかについては、日本側の史料からは今一つ見えにくいですが、いずれにしても初期徳川政権に大きく貢献したことは疑いありません。

以下、内外の史料に拠りながら、「等身大のアダムス像」を探っていくつもりです。

第2章　イギリス時代のアダムス

1　生地ジリンガム

アダムスは、来日後10年あまり経った1611年10月22日付けの手紙で、ごく簡単に自身の来歴を語っています。当時すでに来日していたオランダ人の船便に託して、イギリス商館のあるバンタン（ジャワ島）の「未知の友人たちと同胞たち」（以下「未知の友人宛」）に宛てて認《したた》めたものです。そこでは出生地について次のように説明しています。

私はケント人で、ロチェスターから2イギリス・マイル（3・2㎞）、王の艦船が碇泊するチャタムから1マイルのジリンガムという町の生まれです。

「ケント人」とはケント州出身者のことで、ドーヴァー海峡と北海に面したイギリスで最も東南の州です。ジリンガムは現在、ケント州内の自治都市メドウェイ市に属し、ロンドン中心部から直線距離で東南東に約45㎞、イギリス最大の大聖堂のあるカンタベリから西北西に約40㎞の、メドウェイ川

図2-1　アダムスの故郷を流れる現在のメドウェイ川（2018年10月、筆者撮影）

流域に位置しています（図2—1）。

アダムスとの縁で、日本では神奈川県横須賀市（アダムスの采地だった逸見《へみ》がある）がメドウェイ市と姉妹都市に、静岡県伊東市（アダムスの洋式船建造地）が友好都市になっています。現在のメドウェイ川は河口付近が大きく湾状に広がっており、川岸に立つとさながら海辺にいるような錯覚に陥ります。しかし古地図を見ると、16世紀当時は現在と大きく異なって、川幅がかなり狭まっており、そのことが外敵の侵入を防ぐ自然の障壁となるので、船舶の待避や建造に好適だったとみられます。

16世紀前半、王ヘンリ8世は海軍力の大幅な増強を図って軍船を盛んに建造しました。そのため、従来の主要軍港ポーツマスだけではスペースが不足するようになります。そこで1550年のエドワード6世の王令では、「王国の艦船は、ポーツマス以外はジリンガム水域に碇泊しなければならない」としました。以後ジリンガムは、隣接するチャタムと共

図2-2　アダムスが受洗したセント・メアリ・マグダレーン教会（2018年10月、筆者撮影）

に船舶の補修や補給の拠点となり、1567年には王立海軍工廠が設立されて本格的な造船も行われます。アダムスが生を受けたのは、ちょうどこの地域に海運業の基礎が築かれたころに当たります。

アダムスの受洗記録がジリンガムのセント・メアリ・マグダレーン（聖マグダラのマリア）教会（図2―2）に残っています。

「ジョン・アダムスの息子ウィリアム・アダムス　1564年9月24日受洗」

W.m Adams sonno of John Adams baptised the four & twentiy of Septembor 1564

アダムスの誕生日はその数日前でしょう。奇しくも同国人の文豪ウィリアム・シェイクスピア、イタリアの大科学者ガリレオ・ガリレイ、さらに後年日本で出会うフィリピン臨時総督を務めたロドリゴ・デ・ビベロ・イ・アベルサ（以下「ロドリゴ」）らが同年生まれです。また、日本来航後にアダムスと密接に関わる平戸イギリス商館長リチャード・コックスも、アダムスより半年遅れの翌年1月生まれですので、同年と言えるでしょう。

受洗記録から父の名はジョンであることがわかりますが、教会の案内資料によれば、アダムスには姉妹と弟がそれぞれ一人いました。このうち弟のトマスは、後述のように兄ウィリアムと共にオランダ船隊に加わり、現在のチリ沿岸の先住民との争いで殺害されています。また、別の史料によればアダムスは長男で、父はアダムスが徒弟奉公を始める12歳のときに死亡しました。母や姉妹のことはわかりません。

アダムス誕生の6年前、イギリスでは女王エリザベス1世が即位し、その翌年、女王は国内のキリスト教をカトリックからイギリス国教会に復帰させる統一令を発しました。そのためセント・メアリ・マグダレーン教会も国教会に属することになりました。

アダムスの生育環境についての手がかりはほとんどありません。概してこのころのイギリスの田舎では識字率がかなり低かったようです。それでもジリンガムは比較的ロンドンに近いですし、重要な交通ルートのワトリング街道沿いにあるので、海辺の村でも読み書き程度の初等教育は行われていたでしょう。後年アダムスが書いた手紙は綴《つづ》りがでたらめで、文法的にもおかしい箇所が見られるとの指摘もありますが、これはむしろ、当時まだ筆記法が統一されていなかったことによると思われます。

当時の子どもたちの日常どおり、アダムスも5、6歳くらいまでは家周辺の野原や川辺、海岸などで遊び、7歳ころから学校に通いながら家事や単純作業を手伝ったことでしょう。もちろん父母は多忙な生活の中でも日常的に躾《しつけ》を行い、教会ではキリスト教徒としての道徳を説かれたに違いありません。アダムスは大学教育とは全く無縁ですが、次節で述べるように、来日したイエズス会宣教師やスペイン人たちによって博識で一目置かれています。本格的な知識はライムハウスでの徒弟時代に身につけたものです。

2 ライムハウスでの徒弟時代

アダムスは自身の来歴について、「12歳のときからロンドン近郊のライムハウスで12年間ニコラス・ディギンズ氏の徒弟でした」(「未知の友人宛」)としています。ジリンガムとライムハウスは同じ造船業で結びついているので、その関係で弟子入りを勧められたのでしょう。では、徒弟時代にアダムスはどのような修業をしたのでしょうか。

ライムハウス(図2—3)は、現在はロンドン市内に含まれますが、16世紀当時は郊外でした。古来ロンドン市の東端とされたロンドン塔から、テムズ川に沿って東側数km に位置しています。今日では、ロンドン塔そばのタワー・ゲイトウェイ駅から郊外鉄道ドックランズ・ライト・レイルウェイ(DLR)に乗れば、わずか4、5分でライムハウス駅に着きます。駅から徒歩数分のところにある広いレジャー・ボートの係留池は、水路でテムズ川に通じています。テムズ川からその水路の入口を見ると、水路の上に架かる橋桁に'LIMEHOUSE MARINA'の文字が見えます。アダムスが徒弟時代を過ごした造船所はこの辺りにありました。

これを裏づける古地図があります。16世紀末に作成されたロンドン図のほとんどは東端がロンドン

図2-3　アダムスが修業した造船所ライムハウスの現在（2018年10月、筆者撮影）

塔で途切れていますが、いくつかは塔の東側まで描いたものが残っています。その一つ、ロンドン市と郊外全体を鳥瞰《ちょうかん》した1598年のジョン・ストウ作製の地図では、前述の水路近辺が「ドック」とされています。ストウの説明によれば、当時のテムズ川沿いの集落には航海や船舶関係の生業で暮らす人々の家屋が軒を連ねていました。船員たちの家のほか、ロープや帆布の職人の家、船舶用の雑貨店、船員の宿場、船長家族の邸宅などです。

この地域は、16世紀後半のイギリスの急速な人口増加の受け皿でもありました。当時のヨーロッパは宗教迫害や政治弾圧のあおりで混乱が続いていました。ユグノー戦争（1562―1598）によってフランスからユグノー（カルヴァン派）が、またスペインによる弾圧によって南ネーデルラント（ほぼ現在のベルギー）からの新教徒が、多くイギリス

図2-4　ラトクリフにある探検航海者の銘板（2018年10月、筆者撮影）

に移住してきました。さらに、ロンドン市内を追われた「流れ者」もやって来たので、概して貧困層が多く治安の悪い地域だったようです。

ライムハウスの西隣のラトクリフもアダムスの生活圏と思われる地域ですが、ここでも船の艤装《ぎそう》と必要物資の装備や供給が盛んに行われていました。初期北方航路の探検を行ったヒュー・ウィロビーは1553年、マーティン・フロビッシャーは1576年に、それぞれラトクリフから出航したので、現在テムズ川沿いの遊歩道に彼らを記念した銘板があります（図2―4）。造船所での徒弟生活に入ったアダムスは、大望を抱いて大洋の彼方に乗り出して行く探検家や探検船を見聞しながら成長しました。こうした環境の中で、冒険心旺盛だったウィリアム少年は、ドックで日々を過ごす船大工よりも、遥か大洋をめぐるパイロット（水先案内人）の仕事に惹かれ、それで身を立てる決心をしたに違いありません。

　ちなみにこの時代のパイロットは、現代とは全く様相を異にします。現代日本では「水先人」の公的ライセンスが存在し、担当する水先区で水域に不案内な船舶が安全航行できるように誘導するのが仕事です。したがって、担当水域の専門知識が要求されますが、水域は限定されています。一方、アダムス時代のパイロットは、ときに全く未知の大海原に乗り出し、船の位置を計測しながら、手探りで目的地へのナビゲーターを務める危険きわまりない仕事でした。

図2-5　アダムスが結婚式を挙げたセント・ダンスタン教会（2018年10月、筆者撮影）

　命知らずの荒くれ男たちが集ったこの地域にも、住民の精神的拠り所がありました。ライムハウス北隣のステップニーにあるセント・ダンスタン教会です（図2―5）。この教会の歴史は長く、ヴァイキング系のノルマンディー公ウィリアム（仏名ギョーム）がイングランドを征服した「ノルマンの征服」（1066）よりも前に建立されていました。この教会は「外洋教会」の渾名《あだな》で呼ばれるほど船乗りたちとの結びつきが強く、後年、アダムスはこの教会で結婚式を挙げ、30年近くのちには娘のデリヴァランスもここで挙式しています。

日本でアダムスに会った何人かのイエズス会宣教師やスペイン人は、アダムスの数学や天文学の知識に一目置いています。来航後まもないアダムスと大坂で会ったイエズス会宣教師ペドロ・モレホンは、アダムスが「数学と航海術に長けている」「優れた世界形状学と天文学の知識を持っている」と伝えています。またマニラ総督を務めたドン・ロドリゴも、「このイギリス人航海士は天文学と航海術に優れている」と評しています。では、造船所の一徒弟に過ぎなかったアダムスが、なぜこうした高度な知識や技術を身につけることができたのでしょう。それは次に述べるように、当時の職人たちが徒弟として受けていた高度な技術教育のおかげです。

アダムス自身も家康に「いくつかの幾何学の項目と数学の理解の仕方を教えた」と言います。『武徳大成記』に「本朝武将にして学を好む人、古より神君（家康）の如きは稀なり」とあるように、家康は知的好奇心が旺盛で、また『徳川実紀』によれば側近と南蛮屛風の世界図を眺めながら世界情勢を論じたりしていました。一方で家康は計算が苦手で、銭勘定をするときは大奥女性に指を折らせて足し算をしたというエピソードもあるので、こういう家康が「はたして幾何学を理解できたか疑わしいし、アダムスの独り相撲に終わったのではないか」との見解もあります。それでも、家康の理解度はともかく、アダムスが初歩的幾何学を教えたのは事実でしょう。

天文学に通じているアダムスという噂は、2代将軍秀忠の耳にも届いていたようです。元和四年（1618）秋に巨大な彗星《すいせい》が出現したとき、秀忠はこのことのためにアダムスを江戸城内に呼び出し、その意味を尋ねました。この彗星は非常に目立つものだったようで、世界各地に観測記録が残されています。これに対してアダムスは「戦争の予兆であるが、ヨーロッパでの戦争を意味する」旨を答えています。アダムスの言葉どおり、ヨーロッパではこの年にドイツで三十年戦争（1618―1648）が勃発したので、大勢の人々がこの彗星出現を凶兆とみなしました。

また、当時アダムスと共に江戸に滞在していた商館長コックスも、江戸の町民から同様に質問を受けましたが、こちらは「神のみぞ知る」と応じています。コックスはまた、その数日後に現れた別の彗星はもっと巨大で、1578年にポルトガル王セバスティアンがアルカセル・キビール（モロッコ）の戦いで戦死したときに現れたものより大きいとしています。セバスティアン王の戦死は、ポルトガルがスペインとの同君連合となるきっかけになりましたので、ポルトガルには凶兆だったのでしょう。

3　徒弟時代に学んだ知識

上述のように、造船所徒弟時代のアダムスが身につけた知識は船大工のためのものではなく、主にパイロットとしての技量でした。航海術を身につけるには、まず基礎となる世界地理・地誌や天文学、測量術、数学などを学ばねばなりません。大学教育とは全く無縁だったアダムスが、後年仇敵から評価されるほどの知識を身につけたのは一見奇異に思えます。その背景には、16世紀後半ヨーロッパにおける独特の知的環境があります。参考までに当時の大学教育と技術との関係を瞥見《べっけん》してみましょう。

16世紀後半になっても、ほとんどの大学のカリキュラムは中世以来の神学が主体で、学生たちの多くは聖職者を目指していました。理学部も工学部も経済学部もなく、大学は商工業に直結する技術や計算などの実用的学問を扱わなかったので、こうした分野では大学外の商人や職人たちのほうが遥かに先進的でした。しかし、一部の学生はこうした旧態依然の教育内容に辟易していたようで、そのため12歳でケンブリッジ大学に入学した「神童」フランシス・ベーコンは、早々と大学に見切りをつけて2年で中退しています。

現代で言う「科学」の概念もありませんでした。自然学という科目はありましたが、内容はアリストテレスらの古典文献やその注解書の講読が中心で、それを元にスコラ学による「然りと否sic et non（イエスとノー）」の論議が続けられました。例えば「地の自然的で本来的な場所は水の中にあるか、あるいは水の凹表面の内側にあるか」などという設問の正否が延々と論じられたのです。

16世紀後半は科学革命の黎明期、すなわち近代科学が成立し始めた時代です。すでにコペルニクスの地動説も発表されていますが、まだニュートンが古典力学を完成する1世紀前です。自然現象は地上界（月下の世界）だけで起こるものとされ、対照的に天界（月より上の世界）は恒久不変の世界とされました。地上界で生成消滅を起こす基本要素は、古代ギリシア以来受け継がれてきた四元素（火、空気、水、土）や四性質（冷、熱、乾、湿）でした。力学や運動を数式で表すことはなく、物理現象や気象現象は「実体」や「本性《ほんせい》」によって発生するとされました。

当時の基本教養とされたのが七自由学科（リベラル・アーツ）です。しかし、算術と幾何はここに含まれていたものの、ほとんど名前だけの存在でした。オクスブリッジ（オクスフォード・ケンブリッジ両大学）でも、実用的であれ理論的であれ、今日的な意味での数学はほとんど扱われませんでした。ルネサンスの発祥地イタリアでさえ、先進的学問の追究に熱心だったパドヴァ大学などを除けば、さほど事情は変わりません。アダムスと同年生まれのガリレオ・ガリレイは、アダムスが徒弟修業をしていたころピサ大学に在籍していましたが、そこで講じられた「数学」には骨相学や人相学さえ含まれていました。「宇宙は数学という言葉で書かれている」と看破したガリレオ自身、本格的な数学を学んだのは大学とは無関係な個人教授によってでした。

そのガリレオとアダムスには通じるものがあります。ガリレオは晩年の著作『新科学対話』の冒頭で、ヴェネツィアの海軍工廠で実践されている親方や職人たちの優れた仕事ぶりに感銘し、幾何学を活用した彼らの機械学がいかに有効であるかを強調しています。このことはアダムスがライムハウスで磨いた技量を彷彿とさせます。大学が時代の流れに対応していないとき、すでに商人や貿易家、職人、工業技術者、航海士などの間では、機械技術や実用数学が着実に発展していました。かつて高度な専門知識を身につけた「高級職人」が近代科学の形成に果たした役割を重視する学説が提起されましたが、確かに重要な一面と言えましょう。もっとも、職人が用いた技術のほとんどは、大学教育を受けた知識人が創出した基礎理論からの応用であることにも注意が必要です。

そのうえで、イギリスには職人たちの知的発展を促す特有の事情がありました。これについては、山本義隆著『十六世紀文化革命』が明らかにしてくれます。同書によれば、当時のイギリスでは、ほかのヨーロッパ諸国のような大きな宗教争乱が発生せず、相対的に中央集権が進んだ結果、国家を挙げての殖産興業が可能となりました。このような時流に即応して、ジェントリ（地主階級）でさえ、多くが次男以下を都市の商人や手工業者に積極的に弟子入りさせました。実利的な価値を生む新しい教育を受けさせたのです。一方、一部知識人も、数学の応用に大きな可能性が開けることを感じ取っていました。進取の精神溢れる中産階級が、いち早く社会の変化に対応したのです。

こうした状況を可能にした前提として、俗語書籍、すなわち一般人でも講読可能な英語の書籍が広く出回っていたことも見逃せません。その背景には、中世以来長く続いた百年戦争による愛国心の高揚があり、それが文化にも反映されました。意外にも中世までのイギリスでは、公文書に一般庶民が理解できないラテン語とフランス語が用いられていたのです。しかし15世紀にはすべて英語かラテン語に代わりました。そのうえ、さまざまな技術や数学の教本がラテン語や外国語から英訳され、あるいは英語の著作として平易に書かれるようになったことは、庶民の講読意欲を大いに促し、知識の底上げに寄与することになりました。

では、世界の海に乗り出すパイロットに不可欠な知識とは、具体的にどのようなものだったのでしょうか。これについて、エリザベス女王の側近で当時イギリス最高の知識人と目されたジョン・ディーは、数学が非常に重要であると主張しています。ディーはケンブリッジ大学出身ではありますが、大学でなお幅を利かせていたスコラ学とは一線を画していました。実用的技術の開発の根底に数学があることを直観したディーは、「数学による証明の知識がなくても、その技術をもってすれば見事な仕事を完璧になし遂げることができる。その仕事は数学者の手で証明されるし、現在は不可能なものもいずれ証明可能になる」と述べています。

要するに、技術の基となる数学的原理については、技術者自身が現在証明できなくともいずれ数学者によってその原理は証明されると言います。技術者とは、建築家、機械工、航海士、画家、測量技師、光学装置製造業者らを指します。ディーはイギリスの国富を求めるための探検航海にも積極的でした。そのため1577年に『完璧な航海術』を公刊しましたが、ここでも航海士は水路学、天文学、占星術、時間の計測に精通しなければならず、それらの基礎は代数と幾何であることが強調されています。アダムスもこうした知識を学んだに違いありません。

では、アダムスが航海術の基礎として学んだ当時の幾何学や天文学、地理学、航海法などは、さらに具体的にはどのようなものだったでしょうか。上述のように、このころ数学や技術関係の著作が次々に英語で出版され、一般人でもそれらを講読することが可能になりました。中でも天文学と数学のロバート・レコード、応用数学と天文学におけるレオナルド（父）とトマス（子）のディッゲス父子、航海術のウィリアム・ボーンらの功績が重要です。当時のパイロットたちは彼らからも大いに学んだことでしょう。

ロバート・レコードは、代数学に最初に等号「＝」を導入したことで知られています。16世紀中葉には幾何学、天文学、代数学のそれぞれについて、英語の啓蒙書を出版しました。幾何学書『知識への道』（1551）は、古代ギリシアの有名な幾何学者エウクレイデス（ユークリッド）の『幾何学原論』を第4巻まで英訳し改訂したものです。また、天文学書『知識の城』（1556）は、同じく古代ギリシアの天文学者プトレマイオス（トレミー）に依拠しながらも、コペルニクスの地動説に好意的に言及しています。さらに、イギリスで最初の代数学書『知識の砥石』（1557）も出版して、数学の発展に大いに貢献します。

『幾何学原論』第4巻までの内容は、第1巻が三角形、平行線、平行四辺形、正方形などに関する命題や作図、第2巻が長方形や三角形の面積の変形、第3巻が円の性質で、接線、弦、接点、切片など、第4巻が円の内接と外接、与えられた円に三角形、正方形、正六角形、正十五角形をそれぞれ内接・外接させる方法などです。後年アダムスが家康に教えたという幾何学は、こうした内容のごく初歩でしょう。

レコードの後継者と言うべき開明的な数学者・天文学者がディッゲス父子です。父レオナルドはディーの友人で、幅広い分野で新しい理論と技術の普及に貢献しています。彼ら父子は、知識をできるだけ多くの人に広める方針に基づき、すべての著書を英語で出版しました。光学の研究を進展させて反射望遠鏡を考案したとも言われますが、これが事実ならば通説より半世紀も早いものです。また、幾何学と測量術の入門書『技術の書』（1556）は測量士、建具師、大工、石工のために書かれた平易な実用書です。

子のトマスも天文学に大きく寄与しました。トマスは、1572年に出現した新星の観測を通じて地動説に賛同したばかりか、1576年には近代最初に太陽中心説を唱えたコペルニクス著『天球回転論』（1543）の一部を初めて英訳しました。さらに、あくまで「天球」にこだわったコペルニクスよりも一歩進め、恒久不変の天界と生成消滅する地上界を截然《せつぜん》と区別したそれまでの二世界説を破り、天界にも地上界の延長で物理法則を適用しました。これはガリレオに連なります。もちろんアダムスは地動説を採ったわけではないですが、ディッゲス父子のこれらの著書から大いに啓発を受けたことでしょう。

さて、パイロットを志望するアダムスが最も親しんだであろう書物に、ウィリアム・ボーンの『航海規則』（1574）があります。同書はスペイン人学者マルティン・コルテスの『航海術』（1551）を発展させたもので、コルテスのこの書は「海賊」フランシス・ドレークも愛読したと言われます。ボーンの同書では、クロススタッフ（緯度測定器）とアストロラーベ（天体高度観測儀）を用いて緯度

図2-6　ハンド・ログ（東京海洋大学所蔵）

を求める方法や、ハンド・ログ（ログ・ライン）を用いて海上の船の位置を決定する方法などが示されています（図２—６）。これらは画期的なものでしたが、その理解には十分な天文学の知識が求められました。

中でも、この時代の船乗りを悩ませたのは現在の「経度」の測定です。当時でも緯度は比較的正確に測定されましたが、現在用いられている「経度」はなく、大陸や島など、基点となる場所からの距離が経度の代わりに示されました。例えば、トルデシリャス条約では「カーボ・ヴェルデ諸島から西に３７０リーグ」に分界線が定められています。洋上の船の位置を知るうえで、こうした計測は欠かせません。そのための当時非常に斬新な測定方法だったのが、ハンド・ログ（ログ・ライン）の使用です。

この方法は、等間隔に結び目（ノットknot）

をつけた非常に長いロープを用意し、端に扇形の木板（ログlog）を結んでそれを海中に投げ入れるものです。航行によって引かれたロープが自然に解かれていくので、解かれたロープの結び目を数え、砂時計で時間を計って船が一定時間に進んだ距離を測ります。そのうえで、緯度上の緯線の長さと対比させながら船の位置を推定しますが、もちろん厳密性には欠けます。

ハンド・ログ自体はボーンの発案ではありませんが、ボーンの最大の貢献はこれを本にまとめて船乗りたちに知らしめたことです。この方法は海図のない洋上でも位置決定に有効であるとされました。現在でも「ノット」は船の速度の単位であり、「ログ・ブック」は航海誌を意味することからもその重要性がわかります。ボーンのこの書は十分な教育を受けていない船員のために述べられているので、何度も版を重ねて彼らのマニュアルになりました。アダムスもこれを活用したに違いありません。さらにボーンは外国人学者の書を基にして三角測量術や大型砲の砲術に関する書も著し、これらも広く読まれました。

一方、世界地理や地誌の知識はどうでしょうか。既述のジョン・ディーは、当時最も著名な2人のフランドル人地理学者・地図製作者と親しくしていました。「メルカトル図法」の考案者ゲラルドゥス・メルカトルと、その友人で初めて本格的な世界地図帳『世界の舞台』（1570）を編纂し、ヨーロッパ最初の日本地図も作製したアブラハム・オルテリウスです。ディーは彼らの成果に独自の知見も加えて、例えば北方航路の探検に向かう船員たちに助言や指南を与えています。

ただし、アダムスらリーフデ号の船員が用いたとされる「南洋鍼路図」（図2—7）は、出航直前にオランダのコルネリス・ドエッツゾーンが製作したもので、オルテリウスの最初の日本地図とは形

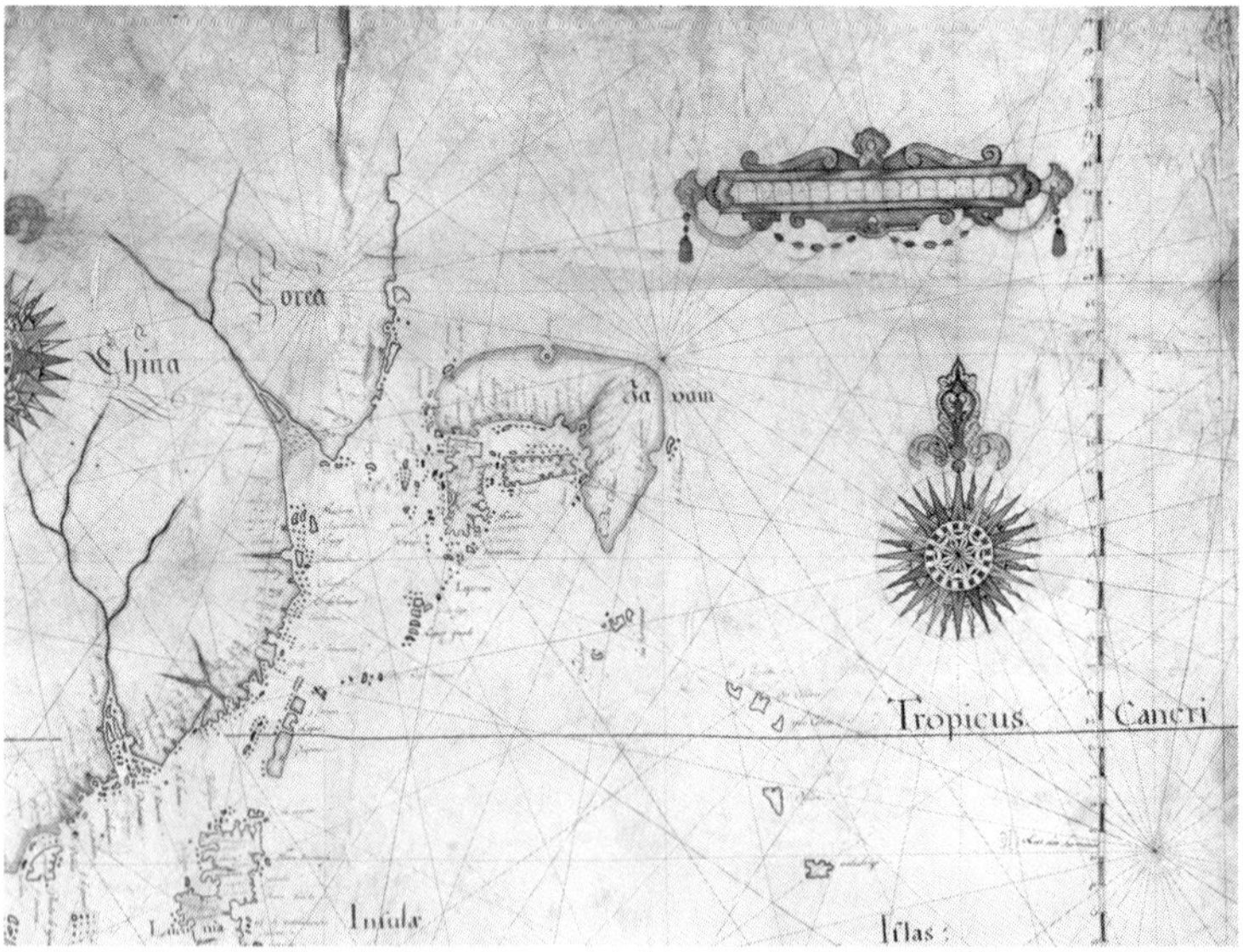

図2-7　リーフデ号が用いた「南洋鍼路図」の日本付近（東京国立博物館所蔵）

状が全く異なり、日本の形がクロワッサン型になっています。そのためアダムスは、後年リーフデ号で日本に近づいたとき、地図が誤っていたため迷走したとしています。また、この地図には日本の地名に多くの誤りや意味不明なものがあります。日本に関する情報はなお混乱したままでした。

一方、リーフデ号の日本到着直後に大坂でアダムスと会った先のペドロ・モレホンは、「彼（アダムス）はわれわれの年次報告によって、日本人が優れた民族であること、わが神父たちがこの国で多くのキリスト教徒を得たことを知っておりました」とも伝えています。しかし、アダムスがイエズス会の年次報告を読んでいたとは考えにくいので、モレホンがこのように伝えた根拠は何だったかが問題です。

ここで想起されるのは、1577年に『東

西インド、および実り多く豊かなモルッカ諸島に向かうまでに存在する他の国々、すなわちモスクワ、ペルシア、アラビア、シリア、エジプト、エティオピア、ギニア、カタイのシナ、日本などへの旅行誌、および北西航路についての論考』(略題『東西インド誌』)という、極めて長いタイトルの英語の書が公刊されたことです。同書は主に大航海時代のスペイン人著述家が西インド(アメリカ)に関して得た多種多様な情報を、エリザベス女王の側近から依頼された歴史家リチャード・イーデンが英訳して集大成し、さらにその後継となった歴史家リチャード・ウィルズが東インド(アジア)情勢を加えて、当時の世界誌として集成したものです。

同書の一節には、イギリスで初めて日本という国を紹介した「日本島、および東の海にある他の小さな島々」(以下「日本島」)という項があります。ただし、その大部分は来日した宣教師ルイス・フロイスが、海外のイエズス会士に宛てた書簡の英訳です。それ以外の部分も、当時まで日本で布教活動を行ったフランシスコ・ザビエルらと、当時日本で布教活動中の同会宣教師たちがヨーロッパに送った報告を英訳したもので。おそらくアダムスはウィルズの「日本島」を読んでいたでしょう。

「日本島」の主な内容は、東インドにおける日本島の地理的位置、産出される食物、国民性と一般的気質、さまざまな礼儀と作法、統治形態、厳罰主義、京の様子、多数存在する僧院のあり方、教育と大学などです。後日アダムスは日本人の気質について、「この国においてはすべてが平穏で国民は統治者や主人に大変従順です。……裁判は、身分の如何にかかわらず、非常に厳格です。……窃盗犯は概して投獄されず、直ちに処刑されます(「未知の友人宛」)」と述べていますが、この部分が「日本島」とかなり似通っているのは興味深いところです。

このように当時のイギリスでは、敵対こそしていましたが、スペインなどカトリック世界で大きく発展した地理的、科学的、技術的成果の多くが英訳されて職人や航海士たちに読まれていました。アダムスや同時代のイギリス人航海者らが、それらを大いに活用していたことは疑いありません。

4　ライムハウス時代の仲間たち

アダムスは日本で書いた手紙の何通かで、ライムハウス時代の親方と徒弟仲間の名を具体的に挙げています。12歳から24歳までの青少年期に共に過ごした仲間たちだけに、格別に印象が強いのでしょう。それらには次のような名が見えます。

- 私はラトクリフとライムハウスでは親方のニコラス・ディギンズ、およびトマス・ベスト氏、ニコラスとウィリアムのアイザック兄弟、ウィリアム・ジョーンズ氏やベケット氏らに知られていないはずはありません（「未知の友人宛」）。
- （アダムスが受け取った手紙が、東インド会社総督トマス・スミス卿からのものと）もう1通は私の良き友ジョン・ストックルからで、彼はかつて〈判読不明〉の一人でした（「スポルディング宛」）。
- 船大工であるわが良き友ウィリアム・バレル氏によろしく（「ベスト宛」）。

ここでアダムスに名を挙げられた親方や仲間たちは、これらの手紙にただ一度だけ名前が現れて歴史の闇に消えたわけではありません。彼らのほとんどは東インド会社の記録に残されおり、再三言及されている者もいます。イギリスの公文書を集成した『国家文書要覧』（Calendar of State Papers）の東インド会社役員会議事録には、彼らが船の修理や投機、航海事業などで東インド会社と密接に関わっていた記録があります。以下、主に同文書に拠りながら、アダムスが徒弟時代を共に過ごした親方や友人たちの大まかな消息を追ってましょう。

親方のニコラス・ディギンズの仕事は当時高い評価を受けていました。東インド会社成立後は、会社関係の船舶の修理や艤装を多く手がけており、『国家文書要覧』には、例えば次のような記述があります。

- 1607年5月9日、航海前の船に対する前払いとして20マーク（1マークは13シリング4ペンス）の支払いを受ける。
- 1608年2月23日、ランズエンド（イングランド最も西南の岬）に向かう船に乗り込むこと、および組合のためパイロットを指名することを申し出る。
- 1609年5月下旬、探検隊船の修理費として329ポンド18シリングを請求。
- 1614年10月、探検船の艤装を終える。

先述のように、アダムスがディギンズに弟子入りしたのは1576年、12歳のときです。ディギンズの生年は不明ですが、最初からアダムスの親方だったならば、そのとき30歳を超えていたでしょう。仮に途中から親方となったにしても、この記録の最後はそれから40年近く経った1614年のものなので、ディギンズはかなり長生きして高齢になっても活動していたことがわかります。

次に友人たちのその後ですが、ニコラス・アイザックは東インド会社への投機を認められ、1609年に200ポンドを投じています。また、おそらくは日本でのアダムスの成功話に刺激され、1614年、年俸200ポンドでマゼラン海峡探検隊副司令官の職に応募しました。しかし、東インドへの航海経験がない人物を先例にすることはできないとの理由で、話が立ち消えとなりました。次いで、イギリス商館が本拠地をバンタンからバタヴィアへ移転する話が持ち上がったときも職を得るはずでしたが、現地で個人的なビジネスが許されないことを知って、本人が辞退しました。

また友人ベケットも1606年5月の記事に、おそらく投機目的で、胡椒《こしょう》の購入者として名が挙げられています。洗礼名はないですが、その記事に親方ディギンズの名も登場しているので当人でしょう。『国家文書要覧』でもそのように扱っています。

ウィリアム・バレルについては、アダムスが1613年12月の「ベスト宛」手紙で「船大工ウィリアム・バレル氏によろしく。彼は今会社の役員になっていると聞きました」と書いていますので、ライムハウスの徒弟仲間だったのでしょう。アダムスの言うとおり、バレルは確かに東インド会社の役員として精力的に活動していました。

東インド会社はユリウス暦1600年の大晦日（G1601/1/10）に成立し、翌年3月には262人の投機家から240ポンドずつ、総額6万2880ポンドの資金を集めました。バレルもその投機家の一人です。バレルはまた、1609年7月には役員24人の一人となり、1614年に再選されました。その間の1612年には北西航路探検の推進委員にも名を連ね、しばしば会社の議事録の同一箇所にかつての親方ディギンズと登場します。彼らは造船所の縁で東インド会社の事業に密接に関わっていたので、かなりの利益を得たと推定されます。

ジョン・ストックルについては、1613年1月12日発信のアダムスの「スポルディング宛」から、アダムスがすでに彼から手紙を貰っていたことがわかります。1611年の初めにイギリスから出航した「第七航海」（東インド会社7回目の航海）で運ばれたのでしょう。アダムスの手紙ではストックルとの関係が欠損していますが、徒弟仲間とみられます。ストックルも東インド会社設立当初の投機者の一人で、バレルと同様に1609年に役員に選任されています。しかし1614年1月末には、ストックル夫人から会社幹部に夫の葬儀案内が出されているので、直前に死亡したことがわかります。ちなみに夫人はかなりの資産を亡夫から受け継いだらしく、その後、会社に1200ポンドもの多額の投機をしていますが、翌年再婚しました。

トマス・ベストは、アダムスが手紙で挙げている友人たちの中で最も有名で、『オクスフォード英国人名事典』（Oxford Dictionary of National Biography）に単独でその名が掲載されています。イギリスは19世紀後半に大英帝国の全盛期を迎え、とりわけインドを「宝庫」として支配したことが覇権の中枢でした。実はベストこそがその端緒を築いた人物の一人なのです。同事典によれば、ベストは1570年生まれで、13歳のときから航海に出ており、1588年から1602年までライムハウスに住んでいました。この期間はアダムスが徒弟としての年季を明け、無敵艦隊との戦いに参加してからバーバリ会社に勤務したときなので、徒弟仲間ではなかったでしょう。ベストは1599年からの10年間、当時危険の多かったバーバリ海岸地方（主にアルジェリア）に少なくとも2回、ロシアにも1回航海しています。おそらくアフリカ方面遠征の航海士仲間として親交を深めたのでしょう。

その後、東インド会社に雇われたベストは、1611年末に本国を出帆した「第十航海」に、ドラゴン号など4隻から成る船隊の司令官として東インドに向かいました。船隊は同年インド北西部のグジャラート州スーラト付近の海戦で、イギリスのインド進出を阻止するためにゴアから襲来したポルトガル船隊を撃破しました。イギリスがムガール帝国皇帝ジャハンギールの勅許を受けて商館を設けたのはこのときとされ、スーラトは17世紀後半にムンバイ（ボンベイ）に代わるまで、インドにおけるイギリスの拠点でした。

その後ベストは、スマトラ島西端付近のアチェに滞在したのち、1613年にはジャワ島西部のイギリス商館バンタンの整備に努めました。アダムスと手紙をやり取りしたのはこの時期です。バンタン時代にはシャムとの貿易にも着手し、東インド会社の発展に大いに貢献してから、1614年6月に本国へ戻りました。しかし数年後、ベストが遠征先で東インド会社の禁じている個人的な取引をしていたことが発覚すると、一時職を解かれます。それでも、その後もライムハウス北隣のステップニーに暮らしながら、海軍司令官やトリニティ・ハウス（水先案内協会）の会長などの要職を長く務めました。その間、地中海の海賊征討やオランダ船の撃退などでも功績を上げています。

後年日本で生活するアダムスは、かつての仲間たちがこのように東インド会社関係で多く活躍していることを知り、日英間の通商や北西航路探検の実現に向けて、彼らから何らかの支援を受けられることを期待して大いに勇気づけられたことでしょう。

5　バーバリ会社時代――モロッコ貿易に従事

徒弟としての年季が明けた直後に、アダムスは無敵艦隊との海戦に参加し、そのあと貿易会社に勤務しました。「未知の友人宛」には次のようにあります。

（徒弟修業ののち）私自身は女王陛下の艦隊の船長およびパイロットとして従事しました。さらにオランダのインド航路発見までの期間の11、12年間ほど、誉れあるバーバリ会社で働きました。そしてオランダからのインド航路が開拓されたので、浅学ながらわが知識をそこで活用してみようと切望し、それが神から授けられた私の使命と考えました。

「女王陛下の艦隊の……」とは、1588年の夏、アダムスがイギリス海峡に襲来したスペイン無敵艦隊（アルマダ）との戦いに加わったことを意味します。補給船リチャード・ダッフィルド号の船長かつパイロットとして、アダムスは軍船への武器・食糧の補給任務を担いました。70人が乗り込んだ約100トンの同船は、同じく補給に携わる僚船14隻と共に8月1日にテムズ川を離れ、2日後、総司令官ノッティンガム伯チャールズ・ハワード卿が指揮してプリマスから大挙出撃してきた主力艦隊に、ワイト島沖で合流しました。アダムスらの補給船はロンドン冒険商人のギルドによって、言わば国家総動員の一環として派遣されたものです。周知のように、戦いはイギリス側の一方的勝利に終わりました。

海戦の終結後まもなく、25歳になったころ、アダムスはバーバリ会社に就職しました。おそらく対アルマダ戦での働きが評価されたのでしょう。翌1589年夏、アダムスはメアリ・ハインとセント・ダンスタン教会で結婚式を挙げているので、ちょうどこのころ公私共に新生活を始めたことになります。やがて夫妻には2人の子が誕生しました。

バーバリ会社とは、1585年に女王エリザベスの特許状により認可された40の貿易会社の一つで、イギリスとモロッコ間の貿易独占権を持ちます。独占権は女王の寵愛するレスター伯ロバート・ダッドリと、その弟のウォリック伯アンブローズ・ダッドリに12年間与えられました。女王は、現地スルタン（イスラムの君主）のアフマド・アル・マンスールに特使を送って貿易の保全に努めましたが、会社は株式会社ではなく、実際の取引は小集団や個人でなされ、定期的なものではありませんでした。

モロッコの主な貿易港はアガディールで、同地からの輸入商品は糖類（砂糖、糖蜜など）が大半を占め、ほかにはインディゴ（藍染料）やアラビアゴム、硝石、大麻、山羊《やぎ》革、クミンシード（香辛料）、アニス（香辛料・薬草）、果物、ナッツ、各種の種《たね》などでした。イギリスからは主としてウール製品が輸出されました。当時、モロッコ沖のマデイラ諸島はサトウキビの栽培で有名でした。

いずれにしても、10年ほどバーバリ会社に勤務したにもかかわらず、アダムスはライムハウス時代とは対照的にこの期間のことをほとんど述べておらず、そのころ親しくした人物も印象的な出来事も挙げていません。そのため、この時期はアダムスのキャリアの空白期間となっています。アダムスは自身の手紙で「誉れあるworshipful会社」と会社に敬意こそ表しています。しかし、イギリス・モロッコ間の海上ルートを往復するだけの単調な航海では、パイロットとしての技量を十分発揮する機会が少なく、冒険心旺盛な青年アダムスにはもの足りなかったのでしょう。前掲の手紙（「未知の友人宛」）にある、オランダ船隊に加わったときの「わが知識をそこで生かす」「神から授けられた私の使命」との文言は、自分をさらに生かせる場を求めていたことを示唆しています。

なお、この時期にアダムスがオランダの北方航路探検隊に参加していたという説については、第11章で検証します。

バーバリ会社の特許状は1597年をもって期限が切れ、以後更新されることはありませんでした。ちょうどそのころ、長くインドのゴアに滞在したディルク・ヘリッツゾーン・ポンプ（以下通称「ディルク・シナ」を用いる）やヤン・ハイヘン・リンスホーテンらによって、東インドの詳細な情報がオランダにもたらされ、アダムスのアジア熱はいっそう高まりました。オランダ人による最初のインド航路が開かれたのもこのときです。アダムスはオランダで東インド遠征隊のパイロットを募っていることを知ると、弟のトマスと共に参加を決意しました。この遠征隊の有力出資者には地中海地域やモロッコとの貿易に携わっていたオランダ人商人がいましたので、その関係で誘われたのでしょう。

日本のいわゆる鎖国時代、ヨーロッパ唯一の貿易相手国となったオランダですが、アジア到達は意外に遅いものでした。すなわち、1595年4月に出帆したコルネリス・デ・ハウトマン率いるオランダ遠征隊が、ジャワ島西部のバンタンに達し、1597年8月に帰国したのが最初です。これがアダムスの言う「オランダのインド航路開拓」です。

この遠征は大きな犠牲も伴いましたが、オランダがポルトガルの勢力圏の間隙を縫って独自の「インド航路」を開拓したことは、母国では成功とみなされました。以後、オランダ人の東インド熱は急速に高まり、この航路の開拓を受けて続々と船隊が派遣されました。すなわち、1602年にオランダ連合東インド会社（以下「東インド会社」）が成立するまでの5年間に、15船隊65隻が派遣されています。

しかし、こうした野放図な過当競争は、現地での買値の高騰と本国での売値の下落を招きました。東インド会社が設立されたのはこうした弊害を防ぎ、アムステルダムを筆頭とする有力6都市間の協議で東インド貿易を統括し調整して、安定的な供給を図るためでした。リーフデ号などのジャック・マヒュー船隊が編成されたのは、ハウトマン船隊帰国の翌年、東インド会社成立の4年前となります。こうしてアダムスはオランダ船隊のパイロットとして未知の大洋に乗り出すことになるのです。

ところで、アダムスは優れた語学力も発揮しています。17世紀初頭のポルトガル人歴史家アントニオ・ボカロは「アダムスはかつてリスボンに住んでいたので、ポルトガル語に堪能である」としています。確かに、豊後に着いたアダムスはその地の宣教師と、また大坂城で家康の尋問を受けたときも通訳とポルトガル語で会話をしています。バーバリ会社時代に何度も往復したアガディールなどのモロッコ沿岸都市は、多くがもともとポルトガル人が建設したものですし、当時アジア・アフリカを対象としたビジネスにはポルトガル語が必須だったので、その時期に身につけたのでしょう。

しかし、取引や補給、待避などで短期に滞在した可能性はあるにせよ、アダムス自身は生活拠点をリスボンに置いたとは記していませんし、イギリス商館長コックスの日記にもそうした記述はありません。ボカロ自身はアダムスと面識がないので、アダムスが何度かポルトガル語で会話したことや、あるいはバーバリ会社での勤務時代に一時的にリスボンに滞在した経験などを耳にし、それが誇張されたのでしょう。

また、1615年にスペイン王の使節として来日したフランシスコ会士ディエゴ・デ・サンタ・カタリーナは、アダムスが何ヶ国語にも通じていたと述べています。

（オランダ人が日本でスペイン人に害を加えて誹謗している、と非難したあと）中で何年もかの地に滞在している一人のイギリス人航海士は、スペインで教育を受けたのでそうした術に長け、スペイン語、日本語、ラテン語その他の言語に通じていて、宣教師に対しても親しいように装ってはいるけれども、実際には最も始末に負えない異教徒で、重大事件においてはことごとくわれわれの敵になる。

（『大日本史料　第十二編之十二』。なお現代仮名づかいに改めた）

けれども「アダムスがスペインで教育を受けた」ことも考えられません。上掲の話の根拠は不明ですが、日本に滞在したカトリック宣教師たちやフィリピン臨時総督ドン・ロドリゴとスペイン語で会話したことによる誤解でしょう。アダムスのスペイン語能力はわかりませんが、南米でアダムスたちと話したスペイン人は、手紙がポルトガル語と混ぜこぜだったとしているので、それが真相と思われます。

このようにアダムスは英語のほか、程度の差はあれ、オランダ語、ポルトガル語、スペイン語、日本語などの会話に通じるようになりました。そのころ来日したオランダ人やイギリス人は、家康や幕閣と会見した際、多くの場合アダムスに通訳・翻訳を依頼しています。ただ、ラテン語はごく初歩的な段階にとどまったでしょう。それにしても興味深いのは、アダムスがいろいろな言語に関心を示し、それを書き留めていることです。第12章で述べるように、渡航した琉球では20近くの語句を記していますし、インドシナ半島のコーチシナ（交趾）とトンキン（東京）でも航海日誌に現地語の数の数え方を記しています。アダムスが語学の才能に恵まれていたことは確かなようです。

第3章　大西洋南下航海とマゼラン海峡通過

1　大西洋南下航海

本国の家族に別れを告げてオランダに向かい、東インドへの大航海にパイロット（水先案内人）として参加することになったアダムスは、その後、日本に至るまでの経過をごく大まかに「妻宛」と「未知の友人宛」の手紙に記しています。

そのほか、この航海の史料として、リーフデ号の僚船ヘローフ号のものが挙げられます。後述のように、ヘローフ号はマゼラン海峡通過後に風と潮流によって再度同海峡に戻され、悪戦苦闘の末、航海の継続を断念して本国に引き返しました。そのため同船の書記と、理髪医師バレント・ヤンツ・ポトヒーテル（当時は理髪師が外科医を兼務）による航海記録が残されました。特に、航海中の印象的な出来事をいくつかスケッチしたうえ、文学にも通じていたというポトヒーテルの記録は詳細かつ貴重です。本書ではそれらのスケッチのいくつかを挿図として収めています。

上掲の史料を集成し、アダムスが参加した船隊の大航海について本格的な研究を行ったのが、オランダ人歴史家フレデリーク・カスパール・ウィーデルです。この大航海は船隊司令官の名を採って、当初はマヒュー船隊、マヒューの死後はコルデス船隊と呼ばれます。ウィーデルはこの大航海を、オランダ語で『1598年から1600年に、マゼラン海峡経由で南アメリカと日本に至ったマヒューとコルデスの航海』（未邦訳）として1925年に3巻本で公刊しました。

同書全体の英訳はありませんが、近年ジャイルズ・ミルトン（邦訳『さむらいウィリアム』）や、ディーク・バールヴェルド（未邦訳）、ウィリアム・デ・ランゲ（未邦訳）、W・Z・ムルダー（未邦訳）らによって、マヒューとコルデス両船隊の航跡が主にウィーデルから引用され、主要箇所が英訳されています。また、ウィーデルの書にはオランダ隊と接触や抗争のあったスペイン人やポルトガル人の記録も収められています。そこで本書では、ウィーデルの著書をかなり英訳して説明を加えた上記4書をベースに、ヘローフ号の航海記録やアダムスの手紙などを参考にしながら、船隊の航跡を追っていきます。中でもバールヴェルド『オランダ人の日本発見』には多くを負っています。

コルネリス・デ・ハウトマン船隊がオランダ船隊として最初に東インドに達し、1597年夏に帰国すると、オランダの富裕商人や銀行家たちは東インドへの遠征を有望なビジネス・チャンスと考えました。直後に成立する連合東インド会社の定義によれば、会社には喜望峰《きぼうほう》からマゼラン海峡までの貿易独占権が与えられました。これはインド洋と太平洋全体をカバーする非常に広大な範囲で、地球上の3分の2にも及びます。しかし、実質上は現在のインドと東南アジア・東アジアを併せた地域が主で、「東洋」の概念に近いでしょう。これに対する「西インド」がアメリカ大陸の大西洋沿岸地域です。

ただし、この時点でまだ正確な世界地図は存在していません。特にヨーロッパ人の未踏の地や、彼らの踏査が少なかった地域の地図には誤りが目立ちます。そのため、当時のヨーロッパ人は、わが日本も「インドの一部」と認識していました。1580年代に天正遣欧使節としてヨーロッパを訪れた4人の少年使節たちを、現地の記録は「インドの王子」としています。また、1588年に初めてイギリスを訪れた日本人船員クリストファー（日本名不明）についても、船員仲間のあるイギリス人は「私とこのインド人は固い友情で結ばれていた」と記しています。

オランダでの「東インド」熱が高まる中、ロッテルダムの大商人ピーテル・ファン・デル・ハーヘンもこれに注目した一人で、リーフデ号が含まれる船隊の出資者となりました。主にカリブ海との海運で財をなしたデル・ハーヘンは、東インド遠征隊の派遣というビッグ・プロジェクトを立ち上げるため、出資者を募りました。この話に乗ったのがロッテルダムで最も富裕な銀行家ヨハン・ファン・デル・フェーケンで、穀物やニシンの貿易で莫大な利益を上げてから海運にも進出し、ついには自身の銀行を設立するまでになりました。

デル・ハーヘンとデル・フェーケンは「マゼラン海峡会社」を設立しました。この会社が派遣する大船隊の目的地は、「香辛料の宝庫」モルッカ（マルク）諸島のテルナテで、マゼラン海峡を通過し太平洋経由で目的地に向かうとされました。出資金はデル・フェーケンが最多で、事業総額50万フロリン（＝グルデン、10分の1ポンド相当）の半分以上、26万1000フロリンを出しました。そのほかにも会社の理事となった5人の有力出資者や、数百から数千フロリンを出した多数の出資者がいます。

彼らの多くはアントヴェルペンなど南ネーデルラント（ほぼ現在のベルギー）の出身で、スペインによる迫害から逃れてきましたが、デル・フェーケンはカトリックにとどまっていました。会社の5

人の理事の一人に長くモロッコ貿易に関わっていたハンス・ブロルスがいますので、アダムスはその関係で東インド隊の派遣に誘われた可能性があります。

いずれにしても5隻の船と計500人近くの船員が集められ、船隊の目的が告げられました。後日、リーフデ号の目的地を日本とすることを提言したディルク・シナによれば、「船隊はマゼラン海峡を通過して南米チリやペルーに向かい、そこからフィリピンへ、さらに日本に向かう。（モルッカ諸島で）貿易を達成したのち、喜望峰回りで世界周航して帰国する」というものでした。要するに、南米や日本で商品の毛織物を売却して銀を入手し、その銀でモルッカ諸島の香辛料を購入してから本国に帰還するというものです。

後述のように、かつてインドのゴアに長く滞在し、日本にも二度来航したことのあるディルク・シナは、「銀の島日本」のことをよく知っていました。リーフデ号が用いた地図「南洋鍼路図」に描かれた日本の形状や地名は、現代からすれば正確なものとはほど遠いですが、石見《いわみ》銀山と思われる場所に「銀鉱 as minas da prata」が載せられています。すでに日本と貿易をしていたポルトガル人を通して、日本の銀の豊かさは広くヨーロッパに知られていたのです。

しかし、船員の中にはマゼラン海峡を通過することは知らなかった者さえいたと言います。全く未知の危険な海域に入ると知らされていれば参加を取りやめたと、後日スペイン人に捕らわれたある船員は証言しています。一部の船員たちは、ハウトマン隊のように喜望峰回りでアジアに向かうと考えていたようです。しかし、これはそうした証言を行った船員たちの無知によるところが大きいでしょう。船員の中には非識字者もおり、世界地理の知識も不十分なまま、帰国後に期待される多額の成功報酬に惑わされて、広場や酒場で誘われるままに参加した者さえいたのです。

もっとも、ゲーテの先述の言葉のように、貿易はあくまで表向きで、イギリス海賊を模倣した略奪も大きな目的でした。さらにバルディビア（チリ南部）付近を征服して砦を築き、南米におけるオランダ植民地の拠点とする構想も立てられていました。確かに貿易と海軍と海賊が一体であり、大型船に搭載された多数の大砲から、船隊は商船隊というよりも海軍艦隊のように見えたと言います。当時はオランダ独立戦争の継続中なので、オランダからすれば、交戦国スペイン船を攻撃するのは「正当な戦闘行為」ということになるわけです。

また「カリフォルニア諸島」（現在のカリフォルニア半島を「列島」と誤解）にも大量の金銀が存在するとのスペイン人の報告もあり、あわよくばそれらを収奪しようとの企てもありました。ちなみにその報告をもたらしたのは、後年日本と深い関わりを持つ探検家セバスティアン・ビスカイノです。ただしその場所は、19世紀中葉にゴールド・ラッシュが起こったカリフォルニアのサクラメント近郊ではありません。

司令官ジャック・マヒューに率いられた5隻から成る船隊（以下、司令官マヒューの死亡まで「マヒュー船隊」）が、ロッテルダムを出帆したのは1598年6月27日（G）のことです。船隊各船の船名の意味、積載トン数（史料により若干の違いあり）、乗員数、船長は次のようになります（図3―1）。

- ホープ号（旗艦）…「希望」、500トン、130名、ジャック・マヒュー（船隊総司令官）。
- リーフデ号（副旗艦）…「愛」、300トン、110名、シモン・デ・コルデス（副司令官）。

図3-1　ロッテルダムに集結したマヒュー船隊。右下がリーフデ号（ウィーデルより。国際交流基金ライブラリー所蔵。以下同じ）

- ヘローフ号…「信仰」、320トン、109名、ヘリット・ファン・ブーニンヘン。
- トラウ号…「忠実」、220トン、86名、ユーリアン・ファン・ボックハルト。
- ブライデ・ボートスハップ号…「福音」、150トン、56名、セバルド・デ・ヴェールト。

このうち、日本に来航することになるリーフデ号は、もともと16世紀前半の偉大な思想家デジデリウス・エラスムスに因んで「エラスムス号」と呼ばれ、船尾にはエラスムス像が据え付けられていました。この木像は、現在まで残るリーフデ号の船体で唯一の貴重な遺物で、栃木県佐野市にある龍《りゅう》江院《こういん》（曹洞宗）の所蔵ですが、東京国立博物館に保管されています（図3―2）。

船名「エラスムス」からの変更は、『新約聖書』のパウロの言葉に由来するキリスト教の三元徳《さんげんとく》「信仰・希望・愛」に合わせたのでしょう。カトリックを批判したエラスムスはオランダでは尊敬を集めていましたが、カトリック側からはそ

図3-2　リーフデ号の船尾にあったエラスムス像（龍江院所蔵、東京国立博物館保管）

の著作が禁書とされ、強い敵意を持たれていました。おそらく航海途上で遭遇が予想されるポルトガル人やスペイン人の反感を和らげるためにも、彼らにも馴染めるキリスト教関連の名に改名したと思われます。またブライデ・ボートスハップ号も、もともとはフリーヘント・ヘルト（飛ぶ鹿）号という船名でしたが、同様に改められています。なお、アダムスは初めホープ号に乗船していました。

　では、マヒュー船隊はどのような経路を辿って大西洋を南下横断し、マゼラン海峡に至ったのでしょうか。アダムスの残した2通の手紙にはその航程が簡単に述べられており、それを時系列で示すと次のようになります（○「妻宛」、□「未知の友人宛」）。ただし、これらにはアダムスの記憶違いと思われる箇所も散見されますし、アダムス自身の2通の手紙でも日付（ユリウス暦）などが異なる部分もありますので注意が必要です。

〈1598年〉

○6月24日、オランダのテッセル出航。

○7月5日、イングランドの海岸を離れる。

○8月21日、カーボヴェルデ諸島のサンティアゴ島に上陸、24日間滞在。

○9月15日、サンティアゴ島を出発、23日、南緯3度の洋上で司令官が死亡。ロポ・ゴンサルヴェス（ロペス）岬に行くも、食糧見つからず病人も回復せず。
□11月12日、順風により停滞地から脱出、南緯4度に達する。
○12月29日、出帆後、ノボン（アンノボン）島を発見、食糧を確保して再度出帆〔日付を勘違いか〕。
〈1599年〉
□3月29日、南緯50度に達し陸地を視認。
○4月3日、セント・ジュリアン（サン・フリアン）港に入港。
○4月6日、マゼラン海峡に達する。
アダムスは出航時の日付と港を「1598年6月24日、テッセル（オランダ北方の島）」としていますが、ヘローフ号の記録では「6月27日、ロッテルダム近郊のフレーシェ・ハット」となっています。アダムスの「6月24日」がユリウス暦ならば、グレゴリオ暦では「7月4日」ですが、ロッテルダム出航後にテッセルに立ち寄った気配はないので、アダムスの記憶違いか、あるいはテッセルから移送されたのかもしれません。なお、以下原則として一般のオランダ隊が用いるグレゴリオ暦で日付を記し、必要に応じてユリウス暦（「J」で表示）も示すことにします。

出航後まもなく逆風に遭った船隊は、イングランド東南沿岸のダウンズに一時待避してから、7月15日（J7/5）にそこを出ました。8月10日にポルトガル南西端のサン・ヴィセンテ岬沖で4隻の船を認めると、スペイン船と誤認してイギリス船を拿捕《だほ》しました。このとき、イギリス船のオランダ人乗組員数人がマヒュー船隊に合流しました。このころ司令官は食糧管理者と協議し、この先の航海を案じて早くも乗組員に配給するパンとワインの量の削減を決定しました。思うような順風に恵まれなかったからです。

南下を続ける船隊は、ジブラルタル海峡沖を通過した8月19日、自分たちがモロッコの陸地に異常接近し、水深が極端に浅くなって座礁の危険があることを知りました。喫水3ファゾム（1ファゾムは約1・83m）のヘローフ号の船員がその場の水深を計測したところ、わずか5ファゾムしかありませんでした。船隊は何とか座礁を免れて沖合いに出ることができましたが、この危機は航海士たちの位置測定の誤りによるものとされ、以後は各船それぞれが少なくとも週2回、現在の地点を計測し、そのうえで航海士たちが集まって結果を突き合わせる方式に変更されました。アダムスも当然それに参加したでしょう。

オランダを出帆して2ヶ月後の8月31日（J8/21）、船隊はアフリカ西端のヴェルデ岬沖にあるカーボヴェルデ諸島サンティアゴ島（現、カーボヴェルデ領）を視認し、同島西部のサンティアゴ港（のちリベイラ・グランデ。現、シダーデ・ヴェーリャ）に接近しました（図3―3）。サンティアゴ島は同諸島最大の島で、アフリカ西岸海域を航行するポルトガル船の重要な補給地です。ポルトガルが築いていた同諸島の砦《とりで》には、アフリカ西岸で最も多量の食糧が備蓄されているはずです。オランダ船隊はその情報を得ていたので、交渉して食糧を分けて貰うか、状況次第で略奪も考えていました。

この時点ですでにホープ号の船員の半数が病気に冒され、多くは当時の遠洋航海で頻発した壊血《かいけつ》病《びょう》に罹《かか》っていました。すでに新鮮な水は底をつき、肉や果物もほとんど食べ尽くされています。こうした状況はほかの僚船でもほとんど変わらず、この困難を打開するため、司令官はポルトガル人と

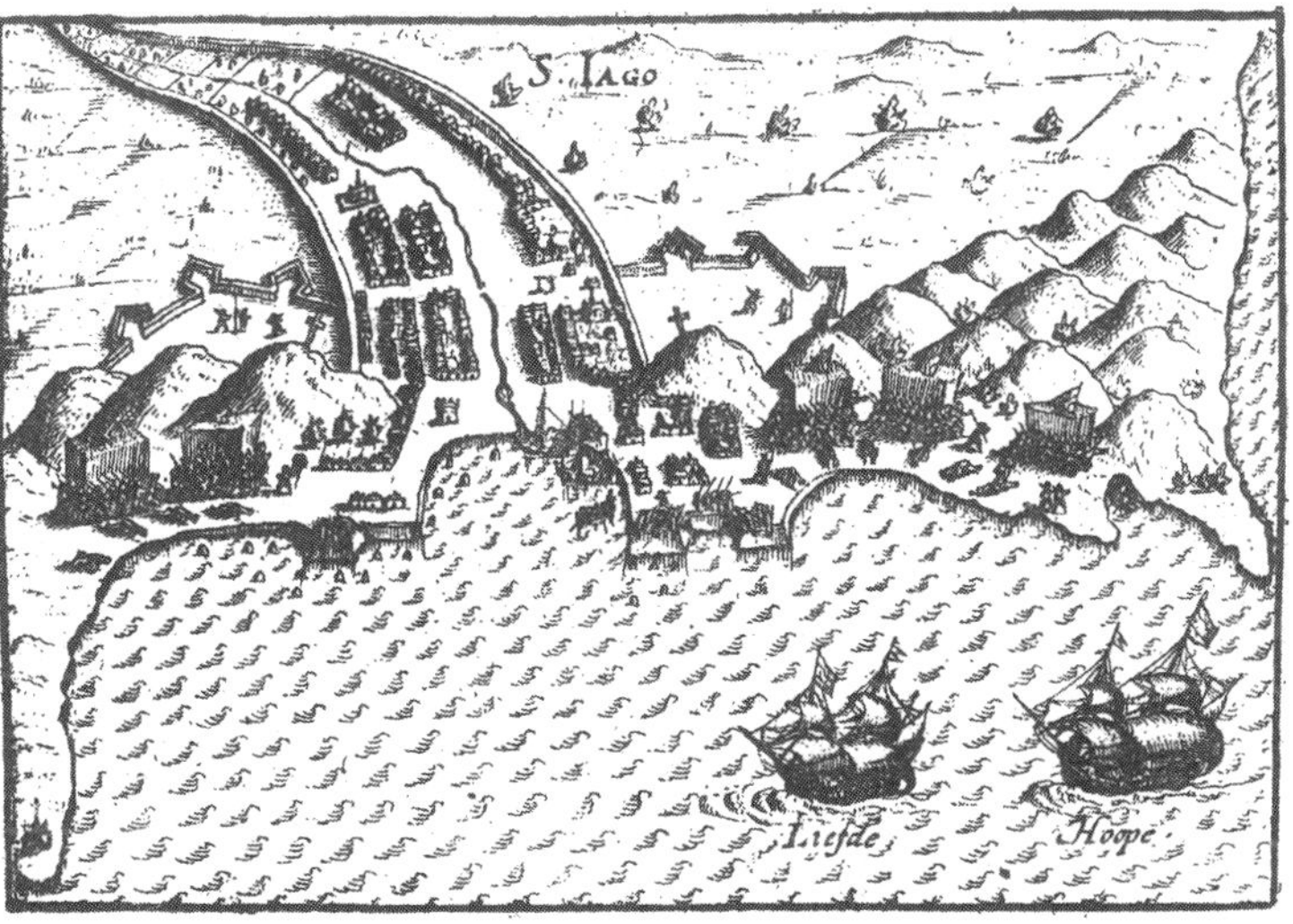

図3-3　サンティアゴ港（ウィーデルより）

交渉するか強攻策に出るかの決断を迫られました。直ちに一部の船員たちが夜陰に乗じて島の海岸への上陸を試みましたが、逆風に阻まれ、敵に見つかった気配もあったため、このときは断念しました。

次いで船長の一人ファン・ブーニンヘンが、乗組員を何人か伴ってサンティアゴ島東隣のマイオ島に上陸し、辺りを探索しました。めぼしい物は見つかりませんでしたが、やせ衰えた山羊《やぎ》数匹を連れた老人に出会います。ポルトガル語を話すその老人によれば、サンティアゴ島南部の町プライア（現、カーボヴェルデの首都）には砦があり、港に向けて大砲が設置されていて、少なくとも500人のポルトガル人と1500人ほどのアフリカ人が防備を固めているとのことです（図3―4）。それだけの人数がいるならば物資も豊富に違いないと考えたでしょう。司令官マヒューは、あえてプライアへの上陸を決断しました。

図3-4　プライア（ウィーデルより）

プライアはU字型の港で、背後に丘が聳《そび》え、頂上には砦が築かれています。9月2日、上陸隊が港に近づくとポルトガル人守備隊が発砲してきました。それでも上陸隊はひるまず侵攻し、港に係留してあった無人のカラベル船からビスケット、ワイン、オイルなどを奪取しました。その船の船長はたまたま現地に寄港していたハンブルク（現、ドイツ）の商人で、彼はマヒュー船隊の苦境を知ると、ポルトガル人守備隊長との仲介の労を執ってくれました。守備隊長はオランダ人の略奪を責めたうえで、自分には交渉の権限がないのでサンティアゴの町にいる総督に連絡するから、返事を待つようにと伝えてきました。

オランダ隊は守備隊長の返事を協議した結果、自分たちを待たせるのはポルトガル人が仲間を集めて防備を固めるための時間稼ぎであると断じ、即刻プライアを攻撃すべきであると決定します。そこでファン・ブーニンヘンを総司令官に150

人の攻撃隊を編成して、軍旗をなびかせ太鼓を鳴らしながら進軍しました。攻撃隊は砦までの長くて狭く険しい階段を苦労しながら上りましたが、意外にもほとんど反撃を受けることなく、あっさりと砦を制圧しました。制圧後、オランダ隊は船長の一人デ・ヴェールトをリーダーとする300人で占拠した砦の防備を固めましたが、まもなくこの制圧は水や食糧の補給にほとんど効果のないことが判明します。

オランダ隊は、制圧した砦の明け渡しを条件にポルトガル人の譲歩を引き出し、補給に応じさせるつもりでした。しかし、ポルトガル人は島の内部に引きこもったまま目立った動きを見せず、膠着状態が続き、逆にこの間も病人が増えたオランダ隊のほうが疲弊するばかりです。マヒュー司令官はポルトガル語が堪能なディルク・シナを交渉人にして、ポルトガル人総督と直談判を行わせました。翌日の返事で、総督は教会さえも略奪したオランダ人の行動を非難したうえで、補給には応じるが、プライアには十分な食糧や物資がないので、船隊をサンティアゴ港に再度回航させるように求めてきました。

事態の打開のため、司令官マヒューはやむなく回航を決意し、砦を守備していた兵を撤収させます。そして船隊の3隻がサンティアゴ島の西部に向かって出帆しました。しかしサンティアゴ港に近づいたとき、強烈な逆風が吹き荒れたため接岸できず、海上で待機を余儀なくされます。もっとも、岸辺にはポルトガル人が急遽設《しつら》えた何門もの大砲が待ち構えていたので、結果的に逆風に救われて船隊は砲撃を受けずに済みました。

各船は何とか水を補給すると、サンティアゴ島西方のブラバ島を探索し、そこで発見した食糧倉庫から大量の穀物を奪い取って船に運びました。さらに浜辺で巨大な2匹の亀と600個もの卵も見つけると、船隊は9月15日にカーボヴェルデ諸島を離れました。

マヒュー船隊はまもなく赤道を通過しましたが、このころ、高熱を発して病床に臥《ふ》していた司令官マヒューの容体が急変します。9月23日の夜、指導力に優れ人望の篤《あつ》かった司令官は、船長たちに看取られながら息を引き取ったのです。翌日、全員が悲嘆にくれる中で厳《おごそ》かに水葬が行われました。数日後、会社があらかじめ作成していた封印書が解かれ、新しい司令官と船長が発表されて、副司令官のシモン・デ・コルデスが新司令官となり、各船の船長も次のように任命されました。よって以下、マゼラン海峡を通過するまでの船隊名を「コルデス船隊」とします。なお、アダムスもこのときリーフデ号に移ったとみられます。

- ホープ号（旗艦）…シモン・デ・コルデス（船隊司令官）。
- リーフデ号（副旗艦）…ヘリット・ファン・ブーニンヘン（船隊副司令官）。
- ヘローフ号…セバルド・デ・ヴェールト。
- トラウ号…ユーリアン・ファン・ボックホルト（変更なし）。
- ブライデ・ボートスハップ号…ディルク・ヘリッツゾーン・ポンプ（ディルク・シナ）。

司令官マヒューの葬儀からひと月ほど経過したころ、船隊の置かれた状況はますます厳しいものになりました。病人たちを回復させるためにカーボヴェルデ諸島に立ち寄ったにもかかわらず、思うように食糧を補給できなかったことは船員たちをひどく落胆させます。さらに連日の熱暑と飢餓で、船員たちの健康はさらに蝕《むしば》まれていきました。壊血病が再び広まり、ホープ号では70人以上が甲板下の船室で呻《うめ》いている有様で、帆の操作にも支障が出るようになりました。ほかの船でも30人から40人の重症者を抱え、毎日のように死者が出ました。11月2日、新司令官コルデスは船隊の幹部を召集し、多数の病人を回復させるため、新鮮な水や食糧が豊富にあるとみられたポルトガルの補給地アンノボン島（現、赤道ギニア領）に向かう決断をします。

コルデス船隊はギニア海岸に沿って東に向かいましたが、アダムスによれば「1年のうち好天の季節は過ぎ、豪雨と逆風に悩まされたため、スピリト・サンクト岬（現名不明）に行き当たりました。そこからは海流の異常な速さによって南に流され、アンノボン島を100マイルも通り過ぎて、結局11月4日、アフリカ大陸本土のロポ・ゴンサルベス岬（現、ガボン西端ロペス岬）に達しました（「未知の友人宛」）」。

この間、思いも寄らぬ誤算がありました。ゾラバ島で略奪した貴重な穀物を積載した小型船が、いつの間にか視界から消えたのです。船隊の船員たちはその船の乗組員11人が逃亡したと疑っています。船隊は到達した岬の沿岸で碇泊場所を探しましたが、濃霧と強風に遮《さえぎ》られ、結局2日後の11月6日に岬の北側、オゴウェ川（現、ガボン）の河口沖に錨《いかり》を下ろしました。

その後の2週間、船員たちは食糧探しに明け暮れます。副司令官ファン・ブーニンヘンは先住民と物々交換を行うため、鉄製の小間物などを携えて川を遡りました。しかし先住民たちは未知の来訪者との接触を恐れ、2日間で得たのは2羽のニワトリと多少のバナナだけでした。それでも川では十分な量の魚が獲れ、また岸辺で採集したクレソン（オランダガラシ）や海草は壊血病の回復に役立ちました。

図3-5　オゴウェ川上流の部族王（ウィーデルより）

11月23日になって思いがけない幸運が訪れました。以前から現地人と交易しているオランダ人商人がこの地にやって来て、その船のパイロットで現地語を話せるフランス人が現地の部族王と交渉してくれることになりました。フランス人パイロットの案内で王に謁見を許されたデ・ヴェールト船長は、王の異様な風体に驚かされます。王は金の刺繍を施した深紅の礼服をまとい、靴屋にあるような椅子に腰掛け、黄色い尖《とん》がり帽を被《かぶ》り、赤と青の東洋風礼装のうえに、ロシア正教の聖職者のように大きく派手な首飾りを付けながら、顔を白く塗りたくっていました。王の背後には、頭を雌鶏の羽根で飾って肌を真っ赤に塗った長老たちが弧の形に座しています。王の隣席には敷物を被せた来賓用の椅子があり、デ・ヴェールトはそこに座ることになりました（図3―5）。

来訪目的を尋ねられたデ・ヴェールトが交易に来たと告げると、王は了解し、空腹のオランダ人たちに食事が供されました。王の侍女たちが木の皿に盛りつけた揚げバナナとカバ肉の燻製を持ってきましたが、およそ美味とはほど遠いものでした。デ・ヴェールトはイギリス人奏楽隊にラッパを演奏させ、持ってきたビスケット、魚の燻製、チーズ、ワインを王に差し出しました。王はとりわけワインを気に入ったようですが、飲み過ぎて眠くなり、周囲を遠ざけて寝てしまいました。オランダ人たちは結局翌日まで待たされましたが、大した成果はなく、2頭の山羊《やぎ》と数羽のアヒル、大量のバナナをボートに積んだだけで川を下り、船に戻ることになります。これだけでは到底不十分です。

12月1日には別働隊が川を遡《さかのぼ》って食糧を探しました。彼らはジャングルから野鳥、野豚、バッファローなどを狩猟してきたものの、なお全員に十分な量とは言えません。司令官は病人たちに獲物の最も良い部位を与えるよう命じましたが、熱病に苦しむ者は減ることなく、この地ですでに16人が死亡していました。デ・ヴェールト自身も高熱を発して横たわるようになります。なお、同月4日、プリンシペ島（現、サントメ・プリンシペ領）を発して現地に立ち寄ったオランダ船から、13人の船員がコルデス隊に合流することになりました。

12月8日、コルデス隊はロポ・ゴンザルベス岬のキャンプを撤収して、全員船に戻ります。結局この地でも思うように補給できず、病人も回復しなかったため、直ちに元の目的地アンノボン島に向かい、16日に同島近くで投錨しました（図3―6）。守備兵のポルトガル人と交渉するため、早速ディルク・シナをスループ（1本マストの小型帆船）で派遣しましたが、岸辺のポルトガル人から上陸を拒絶されます。それでも回復したデ・ヴェールトが、自分たちは壊血病の船員たちを回復させるため

図3-6　アンノボン島（ウィーデルより）

に食糧を求めて平和的にやって来たのであり、攻撃の意図はないと伝えると、ポルトガル人は上陸を許可すると答え、明日何か食糧を持ってくると約束しました。

翌朝、デ・ヴェールトの指揮で2隻のスループで上陸を試みると、浜辺には銃を構えたポルトガル人たちが待ち受けており、食糧どころか、オランダ人の言うことなど信用できないとして上陸を拒みました。これに対して司令官コルデスは強硬姿勢で臨むことを決め、14隻のスループに多数の武装船員を乗せて進攻させました。ポルトガル人の発砲によって何人か犠牲者が出たものの、ひるまず上陸すると、島の守備兵や住民は背後の丘の森に逃げ込みました。コルデス隊は住民が不在となった岸辺の家々や教会を仮の住処に、船から病人を運んで静養させました。期待どおり近くにはバナナやオレンジ、ザクロなどが豊富にあったので、壊血病の船員たちは徐々に回復することができました。

しかし、ポルトガル人たちは森の中に隠れてゲリラ戦術で対抗してきます。一部のオランダ人が食糧を求めて不用意に森に分け入ったため、ポルトガル人に狙撃されるケースが相次ぎました。そこでコルデスは、船員たちに一定の範囲から出ないよう指示し、違反者には絞首刑を課すと厳命しました。一方、小部隊を編成して森に潜むポルトガル人を捜索しましたが、ほとんど見つかりませんでした。それでも、あるポルトガル人捕虜の手引きで27頭の牛を捕らえることができました。しかし杜撰《ずさん》な管理のせいで、まもなく大事な牛の大部分は逃げてしまいます。

12月24日、司令官コルデスは150人の武装兵を組織し、間欠的にゲリラ攻撃を仕掛けてくるポルトガル人らを掃討するため、砦に向けて派兵しました。サンティアゴ島と同じく、麓から丘の頂上の砦まで続く狭く険しい道が2本あったので、コルデス隊は二手に分かれて隘路《あいろ》を上っていきました。しかしポルトガル人の発砲と、上から転がしてくる巨石によって数人が犠牲となり、負傷者も多く出ました。それでも藪の中の貯蔵庫から1トンの乾パン、2個のオランダ・チーズ、数樽のワインを見つけました。

コルデス隊はこの島で年を明かします。しかし、その間も厳しい熱帯の環境で犠牲者は増え続け、敵の攻撃で死亡した者も含めて30人がその地に埋葬されました。壊血病の患者こそ回復しましたが、熱病や風土病で新たな病人が出たので、病人の全体数は島に上陸してからもほとんど変わりませんでした。年明けの1599年1月3日、新鮮な水と大量のバナナやココナッツを船に積み込むと、オフンダ隊は島の80軒の住居をすべて焼き払い、マゼラン海峡を目指して島を離れました。ここからマゼ

アカプルコへ
グアヤキル
カヤオ
リマ
アリーカ
アブロル
ホス群島
サントス
コルドバ
バルパライソ
サンティアゴ
サンタマリア島
コンセプシオン
モチャ島
バルディビア
オソルノ
チロエ島
ポルト・デセアド
サン・フリアン
マゼラン海峡
フエゴ島
ホーン岬

南アメリカ大陸

ラン海峡までは、ほとんど補給が期待できません。

コルデス船隊は1月22日に南緯8度30分のアセンション島（大西洋中部。現、イギリス領）を視認しました。盛夏の1月31日には、南回帰線の真下に位置する南緯20度20分のアブロルホス群島（岩礁。現、ブラジル領）付近を通過します。船隊は徐々にブラジル沿岸を南下しますが、3月になると飢餓が深刻になります。ホープ号では船内の食糧を盗んだ科《とが》で死刑を宣告される者も出始めました。リーフデ号でも事情は同じで、アダムスは「空腹でかなり衰弱した者はロープを覆っている牛革まで食べ始めた」と回想しています。

こうした中で、極端な心身の衰弱によって異常な言動を示す船員も出始めました。トラウ号のトランペット奏者は食事中に突然椅子ごと後ろに倒れ、口から泡を吹いて言葉も発せずそのまま死亡してしまいました。また、ある若者は突然大声で叫び出して半狂乱になり、近づいた船員たちに見境なく暴力を振るったため寝台に縛りつけられました。彼は4日間飲まず食わずで錯乱したままわめき続けましたが、乾パンを与えると野獣のように貪ります。しかし下《しも》の始末ができなかったため、自身の排泄物で脚が凍傷に罹り、脚を切断されることになりました。結局この若者は壊疽《えそ》で死亡しました。

なおも南下した一行は、現在のアルゼンチンの陸地を遠望しながら南下し、濃霧や嵐に悩まされながら南緯50度を通過すると、4月6日、5隻の船隊はついにマゼラン海峡東端のビルヘネス岬を回って海峡に入りました。オランダを出航してから9ヶ月あまり、この間すでに多数の船員が病気、戦闘、事故などで死亡し、逃亡などでの行方不明者を含めると、船隊全体ではオランダ出発時の5分の1を超える100人以上が失われていました。

2 「魔のマゼラン海峡」

コルデス船隊より以前にマゼラン海峡を通過したヨーロッパの船隊は4隊あります。そのうち、スペイン王の後援を受けた最初のマゼラン隊以外はすべてイギリス隊です。すなわち、フランシス・ドレーク（1578）、トマス・キャヴェンディシュ（1587）、リチャード・ホーキンス（1594）の各隊ですが、これらのイギリス隊はいずれも海峡通過後、比較的防備が薄いチリ中南部のスペイン人町や先住民村を襲撃し、補給や略奪をしています。ただし、ホーキンスはペルーでスペイン人に捕らえられ、捕虜となってから帰国しました。

この「魔の海峡」を通過するのがいかに困難かは、一度は成功したキャヴェンディシュ隊が、二度目は惨憺《さんたん》たる結末を迎えて通過を断念したことからもわかります。マゼラン海峡は東のビルヘネス岬から西のピラール岬まで総延長575㎞に及びます。この海峡の通過日数は気象条件に大きく左右されるため、全く計算が立ちません。マゼラン隊は春に38日、ドレーク隊は冬に16日、キャヴェンディシュ隊の一度目は夏に50日をそれぞれ要しています。ドレーク隊の短さが際立ちますが、よほど幸運に恵まれたのでしょう。ちなみにコルデス船隊のすぐあとにこの海峡に入った、同じオランダのオリフィエル・ファン・ノールト隊は3ヶ月かかっています。コルデス隊は海峡内の入江に長く待避したため、5ヶ月もの期間を要してしまいました。

冬のマゼラン海峡に入った船は、猛烈な嵐と酷寒に襲われます。また海峡内に存在する多数の小島や岩礁、および未知の暗礁などにより、常に座礁と衝突の危険に脅かされるのです。海峡西部には切

図3-7　ペンギン島（ウィーデルより）

り立った断崖が連なり、霧の発生で視界が遮られると瞬時の油断もなりません。さらに想像を絶する強風と予測のつかない激しい潮流で、船の制御さえ不可能となり、ほぼ漂流状態になります。押し寄せる大波は船体に大量の海水を浴びせ、船員たちは片時も休まず海水の汲み出しに追われます。しばしば海水は船底まで浸水し、貴重な食糧まで水浸しになりました。

アダムスは、自身が経験したマゼラン海峡通過の様子を次のように回想しています。

4月6日に海峡の入口に達すると、第一水道まで航行した。4月8日には、順風に恵まれて第二水道を何とか通過した。そしてペンギン島（図3―7）の近くに碇泊し、そこに上陸してボート一杯のペンギンを捕まえた。この島はアヒルより大きい。われわれはたくさんの食糧のおかげで大いにリフレッシュできた。10日に錨を上げると、海峡を通過するのに十分な風が吹いた。しかしわが司令官は、まずできる限りの水と薪を補給するのを先決にした。海峡付近にはそれらが十分あり、3、4リーグ（1リーグは約4・8㎞）ごとによい碇泊地もあった。

そうした中で風が南に変わったので、海峡の北側に良好な碇泊地を探し、エリザベス湾からおよそ4リーグ離れたところにその場所を見つけた。すでに4月だったけど、大量の雪や氷に覆われ、何度も強風が吹いた。実際、南緯52度半では4月、5月、6月、7月、8月が冬なんだ。冬の間、出航するのに十分な風が何度も吹いたけど、司令官（コルデス）はそういう選択をしなかった。われわれは海峡に1599年8月24日（G9/3）まで滞在した（「妻宛」）。

この文章だけでは、船隊が遭遇した極めて深刻な状況が伝わってきませんが、実際には想像を超える苦難の連続でした。アダムスも「未知の友人宛」では、海峡通過時に多数が餓死したと記しています。また、ヘローフ号の記録はさらにリアルに過酷さを伝えてくれます。ヘローフ号は海峡に入ってすぐ嵐の中で錨を失い、それを探すのに苦闘しました。飢餓を脱するため、海峡に入ってから10日間は食糧、水、薪の補充に専心します。それによって海峡に多数生息していたペンギンを1400羽、アシカ5頭、さらに大型ムール貝も大量に獲ることができたので、何とか当座は凌ぐことができました。

4月17日に航行が再開され、海峡の中央部に入ると、両側には氷雪に覆われた山並が断崖のように

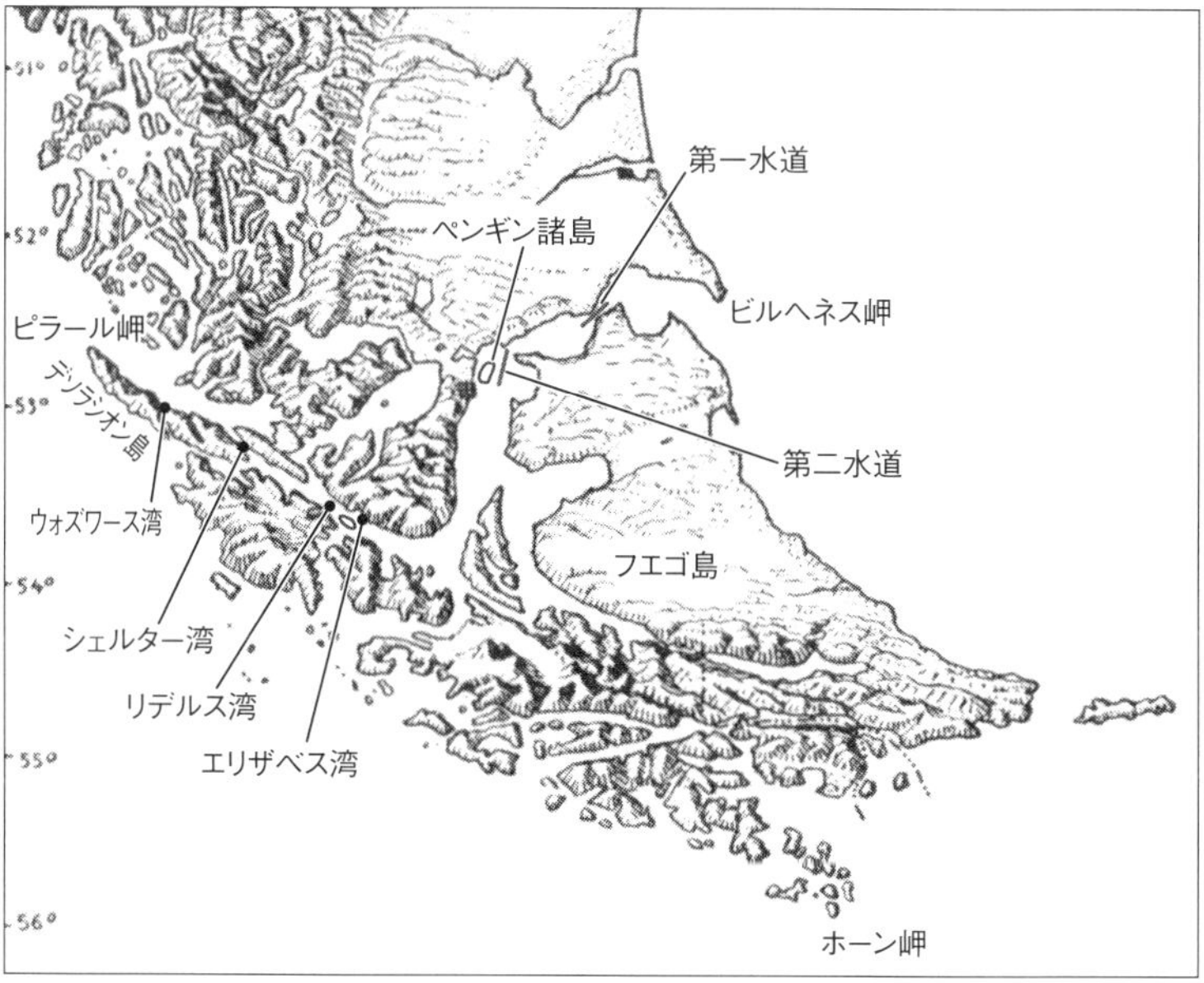

マゼラン海峡

続きます。そこからはフィヨルド状の狭い水路が多く入り組み、入り込むと迷路に彷徨《さまよ》い込んだような錯覚に陥って、出られなくなる恐怖に襲われます。それでもムール貝やカモ類、ペンギンは依然獲ることができましたが、まもなく強烈な逆風が毎日のように続き、船隊は待避地で身動きが取れなくなりました。たまに平穏な日が来ると「脱出」を試みましたが、船はすぐ強風で岸辺に運ばれ、危うく座礁や衝突をしかねない状況が続きます。そうした場合でも、船員たちは風雪吹きすさぶ酷寒の中で船の破損部分の修復作業を強いられました。

疲労困憊《こんぱい》し消耗しきった船員たちに、さらに追い打ちがかかります。今まで捕獲し貯蔵しておいた食糧が底を突き始め、みな極限状態で自分の食べ物を探さざるをえなくなりました。空腹に耐えかねた彼らは、

図3-8　マゼラン海峡の先住民「パタゴニアの巨人」（ウィーデルより）

生のムール貝、草の根、ハーブなど、食べられるものは何でも口にしました。何人かの船員が調理室の食糧貯蔵庫から食べ物を盗むようになったのも当然でしょう。これに対して各船長は死刑をもって臨むことにし、岸辺には絞首台が設置され、実際何人かが処刑されました。また、食事中に各自の配給分が他の者に盗まれないよう監視も付けられました。

酷寒も生命に関わる問題です。船員たちはもともと熱帯地方を通過するつもりでいたので、極端な寒さを想定しておらず、防寒服の用意がありません。船員たちの凍死を懸念した司令官は、商品のウール布を倉庫から取り出して船員たちに配給せざるをえませんでした。こうした中で、以前から衰弱していたトラウ号の船長ファン・ボックホルトが死亡し、後任には司令官コルデスの年若い従弟バルタサール・デ・コルデスが当てられました。

マゼラン海峡に入って1ヶ月が経過した5月7日、アシカを捕獲に行った司令官と副司令官らの一行は初めて海峡地域の先住民に遭遇します（図3―8）。途方もない体軀をした、いわゆる「パタゴニアの巨人」です。オランダ人たちがスループに乗って碇泊地の向かい側の岸辺に近づくと、7艘のカヌーに乗った先住民たちがやって来ました。彼らはオランダ人に気づくと、奇声を発しながらカヌーを漕いでスループに近づいて来ました。記録では、彼らの身長は10―11フィート（305―336㎝）もあり、危険を感じた司令官コルデスは、彼らが接近してきたときにマスケット銃の発砲を命じたので、4、5人の先住民がその場で死亡しました。パニックに陥った巨人たちは慌てて岸に引き返しましたが、今度は岸辺の丸太を手にして再び攻撃の構えを見せたので、船員たちは引き返しました。

身長に誇張はあるにせよ、この話は全くの創作ではなさそうです。コルデス隊より80年前に、西洋人として初めてこの海峡を通過したマゼラン隊は、現在のアルゼンチン南部のサン・ソリアン付近で、「自分たちの背丈が彼らの腰ぐらいまでしかない巨人たち」に出会ったとしています。さらにドレーク隊もキャヴェンディシュ隊も同様に巨人について記していますし、18世紀後半の探検家ルイ・ブーガンヴィルやジョン・バイロン、19世紀半ばのチャールズ・ダーウィンらの航海記にも、多少のニュアンスの違いこそあれ、非常に大柄な先住民との遭遇の話があります。この先住民は、現在も南米大陸最南部に住む長身族と言われます。

5月26日、今度はオランダ隊に犠牲者が出ました。食糧探しの途中、本隊から遅れた少人数グループに突然先住民が襲いかかり、3人が即死、2人が重傷を負いました。死亡した3人は身体を引きちぎられていました。極寒の地にもかかわらず先住民たちはほとんど裸で、硬い木の先端にアシカの骨を鏃《やじり》とした鋭い槍を持ち、非常に正確に命中させます。船医は重傷者から刺さった矢を引き抜こうとしましたが、あまりに深く体に食い込んだので抜き取ることができず、矢を押し込んで貫通させてから取り出すしかありませんでした。彼らの矢は4枚重ねの服さえ貫きました。

7月になっても嵐は収まらず、待避地で動きの取れなくなったコルデス船隊は、先住民の攻撃に怯《おび》えながら日々船の周囲で食糧を探し、自給自足を続ける生活に明け暮れました。こうした苦境の中、8月2日、コルデス司令官は船員たちの士気を鼓舞するため、全船員を雪に覆われた岸辺に集めます。牧師の説教を聞かせたうえ、オランダ隊をこの地まで導いてくれた全能の神に感謝し、今後も一行の世界周航を加護してくれるように祈りを捧げました。また、彼らが長く滞在した入江を「コルデス湾」と名づけたうえ、船隊がこれまで経験した幾多の苦難と悲惨な状況を記憶にとどめ、かつこの地で死亡した船員たちの鎮魂のため、記念碑を建てることを宣言します。死亡船員たちの亡骸《なきがら》は記念碑の下に埋葬されました。

さらに同月24日、司令官は自身と5人の船長たちを「騎士」とする「騎士団」を組織し、「解き放たれたライオン団」と名づけました。結成にあたっての誓いの趣旨は、自分たちの英雄的な行動を後世に伝え、南米のスペイン支配地の一部を征服するという目的を達するまで、「騎士たち」が命を捧げて戦うというものです。次いで28日には、船長デ・ヴェールトが司令官の指示により、記念碑をよりよい場所に移すため、数人の船員を引き連れてリデルス湾に向かいました。すると80人の先住民が岸辺に集まっていて、オランダ人に向かって岸に来るよう盛んに促します。けれども、少人数で武器もほとんど持たないデ・ヴェールトは応じず、本船に戻って司令官コルデスにその様子を伝えました。

これを聞いた司令官は、3隻のスループに乗せた多数の武装船員をその岸辺に向かわせましたが、すでに先住民は一人もいませんでした。しかしオランダ人は、そこで信じがたい惨状を目の当たりにします。記念碑が粉砕されたうえ、埋葬されていた遺体は掘り返されて残虐に切り刻まれ、浜辺に投げ捨てられていました。激しい怒りと復讐心に燃えたオランダ人たちは、必死に「野蛮人」を捜しましたが、結局見つかりませんでした。

南半球の春が始まる9月3日（G）、5隻のコルデス船隊は海峡最西部のデソラシオン島沿いを北西に進み、同島北西端のピラール岬を通過して、ついに太平洋に出ました。地の果ての海峡に閉じ込められてから、実に5ヶ月ぶりに広大無辺の大洋に浮かんだのです。一つの関門を突破した船員たちの喜びは想像に難くありません。

しかし喜びも束の間、本格的な試練はこれからでした。マゼランの名づけた「平和の海Mar Pacifico（太平洋）」に入ったはずが、名前とは正反対の猛烈に荒れ狂う海にまたも翻弄され、直後に遥か南方まで吹き流された船隊は離散を余儀なくされました。次章では離散した各船のその後をみていきます。

ちなみにヘローフ号の記録では、マゼラン海峡通過中に死亡して現地に埋葬されたコルデス隊の船員数は120人とされています。海峡に入るまでにすでに100人以上が失われていますので、海峡を抜けて太平洋に入った時点で出発時の船員の4割以上、おそらく230人近くが失われていたことになります。なお、1998年にアムステルダム大学の考古学調査隊チームが現地に派遣され、3週間ほどコルデス湾周辺を中心にコルデス隊の痕跡を探りましたが、手がかりは全くなかったとのことです。

第4章　船隊各船の命運

1　本国に戻ったヘローフ号

マゼラン海峡まで行動を共にしたコルデス船隊は、太平洋に入ってすぐに離散し、各船は単独航行を強いられました。本章はアダムスの航海との直接の関係はありませんが、参考までに僚船の命運についても述べていきます。

5隻のコルデス船隊のうち、唯一本国に戻ったのがヘローフ号です。そのためヘローフ号は結果的に最も詳しい航海記録を残しているので、それに基づいてまずヘローフ号の航海過程を見ていきます(日付はグレゴリオ暦)。

9月3日に太平洋へ入ったヘローフ号は、僚船と共に南緯54度付近まで吹き流されました。しばらくすると、ヘローフ号とトラウ号の船員たちは、ほかの僚船の行方がわからないことに気づきます。このころヘローフ号の船員数は出発時のほぼ半数となっており、船員たちの信望厚かった航海長も含めて、航海術に長けた船員を多く失っていました。このため船長デ・ヴェールト自身が航行上の指示を直接出す必要に迫られました。

200㎞以上も南方に流された2隻の船は、今度は南風に急変した強風によって、フエゴ島西岸沖を漂流同然に北上することになります。この間、ヘローフ号の船内には大量の海水が浸水し、船員たちはそれを汲み出す作業に追われました。疲労困憊《こんぱい》した船員たちをさらに落胆させるように、一部の乾パンも水浸しとなります。飢餓に耐えかねた船員たちはムール貝の採取を望みましたが、船長デ・ヴェールトは、まもなく食糧がふんだんにある太平洋の島々に辿り着けると励ますしかありませんでした。しかし、その後も嵐は止むことなく、船の制御も困難なほどで、2隻とも衝突と転覆の危険にずっと怯え続けていました。

9月26日になって天候が一時的に回復したとき、ヘローフ号の見張りが東方に陸地を認めましたが、すぐにそれがマゼラン海峡西端のピラール岬であると気づきます。2日後、船員たちは自分たちが海峡の西側入口に戻ったことに気づきました。そのとき西からの強風と太平洋から海峡に流れ込む急流によって、両船は吸い込まれるように海峡内に運ばれ、元に戻れなくなります。2隻は待避地を求めてしばらく海峡内を彷徨《さまよ》いますが、まもなくヘローフ号の錨ケーブルが切れて錨が外れてしまいました。そのため太い綱を作り、海岸の大木に結びつけて何とか船の安定を図りました。

その後、辛うじて待避地（現、ウォズワース湾）を見つけて移動したものの、船員たちは好天と順風を待ちながら、わずかな食糧と水を求めて岸に上がっては船に戻る日々が続きます。両船はそれから3週間そこに碇泊しました。それでも2隻の船長は船隊離散時に想定されていた待ち合わせ場所、すなわちチリ沿岸の南緯46度地点に一刻も早く到着する以外選択肢はないと考えていました。

10月になって季節は夏に変わりましたが、天候は一向に回復しません。トラウ号でも錨ケーブルが何度か切れ、いくつかの錨が海中に落失しました。同月18日、2隻の船長は、彼らが「苦しみの入江」と名づけた現在の待避地から離れる決断をします。この間はペンギン、ムール貝、巻き貝などで食いつなぎました。両船はそこから1マイルの、少しはましと思われた新しい待避地（シェルター湾）に移動しましたが、そこでも相変わらず突風で船が岸に乗り上げそうになったり、錨ケーブルが切れたりの悪戦苦闘続きでした。少しも状況が改善されず、いたずらに空しい日々が繰り返される中で、船員たちの士気も徐々に低下していきます。

10月下旬、船長が最も恐れていた事態が発生します。心身とも疲弊しきった船員の中には、船長に非協力的な態度を示すばかりか、サボタージュのため病気を装う者が出始めました。これでは船の操作に大きな支障をきたします。彼らが航海を中止して本国に戻りたいと呟《つぶや》くようになったのもこのころです。トラウ号でも同様の不満分子が出たことがわかると、2人の船長は協議し、反乱を防ぐために不満分子たちを互いに接触させないことを申し合わせました。また、デ・ヴェールトは一部の不満分子と直接話し合い、船長に忠誠を誓ってこのまま航海の継続に協力するよう説得しましたが、彼らの一部は、仮に太平洋に出られてもスループで逃亡しようなどと囁《ささや》き合いました。それでも船長は妥協せず、全員を集めて改めて士気を鼓舞するため、次のような主旨の訓示をしました。

　この航海を完遂させるのがわれわれの義務であり、今までの大変な苦労と経験を無駄にしないためにも、まず司令官の待つ場所に着くことが先決である。ここでひるんでは「海の男」オランダ人の名が廃る。現在は1年で最も太陽が高く日の長い季節であり、天候はまもなく良くなる。私は自分の命のある限り母国に戻ろうなどと考えることはない。もし誰かが、ほかの船員に国へ戻ろうなどとそそのかすならば、私はその者を死刑に処する。あなた方の中にそうした者がいるとの噂があるが、私の聞き違いと思いたい。ただ、私はあなた方の良い行いには十分報いるが、悪事には厳罰で臨むことだけは警告しておく。

(Barreveld, pp. 99-100)

この訓示によって、表面上は不満分子の呟きが収まったように思われます。それでも彼らは一見従うように見せかけて、実際には手を抜いていました。航海長のいないヘローフ号では、トラウ号から航海長ら数人の熟練船員を借りて急場凌ぎをしていました。相変わらずの食糧不足でしたが、ムール貝だけは大量に獲ることができました。デ・ヴェールトは船員の代表に食糧庫を見せて、乾パンが十分あることを納得させ、航海の継続に同意させようとしました。2隻はこの入り江にほぼ1ヶ月間碇泊します。

マゼラン海峡に戻されてからも、ヘローフ号とトラウ号はしばらく互いの姿を確認していました。しかし12月10日、繰り返される嵐と逆風に加え、山のような大波と突然の豪雨が襲来したあと、ほとんど視界の効かない濃霧が発生して両船は互いを見失います。もちろん互いに僚船を必死に捜索しましたが、両船は以後二度と出会うことはありませんでした。船体の損傷が激しいうえ、熟練船員も欠くヘローフ号にとって、このことは致命的でした。

12月12日、いつものように食糧を探しに行ったデ・ヴェールトの一行は、3隻のカヌーに乗った先住民の姿を見つけます。彼らはオランダ人に気づくと慌てて岸に漕ぎ着け、岸辺の崖をよじ登って逃

図4-1　マゼラン海峡の先住民女性と子ども（ウィーデルより）

げていきました。残されたカヌーの中には鳥や銛《もり》、獣皮などが放置されたままでしたが、そこに逃げ遅れたらしい先住民女性がいるのが発見されました。何人かの船員が2人の幼子を連れたその女性を捕えてカヌーに連れてきました（図4―1）。女性は普通の体格でしたが内股で、恐ろしい顔つきをし、腹部が垂れ、乳房は雌牛のように垂れ下がっていました。髪は短く肌は赤みがかり、肩から背中までアシカの毛皮で覆っていたほか何も身につけていません。彼女は捕らえられても悲しみや恐怖の表情は見せませんでした。

オランダ人が調理した食べ物を与えても彼女は食べませんでしたが、カヌーの中にあった鳥を与えると、羽根を毟《むし》り取って胸部から切り裂きました。次いで腸を引っ張り出して投げ捨てると、肝臓だけ取り出して焼いて食べました。次いで肉を生焼けのまま食べると、子どもたちにもそれを与えました。上の子は4歳半くらいの女児、下の子はほとんど歯の生えた6ヶ月くらいの男児でした。

彼女は船に2日滞在し、その後、デ・ヴェールトは彼女を岸辺の希望する場所まで送っていくことにしました。その際、半袖のドレス、シュミーズ、帽子、祈禱用の首飾りと腕飾り、鏡、ナイフ、小物などを与えたので、彼女は喜びましたが、船長が上の子を連れ去ることを知ると激しく抵抗しました。しかし、結局彼女は下の子と共にボートで浜に降ろされると、すぐ藪の中に消えて行きました。なお、この先住民女児はヘローフ号でオランダまで連れて行かれましたが、アムステルダムに到着してまもなく死亡したということです。当時は先住民の子をヨーロッパに連行するのが一種の流行で、後出のファン・ノールト隊が貰い受けた日本人男児の例もありますが、この女児の悲しみや恐怖感はいかばかりかと想うと、言いようのないやりきれなさを覚えます。

その後の数日も状況は悪化するばかりでした。錨は一つしか残っておらず、牽引していたスループも壊れて岸に辿り着くのも容易ではなくなりました。最悪の条件の中、デ・ヴェールトは、以前長期間待避し、食糧を得る方法に慣れているコルデス湾に戻る決断をします。そこでトラウ号の来着を待ち、態勢を立て直すつもりでした。幸いにも錨ケーブルが見つかったので、無事に目的の湾に辿り着きました。

投錨翌日の12月16日、ヘローフ号にスループが近づいて来るのを見て、みな大喜びしました。しかしそれはトラウ号のものではなく、マヒュー船隊の1週間後に4隻でオランダを発った、司令官オリフィエル・ファン・ノールト率いる船隊のものでした。11月末にマゼラン海峡に入ったファン・ノールト隊は、地の果てで思いがけず同胞と遭遇したことに驚くと共に、ヘローフ号の船員たちのあまりに惨めな姿に茫然とします。みな骨と皮だけのやせ衰えた体にボロ服をまとい、帆や錨を上げる力さえ残っていないように見えます。船体の傷みも激しいのに補修はされないままで、幽霊船が漂っているようでした。

対照的に、ファン・ノールト隊の船員たちは一様に健康的で、表情も生き生きとしていました。その違いはファン・ノールト隊が十分な食糧を確保していたことにあります。すなわち、同隊はビスケー湾で2隻のスペイン商船と遭遇したとき、その船を襲撃して魚を大量に奪取していました。その船はニュー・ファンドランド（現、カナダ東部）から塩漬けの魚を満載して帰国する途中だったのです。また、プエルト・デセアド（現、アルゼンチン南部）で冬を越したときも、膨大な数のアシカやペンギン2000羽と卵を捕獲していましたし、船の円滑な航行に必要な船底の掃除も行っていました。

もっとも、ファン・ノールト隊もここまで決して順調だったわけではありません。南大西洋航行中に深刻な飢餓と水不足に襲われ、補給のためにセントヘレナ島を探しましたが島は見つからず、マゼラン海峡に入った時点では、全船員数は出航時の250人から150人に減っていました。この割合はコルデス船隊よりもむしろ悪いものであり、海峡に入る直前の補給で何とか持ち直したというのが真相です。なお、海峡に入ってからも先住民との戦いで船員3人が死亡しましたが、報復として25人の先住民を殺害しています。

18日、ファン・ノールトはデ・ヴェールトを旗艦マウリティウス号の晩餐に招き、できるだけの支援を約束しました。ファン・ノールトは、まず配下の船大工を派遣してヘローフ号の破損部分の修理にあたらせると共に、トラウ号の捜索にも協力しましたが、発見できませんでした。両船はそののちリデルス湾を目指してしばらく航行しました。しかし、ヘローフ号はいつもマウリティウス号に遅れをとります。その大きな理由は、船底に付着したフジツボなどの海洋生物で、これらは船の速度を遅らせるだけでなく、操舵に大きく影響します。ヘローフ号は船底を掃除する機会が一度もなかったのです。

12月下旬、悪天候の中でヘローフ号はファン・ノールト隊に追いつけず、視界から消えるのをなす術もなく見やることになります。同行を諦めたデ・ヴェールトは、再度コルデス湾に戻って今後の方策を練ることにしました。しかし、予想どおり船員たちの落胆は激しく、またも諦《あきら》めと無気力が横行し、不満がくすぶり始めます。それでもデ・ヴェールトは再三船員たちを督励し、計画どおり航海を続けるよう説得しました。そうした中で、1600年の元日、彼らにスループが近づいてきました。デ・ヴェールト隊を捜索に来たファン・ノールトの一行です。ファン・ノールトはまたもデ・ヴェールトへの支援とトラウ号捜索の約束をして戻っていきました。

この間、何とかスループを組み立てたデ・ヴェールトは、使いを送ってファン・ノールトに再度の援助を要請し、2ヶ月分のパンと10人ほどの人員を回して貰えるよう依頼しました。しかし1週間後の返事で、ファン・ノールトはこの先の極めて長い自分たちの航海を考えると、その余裕はないと拒絶しました。これにより、デ・ヴェールトは自力で乗り切る以外方法がないと悟りましたが、船員たちの絶望感は決定的になりました。

ちなみに、そのまま航海を続けたファン・ノールト隊は、オランダ船隊最初の世界周航を果たして

1601年8月に本国に帰着します。結果的に出発時の4隻のうち3隻を途中で廃棄し、船員も8割が失われた悲惨な航海でした。ただ、途中太平洋上で遭遇した長崎発の日本船から、日本にオランダ船（リーフデ号）が辿り着き、船員14人が生存していることを知らされました。リーフデ号の日本到着の情報は意外に早く本国に伝えられていたのです。このとき日本人男児も貰い受けました。

さて、1月12日にいったんペンギン諸島に戻ったヘローフ号は、同諸島で最小のセント・マーサ島付近に碇泊して、できるだけ多くのペンギンを捕らえるためにボートで同島に上陸しました。この捕獲の最中、オランダ隊は傷を負った一人の先住民女性を思いがけず見つけます。おそらく部族の仲間がファン・ノールト隊と戦ったとき、洞穴に隠れていたのでしょう。内股で髪の短いところは前回の先住民女性と同じですが、彼女と異なって顔を塗っており、非常に長身で、膝までかかる毛皮の外套《がいとう》を羽織り、弓矢も所持していました。デ・ヴェールトが彼女にナイフを与えると非常に喜びましたが、陸地に戻りたがっていました。デ・ヴェールトもボートで送るつもりでしたが、風と波の関係でその機会は失われ、結局オランダ人は彼女だけを残して島をあとにしました。

その後も悪天候が続く中で、ヘローフ号にはボートもなく、錨もただ一つしか残っておらず、助けを呼ぶこともできない絶望的な状況でした。満身創痍《まんしんそうい》のうえ、矢折れ刀尽きたデ・ヴェールトは、ついに自身の信念を曲げて船員たちに妥協し、1月18日、船員たちを集めて本国に帰還する決断をしたことを告げました。

ヘローフ号は1600年1月21日にマゼラン海峡から脱し、8ヶ月半ぶりに大西洋に戻りました。3日後、一行は南緯50度40分の海上で地図にない3つの小島を発見し、デ・ヴェールトの名を採って

「セバルト諸島」（現、フォークランド諸島）と名づけます。南回帰線を通過した3月1日、ワインを盗んで全員の1日分を一人で飲み干してしまった男が絞首刑にされました。3月15日には赤道直下に入り、その10日過ぎ、船長は北緯7度で北北西方向にギニア海岸モンテ岬（現、シエラレオネのセント・アン岬）を認めます。デ・ヴェールトは船員たちが新鮮な食糧や水を得るため、故意にアフリカ沿岸に近づけたと思い、食糧は十分あるので立ち寄らず、ひたすら本国に向かうよう命じました。

以後の5週間は、赤道無風地帯に停滞する日が続きましたが、幸運にもマグロやサメなどの大型魚を好きなだけ獲ることができました。無風状態での漂流が続く中、船長は万一に備えて廃材からスループを造るよう命じます。それでも4月下旬に一度嵐に巻き込まれたあとは、穏やかな順風に乗って北上し、5月21日、ヴェルデ岬沖に達して北回帰線を通過しました。相変わらず魚を獲り続けましたが、塩漬けの魚ばかり食べていたせいで顔が病的に赤くなる者や壊血病《かいけつびょう》に冒される者が多く出ました。喉《のど》の渇きも深刻で、故国に近づいてはいたものの、病人は日ごとに増していきます。こうした中で、健康な船員6人がパンを盗んでいたことが判明しました。本来ならば絞首刑にすべきですが、船長は処刑を猶予することにしました。

6月12日、アゾレス諸島近海でイギリス船と遭遇すると、デ・ヴェールトは船長を船上に招いて故国のニュースなどを聞きました。7月6日には英仏海峡に到着し、その後イギリス東南のダウンズでいったん休息して食糧を買い求めたのち、ついに13日、ロッテルダムに近いマース川河口に達しました。2年あまりに及ぶ想像を絶する苦難の航海がようやく終わりを告げたのです。ただ、到着寸前にも2人死亡して生存者は36名となりました。これは出発時のちょうど3分の1です。

なお、究極の過酷な航海を乗り切った船長デ・ヴェールトですが、「海の男」としての血が騒いだのか、8ヶ月後の翌1602年3月末、早くもオランダ東インド遠征隊の副司令官として洋上の人となります。今回は喜望峰《きぼうほう》回りで東インドに向かい、11月末にセイロン島に達しました。同島ではポルトガル人と反目する現地の藩王と結んでオランダ人たちの指揮を執りましたが、ポルトガル人の扱いをめぐって藩王の不興を買い、1603年5月末、藩王の刺客によって暗殺されて波瀾の生涯を閉じることになります。

2 モルッカ諸島に達したトラウ号

トラウ号のその後についても、前掲のウィーデルと、近年その主要部分を英訳して解説を加えたディーク・バールヴェルドらの著書に詳しく述べられています。それらにはトラウ号航海士の日誌のほか、突然の来訪者を迎えたチリのスペイン人、モルッカ諸島でポルトガル人に捕らわれたものの、後日オランダに帰国した数少ない船員の証言などが収められています。むろんオランダ側とスペイン・ポルトガル側では立場の違いがあり、それぞれ自分たちの都合の良いように書いているのは否めません。

しかし興味深いことに、トラウ号の航海士メース・サンデルスが残した記録は、船長バルタサール・デ・コルデス（司令官シモン・デ・コルデスの従弟。以下「B・コルデス」）の行動を賛美するのではなく、しばしば批判的でさえあります。この点を踏まえたうえで、トラウ号の航程を辿っていきます。

前述のとおり、トラウ号とヘローフ号がマゼラン海峡で最後に互いを確認したのは1599年12月

10日です。ヘローフ号が海峡内で動きの取れなくなっている間、トラウ号は逆風に抗して何とか海峡を抜けました。しかし、またも太平洋上で北からの烈風に遭遇して南に流されました。弱冠22歳の船長B・コルデスは再度海峡に戻ることも考えましたが、やがて強烈な南風が吹き荒れ、トラウ号は遥か北方に吹き流されました。その結果、翌1600年3月3日にチロエ島（現、チリ中西部沿岸）北端のラクイに着きます。

一般にこの地の先住民たちは、自分たちに散々危害を加えた白人に敵意を持っているのですが、意外にもチロエ島の先住民は、トラウ号の船員たちがスペイン人ではないことを知ると友好的に迎えました。彼らは羊、鶏肉、卵、蜂蜜、リンゴなど大量の食糧を、鏡、針、首輪や腕輪、その他の小物と物々交換してくれたので、B・コルデス隊にとって思いがけなく安上がりの取引でした。

この地の先住民たちは、スペイン人の横暴な支配から脱することが悲願でしたので、スペイン人に対抗できるヨーロッパ人との連携を望んでいたのです。スペイン語を話す先住民によると、島の東部の砦に50人のスペイン人守備兵がいるとのことでした。B・コルデスは先住民の要請を受け入れて、先住民と同盟してスペイン人と戦い、彼らをこの地から追放して砦を先住民に譲渡する約束をしました。

先住民の助けでトラウ号はまもなく船体の補修と清掃を完了し、出帆の準備も整えられました。しかしB・コルデスは、もはや僚船との待ち合わせ場所には向かいませんでした。待ち合わせ期間はとうに過ぎており、そこに着いても僚船はすでに出発しているだろうし、何よりもこの島の居心地が非常に良かったのです。そのうえで、B・コルデスには強《したた》かにして狡猾《こうかつ》な計略がありました。これについての一連の出来事は、オランダ人の奸計に陥ったスペイン人側の記録がリアルに伝えてくれます。スペイン人が築いた砦はチロエ島東部のカストロにありましたが、防護柵を巡らしただけの簡素なものでした。18日、B・コルデスは25人の武装船員を引き連れてスループでカストロに向かい、5日後に砦近くに到着しました。途中、スペイン人が馬を養育している小島を通りかかった際に多数の馬を殺し、また羊を大量に捕らえています。

カストロに到着したB・コルデスは、手紙でスペイン人に交渉を申し入れました。すると島の守備隊長ルイス・デ・プリエーゴは、人望ある守備兵ペドロ・デ・ビラゴーヤを交渉人として派遣し、不意の訪問者オランダ人を友好的に迎えるように伝えました。実はこのとき砦には守備兵が10人しかおらず、ほかには女性と子ども、老人だけでした。数日前にあった先住民の反乱を鎮圧するため、砦の兵士40人は南北二手に分かれて出払っており、手勢で対抗できる力はなかったのです。

B・コルデスはビラゴーヤに「自分たちはカトリックで、単に貿易のためだけにやって来た」と丁重に伝えました。若いオランダ人船長の謙虚な物腰に、ビラゴーヤはすっかり相手を信用しきってしまいます。さらにB・コルデスは恐るべき二枚舌を使い、交わしたばかりの先住民との約束を反故にして、先住民がスペイン人を襲撃しようとしているので、あなた方と同盟して先住民を撲滅しようと持ちかけました。船長のこの態度の急変には配下の船員たちも驚き、先住民との約束を守るように抗議しましたが、B・コルデスは強引に押し切りました。実は、これは「敵を欺くにはまず味方から」の計略でした。

一方、先住民の脅威に常時晒されているカストロのスペイン人にとって、オランダ人の加勢は願ってもないチャンスです。ビラゴーヤはトラウ号に積載されている多種多様な商品にも大きく惹かれました。慢性的な日用物資の不足に悩まされている地の果てのスペイン人にとって、これらの品々は非常に魅力的でした。食糧の補給を望むオランダ人と取引すれば、それらが入手できるかもしれません。ビラゴーヤは直ちに面会内容を守備隊長プリエーゴに伝達しました。

隊長プリエーゴと面会したB・コルデスは、すぐに作戦計画を提示します。それは、先住民兵士300人がすぐ近くまで来ているので、彼らを出し抜くため家を1軒砲撃し、それを合図にオランダ隊とスペイン隊の両面作戦で先住民軍を挟撃しようとの提案でした。スペイン側も同意し、作戦は実行されることになりました。このときスペイン側は愚直にも自分たちの内部事情を打ち明け、戦うのに十分な弾丸と弾薬がないと伝えました。これに対しB・コルデスは、直ちに弾丸1000発と火薬1樽分を用意させ、相手を信用させます。喜んだスペイン人たちは早速作戦に取りかかります。翌日の夜明けと共に、スペイン側が一方から発砲すると、オランダ側ももう一方から呼応しました。このとき先住民側にかなりの死傷者が出ましたが、本格的な攻撃には至りませんでした。

すっかり信用しているスペイン人に対し、B・コルデスの残虐な本性が露わになります。まず、今後の作戦を練るとの名目でビラゴーヤをトラウ号の船上に呼ぶと、B・コルデスは直ちに彼を拘束しました。砲撃した家が申し合わせと違ったので、作戦の遂行ができなくなったという理由です。次いで、作戦会議の名目で6人のスペイン人幹部を集めると、非情にも到着直後に全員を銃殺しました。さらに、先住民をおびき寄せるとの理由で、町のスペイン人全員を市内の教会に集合させ、無抵抗の男性30人を恐るべき残酷さで殺害し、教会の金銀装飾品を奪い取ったうえ、女性たちを陵辱しました。

こうして島のスペイン人町を占拠したB・コルデスですが、一部のスペイン人分隊が「オランダ側に脱走したスペイン人」を偽装した内通者の手引きで夜襲をかけ、何とか女性を7人救出し、オランダ人2人を殺害してB・コルデスも負傷させました。これに対し、町を占拠した38人のオランダ人たちは防備を固めるために砦を改造し、厚い壁や大砲を設《しつら》えた2棟の見張塔も築いて周囲を監視したうえ、矢を持って革製の兜《かぶと》を被《かぶ》った600人の先住民を町を囲むように配列し、護衛させました。ヨーロッパ人同士の醜い駆け引きを知らなかった先住民たちは、当初の予定どおり「横暴なスペイン人」を打ち負かしてくれたオランダ人側についていました。

砦のオランダ人たちは、救出されなかったスペイン人女性を侍らせながら、束の間の征服者気分を味わっていました。多数の先住民に守られているうえ、すでに多くのスペイン人リーダーと兵士を殺害したので、スペイン側の兵力はごく手薄です。しかも強風の冬場に、チリ本土の援軍がカストロのあるチロエ島まで船でやって来られるはずはない、と高をくくっていました。安心しきったB・コルデスは悠々と出発の準備を考えていました。

しかし、スペイン側は秘かに反撃のチャンスを窺っていました。最初からオランダ人を信用していなかった分隊長ルイス・ペレス・デ・バルガスは、先の救出作戦からいったん撤収したあと、カストロの町近くの山中に部下25人と潜んでいました。バルガスは2人の伝令をチリ本土の部隊駐屯地オソルノに送り、オランダ人が行った残虐行為と彼らの兵力、トラウ号や町の様子などをオソルノの連隊長デル・カンポに知らせました。デル・カンポの援軍は思いのほか早く到着し、町の奪回のためデ・バルガスらと作戦会議を開きました。その結果、四面作戦でオランダ人を攻撃することが決められ、各方面に20数人を配置して、正門からの突入隊、見張り台の制圧隊、横壁からの攻撃隊、出入口の封鎖隊が組織されました。

1600年5月10日、スペイン人の各部隊は夜明け前の薄明の中、オランダ人に気づかれないように作戦の遂行に取りかかりました。しかし、砦に辿り着くには大勢の先住民兵士の護衛ラインを突破する必要がありました。果敢に進攻したデル・カンポは、先住民があまり抵抗しないと考えていましたが、これは誤算で、彼らの抵抗は予想以上に激しいものでした。争乱の喧騒でスペイン人の侵入に気づいたオランダ人も急遽加勢し、両者入り乱れての戦闘になりました。このとき先住民たちは、白人同士の銃撃と砲撃に巻き込まれて多数の犠牲者を出したので、まもなく引き上げていきました。

1時間以上の戦闘で、スペイン側は10人の死者と12人の負傷者を出しました。一方、オランダ側も砦にいた6人が死亡し、ほかの者も多くが負傷しました。味方の先住民が去った今、B・コルデスは今後の航海のためこれ以上の犠牲者は出せないと考え、いったん近隣の家に移動すると、全員にトラウ号までの退避を命じました。しかし重傷者は動けませんでした。スペイン人はオランダ人の逃亡を防ぐために3方向からその家に火を放ち、意図的に火を点けなかった出口で敵を待ち構えました。これを見抜いた歩行可能なオランダ人たちは、背後のドアから海岸まで一気に駆け下りて逃亡しました。

それを見たスペイン兵たちは馬で追跡して、オランダ人たちが浜辺に着く前に2人を、さらに浜辺でボートに乗ろうとした6人を銃殺しました。結局オランダ人は5人だけボートに乗ることができましたが、全員がかなり負傷していました。何とかトラウ号に辿り着いたオランダ人たちに対し、スペイン人連隊長デル・カンポはB・コルデスに手紙を送り、彼らの乱暴狼藉を非難すると共に、直ちに人質を解放するよう要求しました。これに対してB・コルデスは謝罪などせず、浜辺に干したオランダの前檣帆《ぜんしょうはん》と薪束を渡せば応ずると答えました。むろんデル・カンポは妥協せず、B・コルデスに投降を促します。

スペイン側の見立てでは、トラウ号のオランダ人船員のほぼ半数は重傷者と病人で、健常者は14人しかおらず、ほかには捕えられた先住民12人が乗船していました。そのため錨を上げるのも一苦労のようでした。しかしスペイン側にも船がカヌーしかなく、トラウ号の捕捉は無理でした。それでもスペイン人は、オランダ人がチロエ海峡の複雑な水域に不案内なので、トラウ号はまもなく座礁すると見込んでカヌーであとをつけました。

すると予想どおりトラウ号は座礁しました。この期《ご》に及んでは万事強気のB・コルデスもさすがに観念し、2人のスペイン人捕虜をカストロに送って、投降条件について交渉させるつもりでした。ところが、このとき捕虜の一人の服装を整えるのにかなりの時間がかかりました。このことは結果的にオランダ人を利することになります。偶然にもまもなく急な上げ潮になって、トラウ号の船体が浮上し始めたのです。この間、スペイン人兵士らはトラウ号の動きを封じるため、錨ケーブルを切断しようとカヌーで近づきましたが、潮の流れが速く実行できませんでした。

オランダ隊が砦から逃避を始めてから4日後、トラウ号は座礁から脱して動き始めました。むろんB・コルデスは前言を翻《ひるがえ》し、スペイン人との交渉を中断して出帆しました。こうして30人弱のオランダ人に先住民、および2トンあまりの小麦と大量の塩漬け肉を積んだトラウ号は、1600年5月26日、チリを離れてモルッカ諸島を目指します。「忠実」を意味する船名とは全く逆の、背信行為に明け暮れたチロエ島滞在でした。

太平洋横断に出発したトラウ号ですが、この横断航海に関する記録はありません。ただ、同号が太平洋横断に要した7ヶ月は、通常のマニラ行きガレオン貿易船の2倍以上かかっています。しかしリーフデ号の日本到着時とは対照的に、モルッカ諸島のテルナテ島に到着したトラウ号の船員が、極端に衰弱していた様子はみられません。むしろ到着後、すぐ隣のティドール島に移動して次の行動を開始しています。これはどういうことでしょうか。

歴史家バールヴェルドは、同船が南米沿岸を北上してから赤道やや北、北緯6度付近のココ島（現、コスタリカ領）で水や果物を補給したと推測しています。同島は本土から550㎞の太平洋上にあり、現在も豊かな自然で知られていて、世界遺産にも指定されています。しかし、太平洋横断に要した時間とテルナテ島到着時の乗組員の様子を考えると、筆者はトラウ号が赤道より南の航路をとり、偏東風と南赤道海流に乗ってモルッカ諸島に向かったのではないかと考えます。

当時、アメリカ大陸からアジアに向かう場合、通常は北半球のガレオン貿易ルートが採られます。すなわち、北太平洋の低緯度地帯を一路西に向かうルートです。ただ、この場合は島影を見ることがほとんどなく「寄り道」ができません。リーフデ号もトラウ号も同じチリから出発してアジアに向かっていますが、おそらくルートは異なったでしょう。その違いはパイロットにあるとみます。

すなわちリーフデ号は、僚船ホープ号にいたガレオン貿易ルートの航海経験を持つティモシー・ショッテンが水先案内を務めましたが、トラウ号のオランダ人に太平洋横断の経験者はいません。トラウ号はペルーに立ち寄っているので、B・コルデスはその地で南太平洋横断の経験を持つ先住民を捕らえたのでしょう。このころすでにスペイン人によって南太平洋の横断がなされていたからです。

トラウ号の太平洋航海の少し前、ペルーのカヤオ（リマの外港）から南半球の赤道帯を西進し、ソロモン諸島やマルサケス諸島などポリネシア・メラネシアの島々まで二度の探検航海が行われました。その司令官で、スペイン人探検家アルバロ・デ・メンダーニャ・デ・ネイラは、「ソロモンの財宝」の存在を信じてその名を冠したソロモン諸島に植民の計画さえ試み、1595年にはマルサケス諸島、クック諸島、エリス諸島（現、ツバル）などに上陸、島の先住民と接触しています。B・コルデスはペルーでスペイン人からその経験や南太平洋航路の情報を入手したのでしょう。

また、マヒュー船隊の各船が同じ海図を用いていたとすると、リーフデ号の海図「南洋鍼路図」にはモルッカ諸島が赤道直下に位置し、その東方にセラムCeiram島とニューギニアNOVA GUINEAが東西に長く延びた形で載っています。同図の東部分は途切れていますが、同図に類似しているペトルス・プランシウスの「モルッカ図」（1592年）には、南半球の低緯度地帯に北半球より遥かに多くの島々が掲載され、ニューギニアの東のソロモン諸島Insula Salomonisが現在よりも多数の島々から成って描かれています。トラウ号は地図を頼りにこれらの島々に何度か立ち寄り、おそらく略奪によって補給を繰り返しながら時間をかけて航行したとみられます。船員の健康状態がリーフデ号よりも遥かに良好だった理由は、ここに求められるでしょう。

トラウ号は、1600年12月末にテルナテ島に着きました。到着したときのオランダ人船員は24人で、ほかにペルー沿岸で捕えた先住民が4人生き残っていました。先住民の数が激減しているのは、航海中に酷使されたことを暗示しています。テルナテ島とティドール島はモルッカ諸島最大のハルマヘラ島の中西部沖に位置する小島で、現在はインドネシア領です。共に面積100㎢あまり、伊豆大島よりわずかに大きいほどですが、古来ヨーロッパ人が最も欲した香辛料であるクローヴ（丁子《ちょうじ》）の原産地です。

トラウ号が到着したとき、意外にもテルナテ島にはすでに2人のオランダ人が駐在しており、スルタンのサイド・ウラーと結んで交易を進めていました。彼らは前年に喜望峰経由でバンタンに到着した、オランダのファン・ネック隊から派遣されていました。テルナテにはもともとポルトガル人が進出していましたが、彼らの横暴に怒ったサイド・ウラーの父は、20数年前に彼らを島から追い出していました。そのため、ポルトガル人は隣のティドール島のスルタンと結んだうえ、フィリピンのスペイン人の支援を頼んでいました。わずか数㎞しか離れていないテルナテ島とティドール島には別々に王がおり、それぞれが別のヨーロッパ人と結びつきながら互いに反目していたのです。

テルナテ島に到着した時期がクローヴの取引時期ではないと知ると、強気なB・コルデスは、無謀にも部下の反対を押し切ってティドール島に向かうことにしました。実はテルナテ島駐在のオランダ人もB・コルデスに対し、ティドール島のポルトガル人はオランダ人に激しい敵意を持っているので、そこには行かないようにと警告していました。しかし、大量のクローヴに取り憑かれたB・コルデスは聞く耳を持たず、テルナテ島に到着してからわずか数日後の1601年1月3日、トラウ号をティドール島に移動させました。

島に到着すると、早速ポルトガル人がオランダ船の様子を探りに来ました。貿易目的というオランダ人の来意を知ると、ポルトガル人は取引に便利だからとの口実で、船を指定の碇泊地に移動させました。実はこれは罠でした。翌日、取引の成功を願う船長B・コルデスは正装したうえ、プレゼントの象嵌《ぞうがん》を携えてティドール王とポルトガル人司令官を訪問し、クローヴを船の積載量の半分まで購入する取引契約を成立させました。

翌朝、ポルトガル人がやって来て、トラウ号にいる船員たちに船から降りて朝食をとるように呼びかけました。B・コルデスをはじめ、応じた船員たちが浜辺で朝食をとっていると、いつのまにか周囲を多数の武装したポルトガル人が取り囲んでいました。合図と共にポルトガル人は彼らを急襲し、その場で全員を惨殺しました。船に残っていた船員は、これに気づくと海に飛び込むなどして逃れましたが、生き残った6人も結局捕らえられて、ティドール王の下に捕囚されました。うち5人はまもなくアジアにおけるポルトガルの拠点ゴア（現、インド西海岸）に、一人はマニラに、囚人として移送されます。

チリで先住民とスペイン人を裏切って殺戮したB・コルデス隊は、こうして因果応報のごとく目的地モルッカ諸島でポルトガル人の罠に陥り、自分たちの所業と同様の仕打ちを受けたのです。

しかし、1600年7月にオランダ独立戦争の一環であるニーウポールト（現、ベルギー）の戦いが終結し、その講和によってスペインとオランダの捕虜交換協定が成ると、幸運にもゴアの5人は解放され、1602年のうちにオランダへ帰国しました。5人のうち航海長と砲手長は、帰国後の1603年11月19日にロッテルダム市の諮問委員会で自分たちの大航海やティドール島での恐るべき体験を証言しています。

一方、マニラに送られた一人はまもなくスペイン人の捕囚から脱走し、フィリピンの反スペイン勢力に合流して一時フィリピン群島中西部パナイ島で暮らしたようです。東インドに遠征中のオランダ隊が1610年に彼の生存を確認していますが、ある説によれば、彼はまもなくガレオン貿易に携わって何度か太平洋を往復したのち、1614年にオランダへ帰国したといいます。トラウ号の船体はポルトガル人に没収されて、以後は貿易船として使用されました。トラウ号でテルナテ島に着いたアメリカ先住民4人の消息は不明ですが、おそらく殺害されたのでしょう。結局、トラウ号がオランダを発ったときの乗組員86人のうち、本国に帰還できたのはわずか5、6人でした。

3　ブライデ・ボートスハップ号の投降

ブライデ・ボートスハップ号（以下「ブライデ号」）の船長は、前任のデ・ヴェールトから代わったディルク・シナで、彼の進言はリーフデ号の日本行きに大きな影響を与えました。船隊のうち最も小型である同号は、マゼラン海峡通過中に船首を破損して航行に支障をきたしていました。のちにスペイン人に捕らわれた船員たちが語ったところでは、同号は何とか海峡を抜けたものの、猛烈な嵐によって、1599年9月10日、南緯57度付近の海上まで吹き流されました。これは同じくマゼラン海峡通過後に大きく南方に流されたフランシス・ドレーク隊と重なります。ドレーク隊はその際、偶然にもフエゴ島（マゼラン海峡南側の島）南方のオルノス島にホーン岬（南緯56度）を発見したのですが、ブライデ号はそれより南まで達したことになります。

いったん南に流されたブライデ号は、ほかの僚船と同じく、正反対方向への風の急変によって一挙に北に吹き流され、補給地を求めてチロエ群島に立ち寄るなどしました。しかし船員たちの極度の飢えと衰弱に耐えかねたディルク・シナは、スペイン人支配地で投降することを決め、11月17日、バルパライソ（現、チリ中部）に入港します。生存船員の数は24人で、うち歩行可能な者は9人でした。

一方、招かれざる客を迎えたスペイン人は、過去に侵入したイギリス私掠船《しりゃくせん》の経験に照らして十分な守備態勢を取っていました。さらに、ヌエバ・エスパーニャ（現、メキシコ）当局から、オランダ船隊襲来の可能性があるとの情報も得ていました。それにより、ブライデ号は入港後直ちにスペイン人に捕捉され、船体と船員6人は1週間後に北方のカヤオ（現、ペルー）に移送されます。ディルク・シナを含むほかの18人は、バルパライソ近隣の内陸都市サンティアゴ（現、チリ首都）に移され、その地に2ヶ月半捕囚されたのち、1600年2月10日にリマ（現、ペルー首都）に送られました。

オランダ人を海賊と信じているスペイン人が、ディルク・シナらに対して厳しい尋問を行ったことは言うまでもありえません。これに対してディルク・シナは、先述のとおり、自分たちは海賊ではなく商人であり、南米か日本で商品を売却して銀を入手し、その後はモルッカ諸島で香辛料を買い付けるつもりだったと弁明しています。また、商船には過度と思える武装は、もっぱら自分たちの安全を図るためであると付け加えました。なお、ディルク・シナら捕虜の扱いは虐待に近いものではなく、軟禁状態に近かったというから意外です。オランダ人とはいえ、ディルク・シナも含めて捕虜にカトリックが多かったこともあり、時に神父たちと近郊の町へ旅することさえ許されています。

この間の1600年4月、前述のファン・ノールト船隊がバルパライソに侵攻した際、ディルク・シナはファン・ノールトに宛てて手紙を送っています。ファン・ノールトは、直前に捕らえたスペイン人船長との交換でディルク・シナらの解放を申し込んだものの、却下されました。ディルク・シナらはリマでおよそ3年間の捕虜生活を送ったのち、前述のトラウ号の5人と同様、捕虜交換協定の適用を受けることになります。しかしペルー副王ルイス・デ・ベラスコ（来日した「ドン・ロドリゴ」の叔父）は彼らを「狡猾にして危険な6、7人」と警戒したため解放が遅れ、結局捕囚を解かれたのは1604年春になってからでした。

ディルク・シナらは同年7月にリスボンへ到着しました。そのほかにも8人が1605年2月までに本国に帰還したので、バルパライソで投降した24人のうち、少なくとも14人は帰国したことがわかっています。ちなみにトラウ号には5、6人、へロープ号には36人の帰国者がいますので、マヒュー船隊全体で56人が本国に帰ったことになります。ただし、自ら本国に戻ったへロープ号を除くと、いったん捕囚された2隻の船員の中では、帰国できたのがわずか20人だけとなります。また、次章で述べるホープ号とリーフデ号には、記録で確認できる帰国者はいません。

なお、1544生まれのディルク・シナは本国に帰還したときすでに60歳で、一般には隠遁生活に入る年齢ですが、デ・ヴェールト同様「海の男」としての意気込みはなお衰えていなかったようです。1606年、司令官パウルス・ファン・カルデンは、10隻以上の船と1000人あまりの乗組員から成る東インド会社の大遠征隊を率いて、喜望峰回りでアジアに向かいましたが、その中にディルク・シナの姿がありました。ディルク・シナはかつてゴアに長く滞在していましたので、久しぶりに眺めるインドや東南アジアの姿に、さぞ感慨無量だったことでしょう。しかし、おそらく高齢による疲労から衰弱し、ジョホールへ到着したときに、帰路にあったマテリーフ・デ・ヨンゲ船隊に託されました。その後の消息は途切れるので、まもなく死去したとみられます。

以上のように、マゼラン海峡会社が派遣したマゼラン海峡経由の大遠征隊は散々な結果に終わり、最大出資者のデル・ハーヘンは破産しました。それでも資力に勝るデル・フェーケンは何とか持ち直し、１６０２年に連合東インド会社が成立したときにはロッテルダム支社の理事になっています。

第5章　リーフデ号の太平洋横断

1　リーフデ号とホープ号の再会

前章では、コルデス船隊のうちリーフデ号とホープ号以外の3隻の命運について述べました。では、リーフデ号とホープ号はその後どうなったのでしょうか。

これら2隻のマゼラン海峡通過後の航跡については、前章と同じくアダムスの2通の手紙（「妻宛」「未知の友人宛」）によって推測できます。2通の内容には出来事の日付などに多少の違いがありますが、大筋では一致しています。ただ、来日5年目ころに書かれた「妻宛」のほうがより記憶が鮮明なものと思われますので、ここでは主にそれに拠るものとします。一方、チリで「海賊」を迎えたスペイン側も、アダムスたちとは逆の立場から記録を残しています。それらに基づいて、マゼラン海峡を通過してから南米を離れるまでのリーフデ号とホープ号の航跡を探っていきます。まずアダムスの手紙の該当部分を訳出します（日付はユリウス暦1599年、緯度は南緯）。

われわれは1599年8月24日まで海峡にとどまって、その日に南の海（太平洋）に出たけれど、

6、7日後の激しい嵐で船隊それぞれの船が互いを見失ってしまった。嵐は長く続き、南緯54度1/8まで吹き流されてしまった。その後は天気が回復して順風になったし、10月（ママ、以下の文脈から正しくは「9月」）9日には旗艦（ホープ号）を視認したのでみな大喜びした。けれども8日か10日後の夜にまた大風が吹いたので、わが船の前檣帆《ぜんしょうはん》は吹き飛ばされ、またも旗艦を見失ってしまった。したがって、風と天候任せでチリの海岸に向かうことにし、10月（同前「9月」）29日、司令官（コルデス）と約束した46度の地点に達したのでピンネス（帆のある小型ボート）を組み立てて、そこに28日間滞在した。

この地では先住民と出会って5、6日間は友好的につきあい、彼らが羊を持ってきてくれたので、こちらがベルとナイフを与えると彼らは満足そうだった。しかし、まもなく彼らはわが船の碇泊地からみな姿を消してしまい、その後は見ることがなかった。（僚船と全く会わなかったので）28日経ってからバルディビアに行くことに決めた。しかし、バルディビアの湾口に着いたとき非常に強風だったので、船長は考えを変え、モチャ島を目指すことになった。

11月1日、38度にあるモチャ島に達した。しかしここでも風が激しかったので、あえて投錨せず、サンタマリア島から2リーグ南のサンタマリア岬（現、プラタ・ラバビエ）に向かうことにしたけれども、この地の先住民のことは何も知らなかった。11月2日に仲間が上陸すると、先住民が戦いを仕掛けてきたので仲間の8、9人が負傷してしまったけど、最後に彼らが偽りの友好を持ちかけてきたから、仲間たちはすっかり信用してしまったんだ。

翌日、船長と23人の主な船員たちが上陸し、激しい空腹を満たす食糧を得るため取引に向かった。そこへ2、3人の先住民が友好的な様子でワインと根菜類を携え、われわれのボートのところまで迷いなくやって来て、上陸するよう合図をし、多数の羊と牛がいるようなジェスチャーをした。船長と仲間たちは食糧の入手を熱望していたので、そのまま上陸した。すると窪地に身を隠していた1000人以上の先住民が直ちに仲間たちに襲いかかり、弟のトマス・アダムスも含めて全員を殺してしまった。多数の仲間を失ったことで、われわれは錨《いかり》を上げる人員にも事欠いた。

それから3日目に、大変な悲嘆にくれる中でサンタマリア島へ向かって出航したが、そこに旗艦が来ているのを見て大いに安堵した。だが旗艦に乗船したところ、彼らもわれわれ同様の大変な厄災に見舞われたことがわかった。司令官ら27人の船員たちがモチャ島で殺害されており、その島を彼らが発ったのはわれわれが同島に着く前日だったんだ。サンタマリア島ではどうすれば食糧を得られるか協議がなされた。大部分は病人なので、力ずくで上陸を強行するには人数不足だった。

そこへ一人のスペイン人が協議のためにわが船へ偵察に来て、次の日もやって来たので、われわれは彼を穏やかに立ち去らせた。3日目には2人のスペイン人が何の断りもなく乗船してきたが、彼らはわれわれを陥れることができるか思案しているようだった。彼らが船を検分して再度陸地に戻ろうとしているとき、われわれは彼らに、許可なしに船に乗り込んできたのだから許可なしに帰すわけにはいかない、と彼らを帰さなかった。彼らは大いに異議を唱えたけれど、われわれは極度に食糧不足なので、もし彼らが十分な羊と牛を与えてくれるなら陸地に帰してやろうと言った。こうして彼らは不本意ながら妥協し、約束の時間どおりにそれを実行してくれた。食糧を得られたおかげで万事が好転し、ほとんどの船員は病いから回復したんだ。

太平洋に入った時点で船隊全体の船員数は出発当初から半減していたので、司令官らは船隊の再編成を考えていました。すなわち、5隻のうち1隻か2隻を廃棄し、残した船に全船員を職分に応じて再配置するというものです。しかし、それを実行に移そうとした矢先の9月9日、北からの猛烈な強風が船隊を襲い、船隊は離散、どの船も転覆と衝突の恐怖に怯え続けながら航行しました。5隻のうちホープ号を除いた4隻の航程については、分量の多少こそありますが、それぞれ当事者の記録が残されています。しかし後述のように、ホープ号は日本近海で消息不明になったので、史料は皆無です。したがって、ホープ号の様子はアダムスの手紙から推測するしかありません。

アダムスの手紙の概要を示すと、太平洋に出たリーフデ号は僚船と共に遥か南方に吹き流されました。その後、強烈な南風に変わったので、今度は一挙に北上を始めました。やがて約束した南緯46度地点に達したので僚船を待ちましたが、どの船も現れなかったのでサンタマリア島に向かいます。

しかし、これが悲惨な結果をもたらしました。同島から対岸の本土の岬に上陸したものの、白人に敵意を抱く先住民の策略にはまり、23人もの仲間が失われたからです。悲嘆に暮れながら再度サンタマリア島に戻ると、そこで幸運にもホープ号と再会できましたが、ホープ号の船員もモチャ島で27人も失われていたことを知りました。一挙に50人も失った両船の落胆ぶりは想像に難くありません。それでもアダムスの手紙にあるように、スペイン人の補給を受けたおかげで船員たちはかなり回復できたのでした。

ただしその手紙にある、乗船してきたスペイン人を脅して食糧を入手したという部分は不自然です。人数が激減して体力も消耗していたオランダ人船員たちが、武力に優る現地スペイン人たちに太刀打ちできるとは思えません。スペイン人を脅かせば、むしろ報復を受ける可能性が高く、実際アダムスは「未知の友人宛」ではスペイン人の攻撃を恐れていたとしています。ここにはアダムスの記述からは窺い知れない、両者の微妙な駆け引きがありました。スペイン側の記録がそれを明らかにしてくれます。

それによれば、現地のスペイン人で最初にホープ号の姿を認めたのは、小型船の船長ペドロ・デ・リカルデで、食糧補給のためにスペインのチリ支配の拠点コンセプシオンへ向かって航行していました。港近くまで来た船長は、天候が急変したためにサンタマリア島のある入江で待避することにしましたが、そのとき見慣れない大型船が近づいてくるのを視認しました。ホープ号です。リカルデはこの突然の来訪者をイギリスの海賊と思い込み、直ちにコンセプシオンにいるチリ総督フランシスコ・デ・クィノネスに伝えました。数日後にはもう1隻の大型船、すなわちリーフデ号も現れます。

連絡を受けた総督クィノネスは、すぐに何人かの武装兵を随伴させて、アントニオ・レシオ・デ・ソト船長を現地に派遣しました。ソト船長は2隻に近づいて侵入者たちとの接触を試みましたが、乗船は許されず、ポルトガル語と拙いスペイン語の混合で書かれた書簡を渡されました。そこには司令官コルデス・ジュニアの名で「自分たちはオランダ人で、あなた方の友人であり、貿易のためにやって来た。スペイン王の忠実な臣下でもあり、チリ総督の指示に従うので友好的に迎えて欲しい。特に、食糧を補給したいので応じて欲しい」と書かれていました。

これに対してスペイン側は、貿易を行うにはスペイン王の特許状が必要なのに、オランダ人がそれを示さないのは海賊でしかないと判断し、当然信用しませんでした。それでもスペイン側は直ちにオランダ人を攻撃したり拘束するなどの強硬手段は執らず、むしろ補給に応じることにしました。意外にも、再度オランダ隊を訪問したソト船長はホープ号で歓待されて2日間滞在しています。このとき船内を観察した同船長は、ホープ号の船員数が47、48人で、多くは衰弱しており、また食糧の備蓄はせいぜい2ヶ月分しかないと見積もりました。しかし船長コルデス・ジュニアは見栄を張って、自分たちには2年分の食糧の備蓄があるが、万全を期すためさらに必要であると伝えたのでした。

リーフデ号への乗船はできませんでしたが、こちらは船員数30人ほどと思われました。ソト船長は、リーフデ号への乗船を拒まれたのは船員たちの悲惨な状況を知られたくないからだと解釈しました。

なお、ソト船長がアダムスの手紙にあるような脅かしを受けた形跡はありません。いずれにしても、本来は敵国であるオランダ隊をスペイン人が好意的に待遇した背景には、現地先住民をめぐる思惑が絡んでいます。

一般の歴史地図では、当時のチリの大部分がすでにスペインの勢力下にあることになっています。しかしスペインは一帯を全面支配していたわけではなく、実質的な支配地は各地に点在していたにすぎません。当時この地域では先住民のマプチェ族（アラウコ族）が勢力を持っており、コンセプシオンに近いビオビオ川を境にスペインの勢力圏と対峙していました。ホープ号とリーフデ号が接岸したサンタマリア島はコンセプシオンのすぐ沖にあり、両勢力の境界地域となります。スペインの支配に抗する先住民のこの戦いはアラウコ戦争と呼ばれ、実にその後300年間も続くことになるのです。

コルデス・ジュニアがチリ総督に宛てた上記の書簡には、「スペイン王の忠実な部下としてスペイン人と同盟し、異教徒のアラウコ族と戦う用意がある」と書かれていました。チリ総督は、モチャ島やサンタマリア岬で多数の仲間を殺されたオランダ隊が、先住民に激しい復讐心を抱いているに違いないと判断し、若干の疑念を抱きながらも書簡の内容に喜びました。当時、スペインは南米西海岸における勢力圏を維持するため、北部のリマから南部のバルディビアまで先住民に対する防衛線を伸ばしており、慢性的な兵力と武器の不足に悩まされていたからです。コンセプシオンも例外ではなく、つい3週間前にはアラウコ族の猛攻によって近郊の支配地が占領されたばかりでした。

こうした中で突然現れた大型オランダ船に搭載されている大量の武器は、チリ総督の垂涎の的でした。ホープ号とリーフデ号の船員たちがアラウコ戦争の援軍となってくれれば、願ってもない幸運です。食糧補給に応じたのも、オランダ人を巧みに懐柔して利用するためでした。前章のように、トラウ号が立ち寄ったチロエ島でも先住民とスペイン人の双方がトラウ号の武器や積載物資に魅かれ、オランダ人との同盟を提案しています。もっとも、いずれの側も「同盟」はその場凌ぎのもので、いずれ背信のときを迎えることは薄々感じ取っていたでしょう。

一方、スペイン人から羊、牛、鶏、穀物などを十分供給されたオランダ隊は、スペイン側の兵力が整わないうちに一刻も早くこの地を離れる計略を練っていました。しばしの休養で船員たちの大半が回復すると、次の目的地をめぐって4人の幹部船員、すなわちコルデス・ジュニア、クワケルナック両船長と、アダムス、ティモシー・ショッテンの両パイロットが集まって協議がなされました。次節で詳しく見ますが、協議の結果、目的地を日本に定めると、2隻のオランダ隊は11月27日に突如としてサンタマリア島を出帆しました。食糧の補給に応じたのに、協力の約束を反故にされたスペイン人が大いに憤慨したことは言うまでもありません。

なお、すでに述べたように、ディルク・シナ指揮のブライデ・ボートスハップ号はこのときすでにバルパライソに到着していましたが、その情報は直ちにコンセプシオンにもたらされていました。現地のスペイン人はホープ号とリーフデ号の背信を聞き、拘留しているディルク・シナらオランダ人をますます警戒するようになります。

2 目的地を日本へ――ディルク・シナとショッテンの役割

高校の日本史教科書や一般向け歴史書には、「1600年、オランダ船リーフデ号日本に漂着」としているものが多く見られます。この表現からは、制御不能に陥ったリーフデ号が幽霊船のごとく大海原を漂い、潮の流れに任せて日本まで運ばれたイメージを受けます。しかし、ほとんどの船員が疲労困憊《こんぱい》していたとはいえ、リーフデ号は地図を頼りに日本を目的地として航行し、到着時には位置も測定して錨も下ろしています。したがって「漂着」ではなく「来航」とするのが正しいのです。

マヒュー船隊を派遣したマゼラン海峡会社は、目的地を一応モルッカ諸島のテルナテ島としていますが、チリで投降したディルク・シナの供述にもあるように、船隊にはいくつか目的がありました。既述のように、まずマゼラン海峡を通過して南米チリやペルーで商品を売却し、銀を入手します。次いでモルッカ諸島に向かってその銀で香辛料を購入して、喜望峰《きぼうほう》回りの世界周航で帰国するというものです。その場合も、状況次第ではフィリピンや日本に向かうことも視野に置かれていました。フィリピンを挙げたのは、メキシコから運ばれてくる大量の銀に目を付け、あわよくば略奪するつもりだったのでしょう。

しかし船隊の離散、船員数の激減、多数の病人や負傷者の存在、スペイン人の警戒などで、南米では貿易も略奪も困難であることが判明しました。そのうえスペイン人の攻撃を受ける危険性が高まった以上、リーフデ号とホープ号の幹部船員は早急な決断を迫られました。そこで協議の結果、目的地を日本とすることに決めたのです。

ではなぜ「日本」なのでしょう。それを具体的に述べた記録は、アダムスの手紙にある次のわずかな文章だけです。

前司令官の下で仕えていたけれど、何もわかっていないハッドコペー（この名はアダムスの勘違いで、実際はコルデス・ジュニア）という名の若造が司令官にされ、またわが船の船長でロッテルダム出身のジャコブ・クォターナック（ヤコブ・クワケルナック）という人が副司令官になった。そこで司令官と副司令官は私と、もう一人の航海士で以前トマス・カンディシュ（キャヴェンディシュ）の世界周航に帯同したティモシー・ショッテンというイギリス人を呼び、わが商人たちが最も利益を上げるにはどのように航海すればよいか協議したんだ。

その結果、日本へ行くことにした。というのは、かつてポルトガル人と現地に行ったことのあるディリック・ゲリッソン（ディルク・ヘリッツゾーン）という人から、その島では毛織物が大変重宝されるという話があったし、われわれも、モルッカ諸島や東インドのほとんどの国々は暑い地域なので、毛織物はさほど需要がないだろうとの結論に達したから。こうして日本へ行くことに全員が同意したんだ（「妻宛」）。

両船には大量の布を積んでいたので、われわれはペルーの沿岸を離れて日本に直行することで同意しました。現地では布が良い商売になるし、われわれの人員が乏しいことを知った（スペイン王の船隊が、ペルーの港でわれわれを捜索していることがわかったからです。彼らはわが船隊の1隻（ブライデ・ボートスハップ号）がひどく食糧不足になって、サンティアゴ（実際はバルパライソ）で敵に投降したことを知っていました（「未知の友人宛」）。

すなわち、日本に行けば積荷の毛織物が売れるだろうこと、およびスペイン人が捜索しているので、危険を避けるためにひとまずそこから離れる旨が記されています。

ではアダムスが名を挙げた2人、ティモシー・ショッテンとディルク・シナは、目的地を日本とするうえでどのような役割を果たしたのでしょうか。アダムスの手紙には記されていませんが、実はそれより10年以上前、両者とも日本や日本人と直接関わっていたからこそ、彼らの言葉に非常に重みがあったのです。そこで2人のキャリアを追いながら、リーフデ号とホープ号が日本を目指した理由についてやや詳しく述べてみます。

まずショッテンについてですが、ショッテンはかつてイギリス人探検家トマス・キャヴェンディシュの船隊に参加し、1586年からおよそ2年間にわたる世界周航を経験しています。その航海では日本に立ち寄っていませんが、太平洋横断の経験があることはショッテンの存在意義を際立たせていました。マヒュー船隊に参加したのもその実績を買われたからであり、全船員から大いに頼りにされていたことは疑いありません。ショッテンも航路の案内に自信を示したでしょう。

キャヴェンディシュ隊は1586年7月21日（J）にイギリス西部プリマスを出航しました。その9年前にはフランシス・ドレーク隊も同港から出帆し、世界周航の略奪航海を行って途方もない金銀財宝を本国に持ち帰ったことはよく知られています。ドレークを模倣したキャヴェンディシュは、ガレオン船デザイア号で大西洋を南下し、難所マゼラン海峡を比較的順調に抜けると、翌1587年2月24日に太平洋へ出ました。現在のチリやペルーで何度か略奪を働きながら南米西岸伝いに北上していたとき、マニラからアカプルコに向かう大型スペイン船がやって来るとの情報を得ます。高価な商品を満載して同年7月2日（G）にマニラを出航した、600トンのガレオン船サンタアナ号です。

恰好の獲物を見つけたキャヴェンディシュは、カリフォルニア半島南端サンルーカス岬（現、メキシコ領）沖でサンタアナ号を待ち構え、11月4日（J）に同船を襲撃しました。北太平洋海域にイギリス海賊が出没することなど想定外だったサンタアナ号は、最小限の武装しか備えておらず、ほとんど抵抗できずに屈服しました。一方的に同船を制圧したキャヴェンディシュは、サンタアナ号の乗船者およそ190人全員を浜に降ろすと、高価な商品を略奪して自船に満載し、サンタアナ号を焼き払いました。このときキャヴェンディシュは、乗船者からスペイン人パイロットや日本人青年クリストファーらを拉致し、海図も入手すると11月17日（J）にアジアへ向かって太平洋横断の航海に出たのです。

拉致されたスペイン人パイロットは大変優れた力量の持ち主で、彼の案内により、キャヴェンディシュ隊はわずか1ヶ月半でグアム島近海まで達します。当時、スペインの太平洋貿易ルートは確立しており、特にアカプルコからマニラへ向かう西向き航路は常に順風と海流に恵まれていましたが、それにしてもこの所要日数は「特急」ものです。その後、キャヴェンディシュ隊はフィリピン群島からスラウェシ（セレベス）島までの海域を南下し、太平洋からインド洋に入ってさらに西に航行しました。喜望峰を周回して大西洋に出ると、1588年9月、イギリスがスペイン無敵艦隊を撃破した直後のプリマスに帰着しました。ショッテンはこの航路をしっかり記憶にとどめていたに違いありません。

ショッテンはまた、キャヴェンディシュが拉致した2人の日本人青年クリストファーおよびコスマス（両者とも日本名不明）と、10ヶ月ほど船上生活を共にすることになります。それにより、ショッテンはイギリスと日本を結ぶ興味深い歴史的因果の仲介者となりました。すなわちショッテンは、「初めて日本に来たイギリス人」アダムスと、「初めてイギリスを訪れた日本人」クリストファーとコスマスの両方を直接知る唯一の人物となったのです。

2人の日本人青年は、日本語の読み書きができるうえ「大変有能だった」と言われています。そのころ女王エリザベスの側近ハクルートは、イギリス人の極東への航海を構想したとき「読み書きのできる現地人を一人か2人連れてくればよい」としていますが、それを実践したことになります。さらに当時のイギリスの文献にも彼らの滞在記録が残されています。では、スペイン船サンタアナ号になぜ日本人が乗船していたのでしょうか。

2人の経歴を直接示す手がかりはありませんが、サンタアナ号がマニラを出帆した前年に、九州で豊後の大友氏と薩摩の島津氏との大規模な合戦、いわゆる豊薩《ほうさつ》合戦があったのは示唆的です。このとき薩摩の攻勢を受けた豊後では多数の捕虜が生じ、特に多くの女性や子どもが当時いち早く東アジアに進出していたポルトガル人によって連行され、奴隷として売られていったのです。イエズス会の有名な著述家ルイス・フロイスの『日本史』には、そうした例が多く述べられています。

また、合戦に武者や従者として参加したものの、敗れて主君を失い、浪人になったり、殺害されるのを恐れて国外に逃がれ、現地の奴隷兵士などになった者も大勢いました。豊臣秀吉の「バテレン追放令」(1587)には、日本人を海外に売買することを禁ずる一項目もあります。こうした事態を憂慮した日本司教ルイス・デ・セルケイラは、1598年9月に日本人奴隷を送り出さない方法について協議しています。

クリストファーとコスマスもそうした経緯でいったんマカオから、あるいは直接マニラに逃れて、ガレオン船の仕事に従事したことは十分考えられます。ショッテンが2人の日本人と具体的にどう関わったのか、また、アダムスがショッテンから日本人青年たちの話を聞いていたのか、知る術はありません。ただ、目的地を決定するサンタマリア島付近での協議で日本行きが決められたとき、おそらくショッテンは2人を思い出したでしょう。

ちなみに拉致された2人の日本人青年たちは、その後キャヴェンディシュの忠実な部下となり、1591年、またも同司令官の下で前回同様に略奪航海の旅に出ました。しかし二度目の航海は悲惨な結末に終わりました。前回とは正反対の悪天候に妨げられてマゼラン海峡を通過できず、飢餓に耐えかねて現地の先住民村を襲撃しましたが失敗し、多数の死者を出しました。日本人青年たちも現在のアルゼンチン最南部で死亡したか、もしくは先住民に捕らわれたと思われます。結果的にクリストファーとコスマスは世界の三大大洋を渡海しているので、9割方世界周航を果たしたことになります。もし中南米西海岸伝いに航行していれば「安土桃山時代に世界一周した日本人」となるところでした。ショッテン自身はキャヴェンディシュの二度目の遠征には参加していませんが、世界周航後もパイロットとしての経験を積み重ねてオランダ船隊に加わったのでしょう。いずれにしても、ホープ号に乗船していたショッテンは日本近海まで達したものの、後述のように激しい嵐の中で船もろとも消息を絶ちます。

一方、アダムスらの日本行きに影響を与えたもう一人が、ディルク・シナです。ディルク・シナはオランダ出航時にはリーフデ号に乗船していましたが、3ヶ月後に司令官ジャック・マヒューの死亡に伴って大幅な人事異動が行われたとき、ブライデ・ボートスハップ号の船長に任命されました。アダムスはこのとき、ディルク・シナと入れ替わりにリーフデ号へ移ったとみられます。アダムスは手紙でディルク・シナを英語風に「ディリック・ゲリッソンという人」と呼んでいるので、直接の面識はなかったようです。一方、アダムスはディルク・シナが「かつてポルトガル人と共に日本に行ったことがある」ともしています。では、プロテスタント国オランダのディルク・シナが、なぜ仇敵カトリック国のポルトガル人と一緒に日本へ行くことができたのでしょうか。

ディルク・シナは1544年、現在のオランダ北部の港町エンクハイゼンに生まれました。まだ「オランダ」という国はなく、スペイン統治下ネーデルラントの時代です。この町は中世以来貿易都市として活況を呈しており、やがてオランダ連合東インド会社を構成する6支社の一つになります。ディルク・シナは、少年時代に当時の世界的な貿易都市リスボンで伯母宅に寄宿し、商業や砲術を学びました。そのころはまだネーデルラントとポルトガルの関係が険悪ではなく、むしろネーデルラントの商人は多数リスボンに出入りしてアジアの商品を買い付け、主に北西ヨーロッパ各地に転売していました。ディルク・シナも含めて、当時のネーデルラント人は多くがカトリックでした。ヨーロッパで新旧両派の宗教対立が先鋭化する前なので、困難なく青少年時代をリスボンで過ごせたのです。

ディルク・シナは、奇しくもオランダ独立戦争の始まった1568年、24歳のときに砲手としてオランダ人の妻と共にインドの「黄金のゴア」へ移住しました。当時のゴアはアジアにおけるポルトガルの拠点として栄華を極めていました。まもなくその地に同郷の後輩で、のちにオランダ人にアジアへの関心を喚起した著書『東方案内記』の発刊で有名なヤン・ハイヘン・リンスホーテンがやって来ます。リンスホーテンは、ディルク・シナがポルトガル船で二度日本を訪れたと述べています。最初の時期は不明ですが、二度目はマカオを経て1585年7月に長崎へ来航し、このときにマカオ―長崎間の航行ルートを記録しています。長崎を発ったのは翌年5月で、日本に10ヶ月滞在しました。

しかし、ディルク・シナの日本での滞在記録は残されていないので、その間の行動は明らかではありません。ただ、日本に行けば相当儲けられると考えていたようです。ディルク・シナから日本行きを誘われたリンスホーテンは、「そこ（日本）で取引すれば元手が2、3倍になる」と記しています。ディルク・シナは渾名《あだな》に「シナ」と付くように、シナ情報に精通していた人物として知られています。マカオをはじめ各地で多くの情報を集めながら生糸や絹製品などを購入し、長崎で売却して利益を得たのでしょう。

ディルク・シナがゴアに在住した時期は日本の戦国時代末期にあたり、すでにポルトガル船が何度も来日しています。しかし、ポルトガル船が日本で羅紗《らしゃ》を大量に売り捌《さば》いた例はありません。彼らが日本にもたらした商品は生糸や絹織物などの中国産シルク製品が中心で、ほかには陶磁器、硝石（火薬の原料）、生薬、砂糖、武器などでした。一方、リーフデ号の積荷商品に羅紗が多かったことは、リーフデ号の積荷リストにある「大型衣装箱11箱」からも明らかです。ディルク・シナは「寒い国日本」ならばそれらが売却できると判断したのでした。日本は銀が豊富な「寒い国」と思われていたのです。

ゴア駐在中にディルク・シナは、日本に滞在経験のある宣教師や商人から聞いた話に自分の体験を加えて、日本の寒さを実感したに違いありません。例えばフランシスコ・ザビエルは「日本（に赴く宣教師）には、イエズス会のフランドル人神父やドイツ人神父が日本のひどい艱難《かんなん》を忍び、寒気に適しているとたびたび考えました」「（日本は）寒さがひどいので、自分のためにも日本にいる人たちのためにも、ポルトガル製の厚手の毛織物を持って十分準備を整えて行くようにしなさい」などと報告しています。

古気象学によれば、この時代の平均気温は現代より低かったと言います。宣教師や商人たちは、熱帯のゴアやマラッカから徐々に北上して来日したので、日本の寒さに辟易したのでしょう。奈良興福《こうふく》寺《じ》の記録『多聞院日記《たもんいんにっき》』には、ディルク・シナが日本に滞在していた1585年から翌1586年までの気候も記されています。それによれば、特に1586年の1月後半から2月前半にかけては雪が非常に多かったことがわかります。

では「日本ではウールが売れる」とのディルク・シナの予測は当たったのでしょうか。結論から言えば、後日オランダ・イギリス両商館が成立してからもウール製品の売れ行きは芳《かんば》しくないうえ、値崩れを起こしています。アダムス自身、「スポルディング宛」の手紙で「日本ではウール製品は全く利益を生まない」と知らせています。しかし、リーフデ号とホープ号に積載された商品は主にウール製品でした。それを売却して日本の豊かな銀を入手し、次いでモルッカ諸島に向かってその銀で大量の香辛料を買い付け、本国に戻るのが両船の日論見だったのです。

3 リーフデ号の太平洋横断

ホープ号とリーフデ号は、1599年11月27日（J）、南米大陸南部から離れて日本を目指し、太平洋横断の大航海に出発します。ショッテンの水先案内によるものですが、両船の太平洋横断ルートは今一つはっきりしません。これについての手がかりもアダムスの2通の手紙のみで、記述は極めて漠然としていますが、その要点は次のとおりです（○「妻宛」、□「未知の友人宛」）。

○1599年11月27日、南緯36度地点からチリ沿岸を離れ、一路日本に向かった。
○順風に恵まれて赤道を通過し、その後、数ヶ月間は順風が続いた。
○北緯16度の地点で人食い人種のいる島々の近くを通過しようとしたとき、8人の船員たちが大型ピンネスで逃走した。一人は連れ戻したが、他は人食い人種に食べられたに違いない。
○1600年2月24日、北緯27、28度の洋上でかつてないほどの激しい嵐に巻き込まれ、以後ホープ号は二度と姿を現さなかった（□2月23日）。
○同年3月24日、ウナ・コロンナ島に達したが、病人と死者が多く出た。
□同年4月19日（○4月12日）、北緯32度30分に到達し、陸地（日本の豊後）を視認して豊後から1リーグ離れたところに投錨した。サンタマリア岬を出発して4ヶ月と22日が経過していた。生存者は24人、歩行可能なものはわずか5人だった。

このように、アダムスは「1599年11月27日にチリ沿岸を離れ、一路日本に向かった」「順風に恵まれて赤道を通過し、この順風は数ヶ月間続いた」としています。チリから日本まで帆船で最も短時間に移動するルートは、もちろん地球儀上でそれら2点を結ぶ最短路とはなりません。風と海流が頼りの航海で効率的に太平洋を横断するには、この広大な大洋の風向きと海流に知悉《ちしつ》したパイロットが必要です。したがって、ただ一人太平洋横断の経験があったショッテンは、当然自分が経験したルートを採ったに違いありません。

一方、チリから日本に向かうもう一つのルートとして、前章のトラウ号の節で述べたように、南半球低緯度地帯を西進する方法もありえます。貿易風や海流が北半球同様の好条件にあるからです。しかし、この場合は北半球と異なって多くの島々に行き当たります。太平洋横断に関するアダムスの表現はごくあっさりしたもので、「北緯16度付近の島」のある群島までおそらく島を見ていません。このことも、2隻がかつてショッテンの経験したガレオン貿易ルートを採った裏づけと言えます。

ホープ号とリーフデ号の航跡を推測すると、チリを出帆した両船は、まず南風を受けながらペルー海流（フンボルト海流）に乗って、南米西海岸沿いに北上しました。おそらく赤道直下のガラパゴス諸島南方付近で、風向きと潮流の自然な変化に任せて北西に針路を取り、いったん南赤道海流に、次いで赤道を越えて北赤道海流に乗り、ひたすらアジアに向かいました。北半球の低緯度地帯を直線的に西に向かうこの太平洋横断ルートは、非常に安定した順風と海流に恵まれているので、航海にほとんど支障はなかったでしょう。

では、アダムスの手紙にある「北緯16度の人食い人種のいる島で8人の船員が逃亡した」島はどこでしょうか。この手紙を早くも17世紀初めの著書に掲載したサミュエル・パーチャスは、この島をラドロネス諸島（「泥棒諸島」の意。現、マリアナ諸島）としており、筆者もこれを支持します。これに対してハワイ説を唱える歴史家もいますが、この説に無理があることはのちに検証します。

アダムスたちは「翌年2月24日に北緯27度付近で嵐に巻き込まれた」ので、チリ沿岸を出発してから3ヶ月で、おそらく小笠原諸島近海まで達したことになります。この3ヶ月から南米大陸西岸を北上した日数と、グアム島北西辺りから黒潮で北上した日数を差し引くと、北太平洋を直線的に西進するのに要した日数は2ヶ月弱とみなされます。後述のアントニオ・モルガは、このルートでのアカプルコからグアム島までの平均的所要日数を70日としていますので、キャヴェンディシュ隊ほどではありませんが、ほぼ順当な日数と言えます。

こうしてマリアナ諸島近くから北上した2隻は、チリ沿岸を発ってから3ヶ月後の1600年2月24日、北緯27、28度のおそらく小笠原諸島近海で「(アダムスが）かつて経験したことのない」猛烈な嵐に遭い、巻き込まれたホープ号は姿を消しました。それでもリーフデ号は僚船発見のため、懸命に付近の海域を捜索したに違いありません。発見できなかったものの、リーフデ号は日本でホープ号と

図5-1　アダムスが太平洋航海で立ち寄った小笠原諸島の南硫黄島（特定非営利活動法人小笠原自然文化研究所撮影）

再会することに一縷《いちる》の望みを託して航行を続けました。アダムスによれば「北緯30度付近で想定した日本最北（アダムスの誤記、「最南」の誤り）の地を探したが、地図が不正確だったため見つけられなかった」とのことです。確かにリーフデ号が用いた「南洋鍼路図」（50頁の図2―7）には日本の本州部分が南北逆に描かれ、「日本最南の地」セストス岬が北緯30度付近にあります。

そして3月24日にはウナ・コロンナUna Colonna島に達しました。しかし、ここでは多くの乗組員が衰弱したと言います。ではウナ・コロンナ島とはどの島でしょうか。この島の比定については、小笠原諸島説と硫黄島《いおうとう》諸島説とに分かれますが、筆者はリーフデ号が用いた「南洋鍼路図」から後者を支持します。同図ではウナ・コロンナ島が北回帰線（北緯23度26分）よりわずかに北に並んだ3島の最南に位置しているので、南硫黄島（北緯24度）に比定できます（図5―1）。「ウナ・コロンナ（現、スペイン語una columna）」はスペイン語で「柱」や「塔」を意味しますが、確かに同島の形状は巨大なピラミッドか塔を思わせます。

なお、1592年にオランダ人ペトルス・プランシウスが作成したモルッカ諸島の地図にもウナ・コルナ una coluna が載っていて、塔状のマークで示されています。これら二つの地図では、ウナ・コロンナ北隣の硫黄島がドス・コルナス dos colunas（二つの塔）、さらに北の北硫黄島はイラ・デシエルタ（無人島）となっています。おそらく火山列島特有の劣悪な環境下で、船員たちは体調を損ねたのでしょう。これらの島々の命名は、1543年に初めてこの島を「発見」したスペイン人に拠ります。

再度リーフデ号の航跡を推定します。同船は「南洋鍼路図」に基づいて北緯30度付近からいったん南下し、日本の本土か周辺の島々があると思われた西方に針路を取り、さらに北上して九州に近づいたとみられます。リーフデ号の日本到達の日付については、本節の冒頭に示したように、アダムスの2通の手紙で7日の違いがありますが、ユリウス暦で1600年4月中旬（G4月下旬、慶長五年三月中旬）に、現在の大分県臼杵市左志生《さしう》沖の黒島付近に辿り着きました。ただし、アダムス自身は到着地を「ブンゴ（豊後）」とだけ記しています。

臼杵は正確には北緯33度7分にあるので、アダムスの緯度計測値が実際よりわずかに大きいとすれば、リーフデ号の船員たちは陸地を認めはしたものの、おそらくはなはだしい衰弱によってしばらく黒潮に流されてから、歩行可能な数人の力を結集して何とか投錨したようです。

なお「南洋鍼路図」にある九州本土の地名は、南からカンゴシマ Cangoxima（鹿児島）、ミナト Minato（湊）、アリマ Arima（有馬）、ファカタ facata（博多）、ブンゴ Bungo（豊後）、フナイアム Funaiam（府内）で、奇妙にも府内（大分）が一番北にあり、博多、有馬は豊後の南にあります（図5

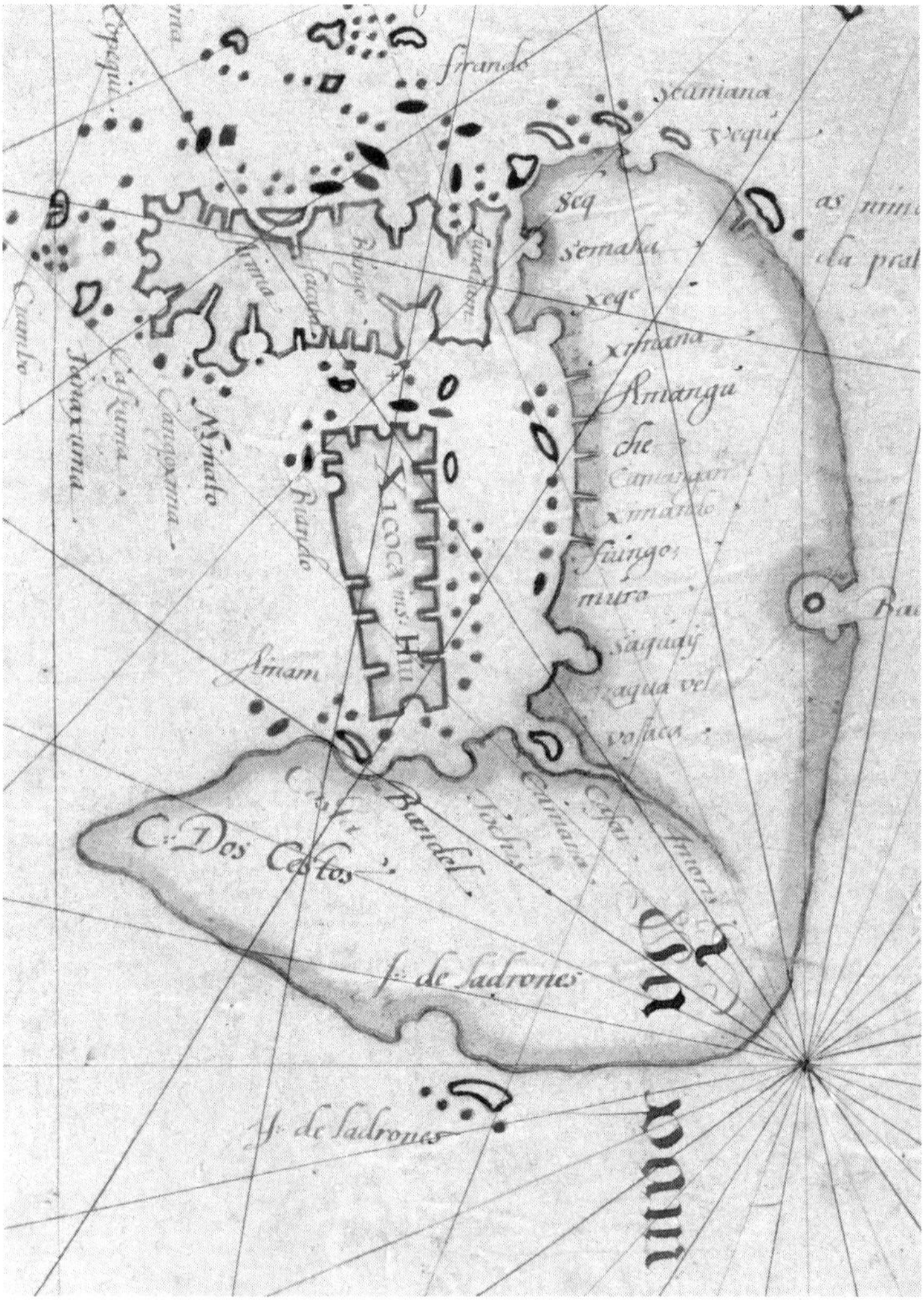

図5-2　リーフデ号が用いた「南洋鍼路図」の中の日本

―2）。アダムスは到着地を「ブンゴ」としていますが、その時点での地理認識は正確なものからほど遠いものでした。また「投錨地の佐志生」の根拠は、既出のディオゴ・ド・コウトの書にXativai（シャティヴァイ）とあることから、臼杵周辺の発音の似た地名に比定したものですが、この比定はやや説得力に乏しいので再考の余地もあるでしょう。

4　検証――リーフデ号はハワイに達したか

ここで「8人が逃亡した人食い人種のいる島」（131頁）の比定について考察します。

第3章の冒頭で紹介したウィーデルの著書には、「オランダ人はクック（キャプテン・クック）以前にハワイを発見していたか」という当時のホノルル司教ヘンリ・B・レスタリックから寄せられた英文の書簡が所収され、この「北緯16度の島」をハワイと断じています。その後、何人かの歴史家がこの説を踏襲していますが、同説の支持派はむしろ少数派です。

レスタリック司教は自説の根拠をいくつか挙げていますが、その一つが1822年に宣教師としてハワイに赴いたイギリス人牧師ウィリアム・エリスの報告です。エリス牧師は現地先住民から、キャプテン・クック（ジェームズ・クック）以前にすでに何度か白人がハワイにやって来ているという伝承を聞かされました。通説では、最初にハワイに上陸した白人は1778年のクックとされるからです。

エリス牧師が紹介した話は、クックよりずっと以前に船首を天蓋《てんがい》で覆った色つきボートで7人の異邦人が、ハワイ島西部のケアラケクア湾に上陸したというものです。彼らは白や黄色の衣服を身につけ、一人は腰に長剣を携えて羽毛のついた帽子を被《かぶ》っていました。現地人は彼らを歓待し、やがて彼らは現地の女性と結婚して戦士として活躍しました。彼らの中には現地の首領になった者もいたと言います。リーフデ号の逃亡船員のうち一人は連れ戻されたので、「7人」は数が一致します。

司教はさらに、もしアダムスたちが上記パーチャスの説明のようにラドロネス（マリアナ）諸島を通過していたならば、そこに至るまでにたくさんの島々を見ているだろうが、実際にはその様子がないことに注目し、またその仮定では日本に達するまでの所要日数にも無理があることを根拠に加えています。アダムスが自身の手紙で「北緯16度の島」に差し掛かった時期について述べていないことも、島の比定を曖昧《あいまい》なものにしています。

以上を踏まえたうえで、筆者はいくつかの根拠からこの「ハワイ説」には無理があることを指摘します。

先に述べたように、アメリカからアジアに向かうガレオン貿易航路は、偏東風の順風とそれに連動する北赤道海流に恵まれているため、復路よりも短期間で安定的に太平洋を横断できます。フランシス・ドレーク隊も世界周航時に太平洋を横断したとき、現在のアメリカ合衆国サンフランシスコ北西約50キロの地点（「ドレイクス湾」の名が残る）を8月末に出帆してから、68日間でパラオに達しています。このとき、航海途上で「島一つ見ることはなかった」としています。パラオはグアムから西南西約1300㎞に位置していることを考慮すると、マニラ・ガレオンの通常渡航期ではないドレークの航海でさえ、グアム近海までの航行日数はキャヴェンディシュ隊とさほど変わらなかったのです。

さらに、17世紀初頭に著されたアントニオ・モルガの『フィリピン諸島誌』もこれを裏づけます。

同書は初期スペイン領フィリピンの歴史や地誌を集成したものですが、その一節にアメリカからアジアに向かう太平洋横断ルートの記述が以下のようにあります。

メキシコからフィリピンに向かう定期貿易船は、季節風を利用して11月から3月までに、多くは2月末からの1ヶ月間に、北緯16度半のアカプルコを出帆する。出帆後南下して北緯11度から10度の海域をひたすら西進すると、常に北東から安定した追い風を受け、陸地も島影も見えないが穏やかな天候に恵まれて、帆を動かすことさえなく航行できる。やがて南方に島（マーシャル諸島北部か）を視認したところで北上すると、北緯13度にグアム島が見えてくる。ここまでに普通70日を要する。

（同書410～412頁）

ほかにも両船のハワイ通過を否定する有力な研究成果があります。ウィリアム・ライトル・シュルツの著書『マニラ・ガレオン』（未邦訳）です。これによれば、1570年にスペインの定期的な太平洋横断貿易が開始されて以後、キャプテン・クックの時代までの約200年間にスペイン船がハワイに達した例はありません。前述のドレークもモルガも、アメリカ大陸を離れてからずっと「一つの島影も見ることなく」と言い、アダムスも航海が「順調だった」と回顧しています。これらから、リーフデ号は航路を逸れることなく、言わば自動運転のごとく追い風と海流に乗って一路西に進んだと推定できます。

次に緯度の問題を検証しましょう。ハワイ諸島の最南地点はハワイ島の南端で、北緯18度54分、すなわち北緯約19度です。アダムスは「北緯16度付近の島々の近く」としているので、ハワイ島南端まで緯度にして3度、距離にして330㎞あり、同島が見えるはずはありません。アダムスの計測に大きな誤りがあれば別ですが、経度はともかく、当時でも緯度の測定は比較的正確にできるので、この数値は信用できるでしょう。ちなみにアダムスは後日、「ベスト宛」の手紙で駿府と江戸の緯度を知らせています。それによれば、それぞれ35度10分(実際は34度58分)と36度(同35度40分)としていて、実際よりわずかに高めに計測する傾向があります。

アダムスが「島々islands」と複数形で記していることにも注意が必要です。もし南方から島々を遠望してハワイ島に接近したならば、ハワイ島に着く前にほかの島があったはずですが、同島の南に島はありません。先述のエリス司教の「そこ(マリアナ諸島)に至るまでにたくさんの島々を見ているだろう」はむしろ正反対で、直線的に西進した場合にマリアナ諸島近くまで島影が見えないことは上述のとおりであり、むしろハワイを見なかったことの証左なのです。仮にハワイ島に達するまでに「島々」を見たならば、両船はいったんハワイ諸島の北に達してから周回して南下したことになり、通常のガレオン・ルートから大きく逸脱します。

逃亡船員たちが用いた船の問題もあります。アダムスによると、彼らは大型ピンネスを用いましたが、ピンネスには大きな帆があり、先述のエリス牧師の聞いた伝承と食い違っています。また、「ハワイに達した白人」の衣服や剣の携帯、羽根をつけた帽子など、船員の風体もリーフデ号のものと一致しません。

では、ハワイではないとすれば、「北緯16度の島」とはどこなのでしょうか。ハワイ説を採らない研究者たちは、ジョンストン島、マーシャル諸島かマリアナ諸島、パガン島かアグリハン島、グアム島などを候補として挙げています。これらのうちパガン、アグリハン、グアムの各島はマリアナ諸島に含まれるので、先述のパーチャスと同見解としてよいでしょう。では、ジョンストン島やマーシャル諸島の可能性はあるでしょうか。

北緯16度45分にあるジョンストン島は最高点5mの環礁《かんしょう》で、「人食い人種」も含めて住民の気配はありません。仮に逃げても容易に見つかるし、生き延びるための環境が整っておらず、逃亡地に適しません。また、マーシャル諸島（中心部は北緯7度5分）では緯度が低すぎるし、同諸島北部は同じく無人の環礁なのでやはり対象外となります。これらの島が400年前は現在と全く異なる自然環境にあって、定住者がいたならば話は別ですが、もしそうならば何らかの痕跡が残されているでしょう。

このように見ると、2隻は太平洋上で一度も島に立ち寄ることなくマリアナ諸島海域まで達したと考えられます。おそらく2隻は北赤道海流帯を直線的に西方に横断し、まずグアム島を視認して通過したのち、黒潮に乗って日本を目指し、北上しました。そこで飢餓に苦しんだ一部船員たちは、緑濃いマリアナ諸島の一島で逃亡を決行しました。ただ、グアム島（同13度30分）ではやはり緯度が低すぎます。なお、当時のマリアナ諸島は一般に「ラドロネスLadrones（泥棒）諸島」と呼ばれましたが、「南洋鍼路図」では「イスラス・デ・ラス・ヴェラスIslas de las velas（三角帆諸島）」となっています。「三角帆」の由来は現地人が用いた船の帆形に拠ります。

筆者は、8人の船員たちが北マリアナ諸島（同14―20度）のどこかで逃亡を企てたとするバールヴェルドとほぼ見解を同じくします。ただし、バールヴェルドはそれをパガン島（同18度10分）かアグリハン島（同18度45分）と推定していますが、これらはやや緯度が高すぎます。したがって「北緯16度付近」のサイパン島（同15度15分付近）が最も有力と考えます。

その理由は、前述のようにアダムスの緯度測定値が実際よりわずかに高めであることと、逃亡者たちは航行中にグアムやテニアンなどの島々を遠望してチャンスと見、比較的大きな島のほうが追っ手から逃れやすく、生き延びる条件も備わっていると判断して逃亡を決行したと推測するからです。「人食い人種」云々は、南洋の島々についてヨーロッパに流布していた風説でしょう。ちなみにリーフデ号の翌年に太平洋を横断したファン・ノールト隊も、キャヴェンディシュの航海やスペイン人の話に基づいて、ガレオン貿易ルートを採り、順調にグアム島まで達しています。

第6章　日本来航直後のアダムスと船員たち

1　豊後から関東へ

アダムスたちが乗船したリーフデ号は1600年4月12日（「未知の友人宛」4月19日）、何とか目的地の日本に辿り着きました。オランダを出航したとき110人いた船員は、このとき24、25人に激減しており、しかもほとんどが衰弱していて瀕死の者も多く、立つことができたのはわずか5、6人でした。それでも豊後の沿岸に辛うじて錨《いかり》を下ろしました（図6―1）。

日本来着直後のリーフデ号船員たちの状況を記した史料としては、アダムスの「妻宛」や「未知の友人宛」の手紙のほか、イエズス会宣教師の報告、ポルトガル人歴史家の史書、それにやや不正確で断片的ですが和書の古典籍などがあります。これらの中ではアダムスの2通の手紙が最も詳しいですが、「妻宛」はアダムスが大坂での牢獄生活中に家康と会話したところで終わっており、「未知の友人宛」の手紙がそれを補う形になっています。まず「妻宛」の該当部分を訳出します。

4月11日に豊後に近い日本の地が見えた。そのとき歩行できた者はわずか5人しかいなかった

図6-1　リーフデ号の到着地、黒島（臼杵市役所提供）

けど、4月12日に何とか豊後に到着した。そこに錨を下ろしたとき、何艘もの小舟が近づいてきたけど、われわれには拒む力もなく、彼らの思うままに甲板に上らせるしかなかった。彼らはわれわれに何の危害も加えなかったが、可能な限りの荷物を盗み去った。もっとも何人かはそのために後日、高い代償を払うことになった。

次の日、同地の殿（臼杵《うすき》城主の太田《おおた》一《かず》吉《よし》）が船上に兵士を派遣してきて、商品が盗まれないか監視させた。2、3日後、われわれの船は良港（臼杵）に曳航《えいこう》されたけれど、（日本）列島全体の大王（徳川家康）がわれわれのことを知ってどう対処するかわかるまで、同地に留め置かれることになった。その間われわれは現地の殿の恩情にすがって、船長と病人を上陸させることを願い出、許可された。住居も割り当てられたので全員そこで寝起きし、飲み物や食べ物も与えられた。

そこに滞在して5、6日後、あるポルトガル人イエズス会士と別のポルトガル人たちがやって来て、われわれを海賊と決めつけ、貿易に来たのではないと通報した。これではお偉方も一般人もわれわれを悪人と思い込んでしまうので、われわれは十字架にかけられるのではといつも恐れていた。この国では、それが盗人や他の犯罪者に対する処刑法だから。ポルトガル人たちはこうして連日、裁判官や人々に対してわれわれに対する敵意をあおっていた。

さらにわれわれの2人が裏切者となり、命の保証と引き替えにポルトガル人の仲間になって彼らの王に仕えることになった。一人は母親がミッデルブルフ（オランダ）に住んでいるギルバート・コニングという男で、彼は船の全商品の販売人であると吹聴した。もう一人はヨン・アベルソン・ヴァン・アウター（ファン・オワテル）と言う。これらの裏切者たちはあらゆる手段で商品を自分たちの手に収めようとし、また、われわれが航海中に経験したことすべてを彼らに告げ口しようとした。

このように、アダムスたちは臼杵城主の太田一吉に助けられたものの、カトリック宣教師たちの進言で処刑されるのではないかと怯えていました。ポルトガル人に寝返った2人はおそらくまだ若く、耐えがたい恐怖感に襲われたのでしょう。なお「裏切り者」の一人コニングは生活に困窮して十数年後にイギリス商館を訪れ、雇用を懇願して採用されましたが、アダムスは決して彼を許すことがなかったようです。コニングは商館勤務後まもなく死去します。ヴァン・アウターのその後は不明です。なお、上陸時24人生存していたリーフデ号船員のうち6人がまもなく死亡し、生存者は18人になりました。

一方、次のイエズス会の記録もアダムスの記述を裏づけており、リーフデ号を海賊船として警戒していたことがわかります。リーフデ号の船員たちと話した司祭とは、通辞として有名なイエズス会士ジョアン・ロドリゲス（通称「ツズ」、「通辞」の訛《なま》り）とみられます。また「内府《だいふ》様」とは徳川家康のことです。

本年（1600年）当国（豊後）のある港に一隻のオランダ船が現れた。その船は二年前に、他の四隻の船と共にオランダを出発し、マゼラン海峡を通過した後、スンダ（列島）に針路をとった。そこには何隻かのイギリス船が到着していたが、既述の五隻は暴風雨のため散り散りになり、件《くだん》の船はかなり損傷してこの豊後に漂着したのである。同船にはわずかに二十五名の生存者がいたが、非常に長い航海の間に飢餓と寒気に苦しめられて病んでおり、彼らのうちの二人は到着すると間もなく死亡した。また、いくらかの毛織物、深紅の生地、綿織物、鏡、ガラス、珊瑚、その他フランドルの珍しい品々が積まれていたが、彼らは大量の大砲や銃をも携えていた。司祭が彼らと話したところ異端者であることがわかった。

港に到着し、上陸すると、彼らは日本に交易のため来たと告げたが、殿は彼らが他の場所に行こうしていたのであって、暴風雨に遭わなければ日本に来なかったことをすぐさま見抜いた。なぜなら、彼らは日本を訪れる他の定航船がもたらしたほどの量と質の商品を携えていなかったからであり、他の商人が常にそうであるように、召使いや備品に贅を尽くして十分な待遇と華やかさを誇るでもなく、ただ兵士と水兵だけであり、その上、多くの大砲と武器を所持していたからである。以上のことにより、良からぬ輩と判断された。

したがって、通報に接した内府様は、船を京か堺に廻送させるために重鎮の一人をただちに豊後に遣わした。そして堺において、日本の法律に従って同船を遺失物と見なし、乗り組んでいたオランダ人や十八ないし二十門の大砲もろとも、関東にある自らの所領の港へ運ばせた。積荷はことごとく接収されたが、大半は武器であり、火薬だった。

（『十六・七世紀イエズス会日本報告集』第Ⅰ期第5巻）

リーフデ号に積載されていた大量の武器の詳細については、先に記したように到着から11年後に書かれたディオゴ・ド・コウトの『アジア誌』に詳細な記述があります。この書はゴアで執筆されましたが、来日したことのないド・コウトは、日本のイエズス会やポルトガル人商人から送られてきた情報に基づいて述べたと思われます。

われわれの扱っている1600年の正にこの年、オランダ船が日本諸島の豊後王国シャティヴァイ（左志生？）港にやって来た。当時はシナからもフィリピンからも季節風で船が来航する時期ではないので、現地に在住するイエズス会神父たちは、ヌエバ・エスパーニャからルソンに向かう船が嵐でコースを外れたのだろうと思った。彼らは船が悲惨なことにならないうちに救援を送ってくれるよう豊後の王に伝え、王はすぐにそうした。このとき左志生の近くに住んでいる2人のイエズス会士も、船の様子を見ながら、何艘かの小舟で助けに向かったが、船に近づいたところでこの船がオランダ人のものであることがわかり、直ちに引き返した。

長崎に住んでいたポルトガル人たちは、このことを聞くやいなや、西の国々の統括者ティラザワ Tirazawa（寺沢＝寺沢広高《てらさわひろたか》）に報告書を送り、その船がルター派（プロテスタント）の海賊のもので、ポルトガル人や全キリスト教徒の敵であると知らせた。寺沢はこの報告書と（豊後の）王からの書簡を受け取ると直ちに豊後へ急行し、港まで船を曳航するように命じ、オランダ人らを現地に留め、積荷を確保した。この積荷の目録が作成されたが、そこには次のような品目がみられた。

粗目毛織物が入った大型衣装箱11箱、400本の珊瑚枝と大量の琥珀《こはく》、多様な色彩のガラスビーズ、多数の鏡と眼鏡、多数の子ども用笛、2000クルザドスのレアル貨、19門の青銅製大砲と他の小型砲、500挺のマスケット銃、5000発の砲弾、300本の鎖、火薬50キンタル（＝560ポンド）、鎖帷子《くさりかたびら》と4分の3等身の鋼鉄製胸板と胸当ての特大箱3箱、355個の投げ矢、極めて大量の釘、鉄工具、ハンマー、大鎌と鍬《くわ》、そのほかにも多種多様な家財道具があるのは、彼らが征服し定住するためにやって来たからだろう。

（Sinclair の英訳より）

アダムスの手紙とイエズス会の報告は大筋において矛盾しません。何とか日本に辿り着いたリーノデ号は、近くの臼杵港まで曳航され、衰弱した船員たちは上陸を許されて住居と食糧を与えられました。しかし、現地在住のイエズス会士は思わぬ「異端」の来訪に困惑し、警戒しました。一方、領主の太田一吉は直ちに長崎代官の寺沢広高に事態を知らせると共に、宣教師や長崎のポルトガル人たちも寺沢に「海賊」の到来を告げました。

豊後を訪れた寺沢が即刻大坂の家康に対応策を尋ねると、家康はすぐリーフデ号を堺に回航させるように命じました。最も健康体だったアダムスは、もう一人の船員と共に家康から呼び出されて、ガレー船で大坂に連行され、到着後に投獄されました。獄中にあったアダムスは、まもなくリーフデ号と船員仲間も堺に送られたことは知りませんでした。やがてアダムスは解放され、再会した仲間たちと共に関東へ移動します。この間、豊後から堺に移送されて大坂城の家康に引見されたときの様子を、アダムスは前出の部分に続けて「妻宛」で次のように回顧しています。

（豊後に）到着して9日後、当国の大王が自分のところへ来るようにと私を呼び出した。私はもう一人を伴って、大海原で幾多の危険から私を守って下さった神の手に身を委ねつつ、船長と病人たちに別れを告げた。私は1隻のガレー船で、わが船の碇泊地からおよそ80リーグの、大王の住む大坂の宮廷まで移送された。1600年5月12日（慶長五年四月十日）に大王の町へ着くと、私は夥しい金箔で飾られた素晴らしく贅沢な城館に連行された。

大王の御前に連れ出されると、大王は私を凝視し、大変好意的な様子でいろいろなジェスチャーをしてきたけど、ある部分は理解できたものの、ほかはできなかった。やがてポルトガル語を話す者がやって来た。彼を通じて大王は私にわが国がどういうところなのか、かくも遥か遠方までやって来た理由は何なのかなどと尋ねられた。私は大王にわが国の名を示し、わが国がずっと東インドを探求し続けてきたこと、わが国にはこれらの国々にはないさまざまな商品があるので、交易によってあらゆる王や国々との友好関係を築いていこうしていること、この国でもわが国にはない商品を購入したいことなどを話した。

次いで大王は、わが国が戦争をするのか否か尋ねられたので、スペイン人やポルトガル人とはしますが、ほかのすべての国々とは平和を維持しておりますと答えた。大王はさらに、私がどんな信仰をしているのか尋ねられたので、天地を創造した神であります、と答えた。大王はいろいろな宗教関連のことや、ほかの事柄について質問されたあと、どういう経路でこの国までやって来たのかと尋ねられた。私が全世界の地図を示しながら、マゼラン海峡を通過して来たと答えると、大王は非常に驚き、私が嘘をついていると思ったようだった。

こうしていろいろなことを話題にしながら、私は夜遅くまで大王の側に留まっていた。そして船内にどのような商品があるのか尋ねられたので、私は全部お答えした。最後に大王がその場を離れようとしたとき、私は商品の取引をポルトガル人やスペイン人がしているようにわれわれも行いたいと希望した。これに対して大王は何か答えられたけど、私には理解できなかった。大王は私を牢獄に連れて行くよう命じた。

2日後、大王は再度私を呼び出し、ヨーロッパの国々の特徴や情勢、戦争と平和、あらゆる種類の動物や家畜、天国のことなどを尋ねられた。大王は質問に対する私の答えに満足な様子だった。それでも私はまた牢獄に入れられたけど、前よりもましなところだった。

以上が1605年ころにアダムスが妻宛に書いた、来日直後の自身の境遇についての文章です。原文にはこのあとに続く文章があったようですが、この手紙を『パーチャスの遍歴記』に収めた編者サミュエル・パーチャスによれば、その部分は「この手紙を届けた悪意ある人々によって削除された」とのことです。「手紙を届けた悪意ある人々」の具体名はないですが、オランダ船に託されて運ばれたのでオランダ人を指すのは明白です。

むろん「削除された文章」の内容は不明です。ただ、この手紙が書かれたのはおそらく日本に来て5年経ったころなので、アダムスはその時点ですでに皇帝（家康）の身辺に置かれ、庇護を受けながら生活しています。したがって、自身と皇帝との繋がりを妻から母国の要人に伝えて貰えれば、自らの仲介で日英間の交易が開ける可能性があると知らせたに違いありません。現に家康にもそのように進言しています。しかし、イギリスが日本や周辺諸国に進出すると、すでにアジアにいくつか拠点を築いているオランダの勢力圏を侵害する可能性が高くなります。それを警戒したオランダ人が「削除」したことは十分あり得ることです。

1611年の「未知の友人宛」にも同様の内容があります。そこでは日本到着の日付が4月「19日」と、「妻宛」よりも1週間遅くなっていますが、豊後から大坂まで移送されたこと、大坂で皇帝から本国の様子、各国間の戦争と平和、日本に来た理由、およびスペイン・ポルトガルとの戦争の理由などについて詳細な尋問を受けたことなどが、再度記されています。

そしてここでも、イエズス会士とポルトガル人たちが執拗にアダムスやリーフデ号の船員たちを海賊と非難し、早急に処刑するよう家康に求めたため、アダムスはずっと磔刑《たっけい》の恐怖に怯え続けたことが強調されています。しかしアダムスによれば、家康はイエズス会士らの注進に惑わされませんでした。アダムスたちが日本に危害を加えたわけではないし、スペインとイギリスの戦争もアダムスを処刑する理由にはならないとし、結局アダムスともう一人の船員は放免されることになりました。

筆者は、この解放が前年フィリピンから来日したフランシスコ会修道士ジェロニモ・デ・ジェズス・オ・デ・カストロ（ポルトガル人、スペイン名ヘロニモ・デ・ヘスス、以下「ジェズス」）を家康が引見したことと無関係ではないと考えます。ジェズスはカトリックですが、ポルトガルと結びついたイエズス会ルートとは別の一派です。一方、アダムスたちはそれらカトリック両派とも異なるプロテスタントです。戦略に長けた家康は、ずっとポルトガルとイエズス会が専有してきた「南蛮」貿易と「南蛮」情報を相対化し、「南蛮人」同士で牽制させたほうが日本にとって得策と判断したのではないでしょうか。

いずれにしても、「未知の友人宛」によればアダムスは39日間入牢し、その間、仲間たちの消息は全く知らされませんでした。「41日目に解放された」のならば、5月12日（G5/22）の入牢から算定して解放日は6月21日（G7/1）になります。日本到着日の例のように、アダムスが記した日付は必ずしも正確とは限らないですが、その日付を家康の動静と対照すると、家康はアダムスを解放した日の2日前、和暦五月十九日（G6/29）に3人の奉行を伴って堺を訪れています（『鹿苑日録』）。また『当代《とうだい》記《き》』には「内府公がこれ（堺のイ、ギ、リ、ス、船、）を見物されれ」とありますので、家康はこの日にリーフデ号を検分したとみられます。

解放の際、アダムスが家康から「仲間のところへ帰りたいか」と尋ねられたとき、家康はすでにリーフデ号を検分済みだったのでしょう。また、家康がリーフデ号を関東に回航させる意向を告げたならば、船員たちは優れたパイロット（アダムス）が不可欠なことを伝えたでしょう。リーフデ号が臼杵から堺まで辿ったルートや所要日数は不明ですが、日本人の助力で瀬戸内海を慎重に航行したと推測されます。しかし、堺から関東までは航海の難所の熊野灘と遠州灘を通過しなければなりません。すでに上杉景勝《うえすぎかげかつ》征討を決心していた家康にとって、リーフデ号に搭載された大砲をはじめとする大量の武器は非常に魅力的なので、早く関東に移送させたかったのです。

当時、解放された直後のアダムスと大坂で会ったスペイン人宣教師がいます。天正遣欧使節の帰路に同行して来日していたイエズス会士ペドロ・モレホン神父です。第2章で述べたように、大坂や京で布教していた同神父は、アダムスが数学と航海術に優れていると評価しています。また、アダムスから北方航路に対するオランダとイギリスの基本的立場を伝えられ、そのうえで、オランダ船が東インドに出没することに強い警戒心を示しています。モレホンとアダムスとの会話の内容は、豊後のロドリゲスから長崎のヴァリニャーノにも伝えられ、やがてゴアのド・コウトにも届きました。

さて、ようやく解放されたアダムスは、リーフデ号と残りの船員たちがすでに堺に来ていることを知ると、真っ先に小舟で仲間たちのところに向かいました。回復した船長をはじめ、仲間たちはアダムスが処刑されたと思い込んでいたので、みな無事に再会できたことを喜んで感涙にむせびました。しかし、船員の所持品など船内の物品の多くは豊後で持ち去られていました。

家康にそのことを伝えると、家康はすべて船員に返却するよう命じました。しかし、すでに散逸している物品を取り戻すのは不可能なので、補償として5万リアル（英貨1万ポンド相当）の金が給付されます。この金は家康が置いた監察官が管理し、リーフデ号船員たちの食料代や特別な出費に充てられました。リーフデ号に滞在していたアダムスたちは、リーフデ号が堺に碇泊してから30日後の7月20日（G7/30）ころ、皇帝の命令で関東まで回航することになりました。『当代記』は次のように伝えています。

（現代語訳）この春、船が堺浦へ寄港した。この船はイギリスという島の船で、黒船（ポルトガル船）の敵という。しかるに船中には具足（鎧）や大砲が多数あった。具足は腰より上だけだった。内府公（家康）はこれらを見物され、上下（身分）の家来たちもこれに倣った。緋色《ひいろ》の羅紗《らしゃ》布などを売買させると、特に異議もなく帰国させた。その船は唐船の敵ということなので、誅伐を加えるべきだったと人はみな言っている。

これによれば、人々はリーフデ号をイギリス船と勘違いし、また商売を終えるとすぐ帰国したと誤解したようです。羅紗は家康が接収したのでしょう。いずれにしても家康は上杉征討のため、和暦六月十六日（J7/16, G7/26）に大坂を出立しています。

家康の命令により、リーフデ号は堺から120リーグ離れた関東（浦賀）まで航行しましたが、途中の逆風で到着が予定より大幅に遅れ、「皇帝のほうがずいぶん早く到着」しました。難所を航行する航海は、船員たちにとって悪戦苦闘の連続だったでしょう。当時、京の公家が残した日記『時慶記《ときよしき》』には天候も記録されています。それによれば、その夏は晴天が多いものの、グレゴリオ暦で8月3、4、7、9、11、12の各日に夕立や大雨があり、しばしば雷を伴っています。京と東海地方沿岸の天候が完全に一致するわけではないにしても、参考にはなります。

なお、ド・コウトはリーフデ号が材木を運ぶために回航されたとし、前出のファン・ノールト隊がボルネオ付近で遭遇したポルトガル人船長は、リーフデ号は豊後から「アトンザ」に回航されたと証言しています。これを受けて歴史家デ・ランゲは「アトンザ」を安濃津《あのつ》(現、三重県津市)に比定し、安濃津で材木を積んで浦賀に移動したと推定していますが、確証はありません。

2 関東でのリーフデ号の船員たち

和暦七月二日(G8/10)に江戸入りした家康は、上杉景勝征討のために七月二十一日(G8/29)、会津へ向けて江戸を発ちました。先のド・コウトは、そのとき家康が「景勝成敗のため最も健康なオランダ人たちに砲手として参加するよう命じた」と述べています。とすれば、リーフデ号は家康の江戸出立以前に浦賀へ到着し、江戸には和暦七月中頃(G8月下旬)に着いたでしょう。

しかし、上杉征討に向かう途上の家康に石田三成《いしだみつなり》挙兵の知らせが届くと、家康は小山《おやま》(現、栃木県小山市)で江戸出発からわずか4日後に急遽自軍を反転させます。したがって、オランダ人が上杉軍と戦火を交えることはありませんでした。ただ、マニラのスペイン総督の書簡には「彼らが戦時に王を助け、大砲の使用で役立ったので、王は彼らに贈り物をした」とあります。この書簡は1605年に書かれているので、「戦時」に該当するのは上杉討伐か関ヶ原の戦いしかありません。したがって、ド・コウトの記述とも併せると、オランダ人数人が戦闘に動員されたのは確かでしょう。ただ、実際に砲撃に加わったかは不明ですし、後述のように、筆者はリーフデ号の船員が関ヶ原の戦いで軍事的役割を果たした可能性はほとんどないと考えます。

さて、浦賀に戻ったアダムスは家康の家臣に対し、リーフデ号の修繕とオランダ人の通商地へ行くための方策を教えてくれるように懇願しました。アダムスは、自分たちと同じころ東インドを目指してオランダを発った船隊があったことは知っていたので、彼らが東南アジアのどこかに滞在していると考えました。その活動のため、給付された金の大半を使ってしまったと言います。支出の内訳はわかりませんが、多くは旅費・滞在費や有力家臣への贈物などの「工作資金」とみなされます。このころ英語やオランダ語を理解する日本人はいないので、ポルトガル語の通訳も必要だったでしょう。

一方、慶長五年九月一日（G1600/10/7）に江戸を発って西に向かった家康は、同月十五日（G10/21）に関ヶ原で石田三成らの軍を破ると、戦後処理のためにほとんどを大坂城か伏見城で過ごしています。家康が江戸に戻ったのは翌慶長六年の十一月五日（G1601/11/29）です。したがって、１６００年の後半から１６０１年11月まで、アダムスが家康に直談判できる機会はなかったでしょう。家康の江戸滞在は慶長七年一月十九日（G1602/3/12）までなので、アダムスたちに新たな処遇がなされたのはその時期と思われます。

すでに述べたように、リーフデ号が豊後に来着してまもなく生存者は18人となりました。しかし、半年も経たないうちに生存者が14人となったことが、二つの証言によって判明します。一つは既述のオリフィエール・ファン・ノールト隊が、1601年に太平洋を航行中に遭遇した日本船のポルトガル人船長の話です。エマヌエル・ルイスという長崎在住の船長は「オランダ船で日本に着いた船員25人のうち11人がまもなく亡くなり、14人が生き残っている」と伝えています。さらに、1605年に日本出国を許されてマレー半島のパタニに到着したリーフデ号の元船長クワケルナック自身が「12人が日本に生き残っている」と話しているのも、この話を裏づけます。クワケルナックおよび同行した元リーフデ号船員のサントフォールトを除けば、日本在留者は12人となるからです。

一方、来航して2年後、おそらく家康が江戸から離れてまもなく、リーフデ号の船員たちの間で仲間割れが起こりました。3、4人のオランダ人たちが、家康から支給された金をめぐってアダムスと元船長クワケルナックに反抗し、ほかの者もこれに同調したというのです。アダムスの工作活動が結果的に失敗に終わったので、船員たちは大事な金を失った不安から反感を募らせたのでしょう。

アダムスは「彼ら（船員たち）はもはや私と共に船に滞在することを欲せず、各自が司令官になったごとく、皇帝から給付された金の取り分を要求しました」「これ以上ことを荒立てないため、金は各自の状況に応じて分配されました」とし、さらに「われわれは船を所持できないうえ、日本に留まらなければならないことになりました」「お金を受け取った船員たちは、それぞれが最良と思われる場所に離散していきました」としています（「未知の友人宛」）。

「船に滞在する」というアダムスの文言から、リーフデ号の船員たちは1602年の春ころまでは係留された船内にいたことがわかります。しかし、おそらく家康の命令でリーフデ号の修繕は認められず、老朽化した船体は廃船とみなされ、解体されました。船尾に取り付けられた有名な「エラスム

図6-2　日本橋に残る「按針通り」（2018年、筆者撮影）

ス像」が取り外されたのもこのときでしょう。実は、家康はこのころ西洋船の建造を熱望していたので、リーフデ号の修繕も頭をよぎったと思われます。しかし、すでに「洋上のバラック」と化した大型船の補修には莫大なコストが必要なので、スペイン人の船大工来日をあてにして、新船を建造したほうがコストに見合うと考えたようです。これについては次章で詳しく述べます。

リーフデ号を離れた船員たちにはそれぞれ住居が斡旋され、各自が新生活を築くことになりました。彼らが「日本に留まらなければならない」とした家康は、軍事技術や航海術、西洋船の操舵、および世界情勢の把握などに、なお利用価値があると考えたでしょう。また前述のように、カトリック世界の「南蛮人」や「パードレ（神父）」とは立場が異なる西洋人を留めおくことによって、世界情勢の情報にバランスを取る意味もあったと思われます。

オランダ人たちの日本定住を促すにはまず家庭を築くことが先決と、彼らは日本女性との結婚を勧められ、相手が紹介されました。もっとも「各自が……離散した」とは言え、全員がすぐ日本全国に散らばったわけではありません。1605年のイエズス会の報告には「江戸とその近郊に7、8人のイギリス人とオランダ人らが住んでおり、彼らはその地の住人としてすでに自宅と家族を擁している」とあります。

浦賀でリーフデ号に寝泊まりしていた2年間に、船員たちが日本の生活に溶け込んで生業を見出したとは思えません。まだ江戸の町は整備されておらず、駿府も大御所家康の居城となっていないからです。この時点で外国人の居住する長崎で仕事を見つけたとも考えにくいです。一度は喧嘩別れしながらも、その後も彼らの多くは江戸や浦賀近辺に住み、互いに助け合いながら生活していたとみられます。アダムスが日本橋に居宅を与えられたのも、おそらくこのころでしょう（図6―2、図6―3）。翌年の江戸開府後には、アダムスやオランダ人たちが木材や石材の運搬などに

図6-3　日本橋「按針通り」にあるアダムス住居跡の碑文（2018年、筆者撮影）

従事し、大普請に駆り出されたことも考えられます。

リーフデ号から離れた元船員たちには、家康から全員一律に1日当たり2ポンドの米と年間11、12デュカット（英貨で約5、6ポンド相当）の生活費が新たに支給されました。「2ポンドの米」とは約900グラム相当なので、ひと月およそ2斗（約28kg）の米と、年間約6ポンド分の給付金が与えられたことになります。次節で見る、フィリピン総督の言う「皇帝の贈物」です。最低限の生活が保障されたリーフデ号の船員たちは、各自が日本での生活基盤を探ることになりました。

家康は慶長八年二月十二日（G1603/3/24）、朝廷から征夷大将軍に任命され、徳川幕府が成立して江戸時代が始まりました。ただ、「江戸時代」とはいえ、家康が江戸に滞在した期間は伏見よりも短く、慶長八年は十一月に江戸入りして翌年二月末日まで、慶長九年は九月中旬から翌年二月末日までです。この間、アダムスは家康にたびたび呼び出されたようですが、それは家康の江戸滞在中とみられます。なお、家康は慶長十年に将軍位を息子秀忠に譲り、秀忠は同年四月十六日（G1605/6/2）に第2代の将軍位に即位しています。

こうした中で、もともと家康から特別扱いされていたアダムスが、いっそう寵遇される出来事が起こりました。西洋船の建造です。次章ではその過程と、その結果生じた新しい展開について見ていきます。

3　検証――リーフデ号の船員は関ヶ原の戦いに参加したか

リーフデ号の船員が関ヶ原の戦いに参加したという説があります。アダムスも同時代の日本の記録も、それについては何も記していませんが、上述のフィリピン総督ペドロ・デ・アクーニャの書簡や、ディオゴ・ド・コウトの『アジア誌』などはそれに言及しています。また、日本の古典籍にはアダムスが「砲術を指南した」という記述もあります（『相中留恩記略』）。

アクーニャは1605年にスペイン王に宛てた書簡で「彼ら（オランダ人）が戦時に王を助け、大砲（原語artillery）の使用で役立ったので、王は彼らに贈物をした」と伝えています。書簡の発信年から判断して、「戦時」が関ヶ原の戦いを指すことは明らかです。またド・コウトは上掲書で「カンゲチカ（上杉景勝カゲチカ）成敗のため（リーフデ号の船員のうち）最も健康なオランダ人たちに砲手として参加するよう命じた」としています。これらから、数人のリーフデ号の船員たちが何らかの形で戦いに動員されたことは確かと言えます。

ただし、「参加するように命じた」「大砲の使用で役立った」という表現では今ひとつ具体性に欠けますし、「大砲」の種類も不明です。また、上杉景勝は関ヶ原の戦い自体には参加していないので、アクーニャとド・コウトの記述をもってリーフデ号の船員が関ヶ原まで動員されたとするのは早計です。

ちなみに2018年4月、アダムスを扱ったNHKのテレビ番組の中で、いわゆる「小早川秀秋《こばやかわひであき》の寝返り」に触れていました。関ヶ原の戦いにはリーフデ号の船員も参加しており、「寝返り」を促したのはリーフデ号の大砲だったという趣旨です。俗説によれば、徳川方に「寝返り」するはずだった小早川軍の出撃が遅いので、徳川方はいわゆる「問鉄砲《といでっぽう》」を放って出撃を促し、それによって小早川軍はようやく西軍への攻撃を開始したとされます。

番組では「問鉄砲」をリーフデ号の大砲とした根拠を、通常の鉄砲の射程距離では小早川軍まで届かないからとしていました。リーフデ号には19門の大砲と多数の小型砲が搭載されていたので、それらを接収した家康が直ちに実戦に用いたというわけです。小早川軍が家康側についたことは、戦いの帰趨を決する大きな要因になったと言われます。しかし、筆者は次に述べる四つの理由から、アダムスやリーフデ号の船員の関ヶ原での大砲使用説には同意できません。

第一に、そもそも「小早川の寝返り」が果たして鉄砲や大砲の合図、いわゆる「問鉄砲」で促されたのかという疑問です。近年多くの歴史家は、このエピソードが史料的裏づけのない後世の創作であるとしています。とすれば、射程距離云々にかかわらず、鉄砲（大砲）の合図自体が意味をなさないことになります。関ヶ原の戦いについて述べたイエズス会の記録もこれを否定し、「彼（石田三成）は敵と戦闘を開始したが、始まったと思う間もなく、これまで奉行たちの味方と考えられていた何人かが内府様（家康）の軍勢のほうに移っていった。彼らの中には、太閤様（豊臣秀吉）の奥方の甥であり、太閤様から筑前の国を貰っていた（小早川）中納言（金吾秀秋）がいた」と記しています。

これが事実ならば、俗説とは異なって、小早川軍はしばらく形勢を見守ってから突如攻撃に転じたのではなく、戦闘開始とほぼ同時に寝返って石田側に攻撃を加えたことになります。また、しばしば指摘されることですが、戦時の激しい喧騒と乱れ飛ぶ銃声の中で、小早川側が自軍への砲撃弾を「問鉄砲」として識別することは不可能でしょう。

第二に、「問鉄砲」への疑問とは別に、そもそもリーフデ号の大砲を短期間で関ヶ原まで運搬することが物理的に可能なのかという疑問です。いったん北に進軍した家康は、いわゆる「小山評定」（「評定」には疑義あり）で軍を反転させました。その後、決戦のため和暦九月一日（G10/7）に江戸を出陣した家康軍は、東海道を西進して14日目に関ヶ原近郊に陣を構えました。合戦は翌十五日（G10/21）のことです。この行軍そのものは当時の平均的な移動でしょうが、この期間で大砲を運搬するのは困難です。

後日、イギリス商館長リチャード・コックスが平戸に来着したとき、クローヴ号からカルヴァリン砲を陸揚げするためイギリス人船員20人で船から降ろしたところ、その様子を見た平戸藩主の松浦鎮信《まつらしげのぶ》が、自分たちでは100人でも足りないと驚いたと記しています。当時の日本人が大砲の運搬にいかに難儀をしたかがよくわかります。

リーフデ号の大砲が具体的にどのようなものだったのか、記録はありませんが、標準的な青銅製大砲とすれば、カルヴァリン砲は長さ3・7mで重さ2トン、準カルヴェリン砲は3・4mで1・5トン、セーカー砲でも2・5～2・9m前後で1トン近くに達します。この中では比較的軽いセーカー砲にしても、ぬかるんで起伏が激しく、川の多い東海道を2週間で400km も運ぶのは至難の業です。大砲は簡単には分解できませんし、船では内陸の関ヶ原まで運べません。

第三に、仮に関ヶ原まで運んだとしても、そのセッティングには現代とは比較にならないほどの時間と労力を要します。デ・ランゲも指摘していますが、大型砲の発射には数人の専門砲手が必要なので、操作に通じた砲手が何人もいなければ大砲の発射自体が不可能です。ましてオランダ語が話せる者がいない中で、来日したばかりのオランダ人と意思を疎通させるのは非常に難しいでしょう。こうした状況で、砲手とは限らない数人のオランダ人に短時間で発射準備を整えさせることはできません。

そもそも当時、野戦で大砲を用いることはあまりなかったとされます。

第四は、1642年にオランダ東インド総督アントニオ・ファン・ディーメンが幕府の外交担当者に宛てた書簡の内容です。その書簡は、オランダ商館が平戸から出島への移動を命じられたことを受けて認《したた》められました。その意図するところは、幕府が対外政策を大きく転換して、オランダに対しても厳しい条件を課すようになりましたが、自分たちがかつて徳川家に大いに貢献したことを忘れずに処遇して欲しい、というものです（『オランダ商館長日記 訳文編之六』）。

ディーメンの書簡には、かつて大坂の陣や島原の乱において、オランダ人が大御所（家康）や現皇帝（家光）の下で、大砲を携えながら砲手を伴って参戦したことが記されています。確かにそれらの参戦については日本側の史料にも記述があります。しかし、ディーメンは関ヶ原の戦いには全く言及していませんし、アダムスの手紙をはじめ、日本側にもオランダ人の関ヶ原参戦を示唆する史料はありません。関ヶ原の戦いは東インド会社成立以前の出来事ですが、もしオランダ人がそこで何らかの役割を果たしていたならば、当然そのことも幕府にアピールするでしょう。なお大坂城と島原城は、関ヶ原とは異なって海辺や川辺に位置していますし、戦闘までに時間的余裕があったので船による大砲の運搬が可能でした。

では、アクーニャやド・コウトの記述は、どのように解釈すればよいのでしょうか。

ド・コウトの「最も健康なオランダ人」という表現から、関東への航海でかなり体力を消耗しているにもかかわらず、リーフデ号の船員たち数人が上杉景勝討伐の家康軍に駆り出されたのは事実でしょう。しかし、その場合も大型砲ではなく、携行したのは比較的運搬も扱いも容易な小型砲と思われます。それでも、結局戦闘自体がなかったので、数人のオランダ人たちは浦賀に戻り、翌年冬に家康が江戸に下るまで待機したと考えます。仮に関ヶ原に連れて行かれたオランダ人がいたとしても、小型砲を若干放った程度で、戦局には全く影響しなかったでしょう。リーフデ号船員の関ヶ原の戦い参加説は、オランダ人の来日に恐れをなしたポルトガル人とスペイン人が、天敵の行動に脅威を感じ、自分たちの推測を交えて記録したものと思われます。

第7章　西洋船の建造とさらなる寵遇

1　前史――家康の対ルソン外交

家康が征夷大将軍に即位し、江戸幕府を開いたのは慶長八年（1603）二月十二日です。しかし慶長三年（1598）八月の秀吉の死去以来、内大臣（内府《だいふ》）としてすでに事実上の最高権力者となっていた家康は、秀吉の強圧外交からの転換を図り、善隣外交によって対外貿易のいっそうの拡大を図りました。以前から対外貿易の利益の大きさを知っていた家康は、自身の本拠地である関東の浦賀を「第二の長崎」とする構想を抱いていました。

慶長四年（1599）の呂宋（ルソン）を手始めに、安南（現、ベトナム中部）、柬埔寨（カンボジア）、太尼（タニ、「パタニ」のこと。現、タイ南部）、暹羅（シャム。現、タイ）などに次々と親書を送り、日本の外交方針の転換を知らせると共に、日本との貿易促進を呼びかけています。また家康は、将軍位に就いた翌年の慶長九年（1604）から、外国貿易について朱印状制度を創設し、貿易が生み出す大きな利益の確保を図りました。のちにアダムスも朱印状を3通、息子のジョゼフは4通を得ています。アダムス父子の具体的な朱印船貿易活動については後述します。

それまでの南蛮貿易はキリスト教の布教と一体になっていたため、多くの軋轢《あつれき》が生じていました。そのことは、秀吉によるバテレン追放令（1587）や、二十六聖人の殉教（1597）などに端的に表れています。しかし家康は、少なくとも慶長十七年（1612）の岡本大八《おかもとだいはち》処刑までは概してキリスト教に寛容で、教会や修道院の設立も認めていました。もちろんキリスト教を歓迎することはなく、何度か牽制もしていますが、貿易の必要上ほぼ黙認していました。

家康がまず貿易相手として特に注目したのがルソン（フィリピン最大の島）です。きっかけは第6章で述べたフランシスコ会修道士ジェズスの熱心な斡旋です。ジェズスは秀吉の死後に再来日し、1599年の年末に伊勢で潜伏中に発見され、家康に引見されました。殉教を覚悟していたジェズスですが、意外にも処罰は受けず、家康からはスペイン船の関東への入港や日本とヌエバ・エスパーニャ（現、メキシコ）との通商の可能性について尋ねられました。ジェズスはこのとき、家康の希望を叶えれば、一種の交換条件によって江戸周辺におけるフランシスコ会の教会建設と布教の許可が得られると解釈しました。

ジェズスにとって、秀吉亡きあとの最有力者が後ろ盾になってくれるほど心強いことはありません。一方、家康は対スペイン貿易による利益に注目し、上記二つのほか、西洋船建造のための造船技師の派遣、銀山開発のための鉱山技師の派遣を求めているとジェズスに伝えました。ジェズスは早速ルソンに戻り、マニラ総督府の高官と折衝して旅費などの支援を受けると、1601年6月初めに三度目の来日をします。しかしジェズスは同年9月末に死亡してしまいました。この間、チキロ（本名不明）と呼ばれる日本人もマニラ総督府の意向を受けて日本に向かいましたが、航海の途上で遭難死しています。日本との友好を望むマニラ総督府は、ジェズスがもたらした家康からの要求を慎重に検討しました。ただ、ジェズスは家康がキリスト教の布教を認めていると伝えたようですが、これは拡大解釈です。

スペインとの関係改善を望む家康も、さまざまな配慮を見せました。慶長七年（1602）に起こったスペインの遭難船エスピリトゥ・サント号の土佐清水入港事件に際しては、拘禁した同船の船員たちを解放したばかりか、国書を携行させて彼らをフィリピンまで送り届けています。またフィリピン側が強く望む海賊退治にも尽力し、何度か日本人海賊の掃討を行い、多数を処刑しました。

しかし、家康がキリスト教の布教を認めたことはありません。ジェズスは、家康が教会や修道院の建設を許可する方針であるとルソン側に伝えたほうが、万事うまく運ぶと先走りしたのでしょう。現にエスピリトゥ・サント号の船員の送還時に携行させた国書には、「外国の法（キリスト教）を持ち込むことは固く禁ずる」とあり、キリスト教の布教を牽制しています。さらに、家康は1605年にもフィリピン総督アクーニャに、再度のキリスト教禁止を伝えています。

当地方は神国と称し、神々に捧げられており、我らの先祖から今に至るまで、いとも崇められてきたのであり、この事実を余独りが破棄することはできぬからである。それゆえに、如何なる形にせよ、閣下の（国の）宗教が日本で布教され説かれることは不都合である。

（パステルス、184―185頁）

一方のスペイン側も、家康の要求を全面的には受け入れませんでした。むしろ日本側の動きをかなり警戒しています。実は、ジェズスはマニラ総督の返書を携えて三度目の来日をしたとき、秘かに「航海に関する日本国王（家康）の希望や意図に関しては、これを軽く受け流して、いささかも実行を容易ならしめぬようにせよ」との指示を受けていました。スペイン側は、関東への貿易船派遣とフィリピン・日本間の貿易促進については同意したものの、造船や航海術は「企業秘密」としたかったのです。また、日本とヌエバ・エスパーニャ間の太平洋貿易にも難色を示しました。

スペイン側は日本との交流を深めるうえでの特に重要な条件に、常にキリスト教の布教を挙げています。中でもフィリピンのフランシスコ会は、家康の好意的な外交姿勢を日本布教の絶好のチャンスと考えました。このころローマ教皇クレメンス8世は、それまでイエズス会が独占していた日本布教の権利を、ゴア経由という条件ではありますが、他宗派にも与えたからです。しかしフランシスコ会は「ゴア経由」を事実上無視した形で、教皇から日本布教のお墨付きを得たものと解しました。

また、スペイン側は関東への船の派遣には同意しており、1602年と翌年に浦賀への小型船派遣を試みましたが、悪天候に阻まれて平戸と薩摩に入港してしまったので実現しませんでした。これらが家康の機嫌を損ねたことは、次の記録から見て取れます。

- 日本との貿易を遂行するために、（総督）アクーニャは（スペイン）国王の船サンティアゴ号を準備させ、商品を積載して関東に向かわせた。……サンティアゴ号は逆風のために関東へ到達することができず、……内府の管轄外である平戸に碇泊したので、このことは明らかに内府の機嫌を損じていた（パステルス、173―174頁）。

•来年もしも（スペイン）船が関東に来ないならば、閣下（総督アクーニャ）はそちらにおいて私たち全員が（フィリピンに）帰されることを予期されねばならない（パステルス、181頁）。

これに対してアダムスは、家康のこうした苛立ちを鎮めるように、最初の西洋船を完成させたころ、水先案内についての自信を次のようにアピールしました。

あるフランシスコ会士たちが将軍家康を喜ばせるため、フィリピンから日本に渡航する船を何隻か江戸に寄港させようと約束した。しかし、船長や航海士たちは江戸の港が寄港に不適なので入るのは無理だとした。彼らの度重なる言い逃れに将軍（家康）が憤慨したので、フランシスコ会士たちは、もし将軍が費用を負担してくれるなら次の船を江戸に曳航《えいこう》しましょう、と提案した。このときアダムスは、バルク船（曳き船）の助けを借りずにスペイン船を江戸まで水先案内すると申し出たので、将軍はスペイン人たちの言い逃れが通用しないことを確信した（Pasio, 1605）。

このことを記録したのはアダムスの仇敵イエズス会の宣教師です。彼らもアダムスの有能ぶりに一目置かざるをえなかったようです。ただ、ここにもフランシスコ会とスペイン船来船に反感を持つポルトガル商人とイエズス会の意向が見て取れます。なお、前記1605年のキリスト教禁止令は、一向に浦賀への入港が実現しないことへの報復措置とも言われますが、スペイン側がこの禁令を厳守したことはありません。むしろこれを無視したように、その後もたびたび布教を求めています。このころ薩摩の島津氏も対フィリピン貿易に熱心で、托鉢修道士にいろいろ便宜を図り、藩内での布教を許しています。

スペイン側は、日本との友好関係を築くこと自体には合意していました。スペイン船が日本の港に入港できれば、太平洋を航行中の船にしばしば発生する緊急時の待避や補給に非常に好都合だからです。また、家康の力で海賊が掃討されれば、長らく悩まされてきた脅威が取り除かれ、対日本貿易の発展が期待されます。さらに、家康との接近はフランシスコ会など托鉢修道会系の布教にも有益なうえ、天敵オランダ人の放逐にも繋げたいと考えたでしょう。しかし、それ以上のことは望みませんでした。要するに、スペイン側が求めたのはキリスト教の布教とスペイン船の安全な日本寄港、日本・フィリピン間に限定した貿易の促進だったのです。

もっとも、一部のスペイン人は、当時の和船の構造や日本人の航海技術では太平洋の横断は困難と考えました。1602年7月、彼らは総督アクーニャ名で本国に「彼（家康）が求める許可（日本人の太平洋貿易）を与えても大した不都合はないと思われる。そして許可を得たとしても、最初の航海で疲労困憊《こんぱい》してしまうと思われる。なぜなら、彼には水夫もいなければ適した船もないからだ」と書き送っています（フアン・ヒル『イダルゴとサムライ』）。

また、のちの1609年に遭難して上総《かずさ》（現、千葉県）に来着し、日本での滞在記録を残した遭難船サンフランシスコ号の船長フアン・セビーコスも、マニラ帰還後に「日本人は勇猛で命を惜しまずあらゆる武器を使用するが、海には不向きで、航海術を知りもしなければ、堅牢と言えるような船を建造する術も知らない」とし、日本側でも幕府船奉行の向井将監忠勝《むかいしょうげんただかつ》自身が同様のことを述べています。

太平洋貿易はともかく、堅牢な大型西洋船が、日本から比較的近距離のフィリピンまで来航可能になると、事情は異なります。フィリピン側は造船技師の派遣に難色を示し、「(製錬技師の派遣も含めて)それらはマニラ総督の権限外の問題であり、副王ロドリゴ・デ・ビベロに報告したうえで本国スペインの意向を尋ねてから回答するが、スペインはあまりに遠く、それには3年はかかる」と事実上拒絶しています。

スペイン側が拒んだ最大の理由は、フィリピンが日本人によって蹂躙《じゅうりん》される脅威が一段と高まるからです。マニラをはじめ、ルソン島沿岸は以前から倭寇《わこう》や海賊に何度も襲撃されていました。およそ10年前に、豊臣秀吉がマニラ侵攻計画を進めていた事実もフィリピン側の警戒感を強めました。命知らずの日本人が大型の西洋船で大挙襲来すれば、フィリピンは壊滅するというわけです。ちなみに1586年に長崎からマニラに渡った11人のキリシタンたちは、現地で「初めてフィリピンに穏やかにやってきた日本人」と言われたほどです。

日本人の太平洋貿易参入も、フィリピンに利権を持つ大方のスペイン商人たちに不利益をもたらすと思われました。これについても当初、フィリピン側は影響を軽視しており、日本から輸出できる商品はほとんどなく、影響は少ないと考えていました。しかし、日本人の参入はごく一部のスペイン人商人には有益でも、全体的には経済的な混乱を招くだけであるという意見が大勢を占めました。さらに、日本人は攻撃的な性格とされ、西洋船の操舵に慣れると太平洋一帯で貿易船を襲う「海賊」となることが懸念されました。

このような経緯で、結局スペイン人造船技師の来日は実現しませんでした。おそらく家康は、スペイン船が一向に浦賀に来航しないことも相まって、それならば自前で西洋船を造ってみせようと考えたに違いありません。アダムスと会話する中で、アダムスがかつて造船所で徒弟生活を送ったことも聞いていたのでしょう。西洋船建造の仕事がアダムスに委ねられたのは、こうした事情によるものでした。

2 アダムスの西洋船建造

アダムスが西洋船の建造を始め、完成させるまでの経緯については、アダムス自身が手紙で回想しています。

(来日して）4、5年が経過した年の末に、皇帝が私を呼び出し……小船を造って欲しいと言ってきましたが、私は、自分は造船技師ではなくそうした知識もありませんと答えました。すると皇帝は、できるだけ努力すれば良い、立派な船ができるかどうかは問題ではない、と仰せられました。そこで私は、命令に従って積載量約80トンの船を建造しました。その船はあらゆる点でわれわれ（西洋）の方式によって造られており、皇帝は完成した船に乗り込んで検分され、いたくご満悦の様子でありました。それによって私は、皇帝の愛顧をさらに得るようになりました。……この船で1、2回航海したあと、王からもう1隻造るように命じられ、今度は120トンの船を完成させました。私はこの船で京から江戸まで航行しましたが、その距離はロンドンからリザード（コーンウォール半島南端）、あるいはランズエンド（イングランド西端）までと同じです。1609年、王はマニラ総督にこの船を貸し、総督は80人の同国人と共にアカプルコへ向けて出航していきました（「未知の友人宛」）。

この文章の要点を時系列で示すと、次のようになります。

①来日して4、5年目の末に家康に呼び出され、西洋船を造るよう指示された。
②最初に積載量80トンの船を建造して、その船で1、2回航海した。
③皇帝は喜び、アダムスをいっそう重用した。
④皇帝の命を受け、2隻目となる積載量120トンの洋式船を建造した。
⑤アダムスは2隻目の船で京から江戸まで航行した。
⑥2隻目の船は1609年にスペイン人たちに貸し出され、アカプルコに出帆していった。

「（皇帝が）私を呼び出し」とあることから、家康からの造船依頼は直接面会して行われています。しかし「江戸時代」とはいえ、家康は慶長十二年（1607）に駿府へ移るまでの大半を伏見城で過ごし、江戸での滞在期間はむしろ短いものでした。一方、アダムスや多くの元リーフデ号の船員たちは江戸近辺に居住しています。したがって、家康がアダムスに造船を指示した場所は、なお建設工事が続いていた江戸城においてでしょう。

先のアダムスの手紙と対照させせると、船の建造を依頼された「4、5年目の末」とは、来日4年目の１６０３年12月とみられます。このころの家康の江戸滞在は、慶長八年十一月三日から翌九年三月一日（G1603/12/5－1604/3/31）までです。それ以前では「4、5年目」とは言えませんし、それ以後では、西洋船の完成後に元船長クワケルナックが日本を出国してパタニに到着した、１６０５年12月との時間的整合性が取れないからです。

当時、一般に和船の完成には半年かかるとされましたが、日本最初の洋式船建造ゆえ、場所の選定、資材や人員の確保、試行錯誤などで通常よりも多くの時間を要したでしょう。リーフデ号の船大工ピーテル・ヤンツゾーンを筆頭に、何人かのオランダ人と大勢の日本人大工らが動員されたに違いありません。ただし、この船の建造に関する日本側史料は極めて限られ、わずかに『慶長見聞集《けいちょうけんもんしゅう》』に「（家康が）唐船作らしめ給ふ事」という一節があるのみです。「唐船」は西洋船とみなされます。以下がその現代語訳の大意です。

> 船を造った場所は伊豆・伊東の浜辺で、造船に適した場所が川辺りにあった。川の瀬をドックに見立てたのだろう。まず浜の砂に柱を並べて敷台とし、その上に船の底部を設えた。組立てが進むと砂を掘って柱を少しずつ下げ、船が完成すると川を堰き止めて堀状にし、船を浮かばせた。最後に川を増水させ、水の推力で海に進水させた。ちなみにこの船は浅草川（隅田川）に係留されている。

「伊東の浜辺」とは、現在の静岡県伊東市内を流れる松川の河口付近です。今日、現地にはこの出

図7-1　アダムスが日本で造船した場所に建つ伊東市の按針像（藤田浩一氏撮影）

来事の記念碑があります（図7—1）。「川を堰き止めて」建造する方法は、テムズ川に通じる水路にあったライムハウスのドックとの類似性を感じさせます。なお、伊東ではその後もスペイン人用にサン・セバスティアン号（1612年）や、寛永年間の大型船安宅丸《あたけまる》（1632年）が建造されています。良質の木材など造船に恵まれた環境が整っていたからです。

試行錯誤の末、積載量80トンの洋式船が完成したのは1604年の秋ころとみられます。アダムスは完成した船を伊東から江戸の入江（現、東京湾）に入航させると、浅草川河口に係留しました。家康が同船を検分して出来栄えを誉めたのは、その年の秋か初冬でしょう。まもなくアダムスは自作の船で関東沿岸を一、二度試験航行します。完成した船の仕様は明らかではありませんが、「あらゆる点でわれわれ（西洋人）の方式によって造られた」ならば、リーフデ号に準じた小型ガレオン船で、3本マストに縦長、船首楼が高く喫水が浅い、などの特徴を備えていたと思われます。

ところで西洋船が完成したころ、浦賀にカトリックの「奇蹟屋」が出現しました。フランシスコ会修道士のファン・デ・マドリッドはアダムスらの「異端」に対して、奇蹟を起こしてカトリックの偉大さを見せつけて改宗させようと考えました。この修道士はオランダ人たちに三つの奇蹟を提示し、どれを実行して欲しいか選ばせました。すなわち、『旧約聖書』にある預言者ヨシュアのように太陽の動きを止めて下ろすか、向こうの山をこちらに移動させるか、聖ペテロのように水上を歩いてみせるかの三択を迫りました。

アダムスやオランダ人たちは苦笑交じりに、山が動けば地主が困るだろう、太陽が下ろされればみな熱暑に晒《さら》される、だから水上を歩いてみせて欲しいと答えました。何千人もの衆人環視の中、かの修道士は十分祈りを捧げると、スキー板状の板を足底に嵌《は》め、十字架を背負って海に入り、奇蹟の実現を試みました。しかしたちまち失敗し、泳ぎも得意なはずが溺死しかけて、オランダ人のサントノォールトに救助されるはめになりました。後日アダムスが「奇蹟屋」の様子を見に行ったところ、「あなたがたが成功を祈らなかったから失敗した」と負け惜しみを言ったといいます。

「奇蹟屋」の行動の動機は不明ですが、西洋船の完成でアダムスがますます家康の寵遇を受けたことに対するカトリック側の危機感の表れでしょう。ちなみに、江戸への入港が難しいとしたスペイン船に対し、アダムスがバルク船の曳航なしで航行させられるとした先述のエピソードもこのころです。これらの失敗譚をイエズス会が記録しているのは、同じカトリックでありながら、フランシスコ会の日本進出を歓迎しないイエズス会の反発心の表れとみられます。

アダムスが西洋船を完成させたことを聞いたマニラのスペイン人は、大変な危機感を募らせました。大洋を渡海できる船を「人口が多く凶暴で死を恐れぬ日本人」が手に入れたことは、スペイン人にとって大きな脅威でした。ただスペイン人は、当初日本で建造した西洋船はパタニ（マレー半島北岸。現、タイ南部）に向かうと考え、オランダ人は銀と引き替えに日本人に航海術を教えたと思い込んでいます。

3　アダムスの帰国要請と元船長の出国

「日本に来て5年目の終わり」とは1604年の暮（慶長九年十月〜十一月）です。見事に西洋船を完成させたものの、家族と別れてすでに6年以上にもなり、望郷の念を抑えがたいアダムスは母国に残してきた妻子を案じていることを家康に訴え、帰国を願い出ました。しかし家康は承諾せず、このまま日本に留まるよう命じました。前述のように、このころアダムスらリーフデ号の元船員たちは江戸やその近郊に居住して、日本で家庭を築き始めています。多くがこのころまでに日本人妻を迎えていたでしょう。

一方、イエズス会側は当然ながら、アダムスが家康に重用されていることを苦々しく思っていました。すでにオランダがジャワ島のバンタンやマレー半島のパタニなどに商館を設置したとの情報を入手しており、これをアダムスを国外に追い出す絶好の理由づけと考えました。すなわちアダムスに対し、長崎から望みのところまで到着できる特別な許可証を出そうと申し出たのです。アダムスはこの申し出に大いに感謝しましたが、公方（家康）が許可しないだろうと答えたと言います。

このように、アダムスは帰国を熱望していたにもかかわらず、この好条件の誘いには乗りませんでした。しかしアダムスも、オランダ人が思いがけなく近くまで来ていることは知りました。そのためアダムスは、自身が日本とイギリス・オランダ両国の貿易の仲介者になれると家康に進言し、再度帰国を求めましたが、またも了承は得られませんでした。そこでアダムスは、自分の代わりに元船長クワケルナックの出国を願い出ると、家康はこれを認めました。これによって、クワケルナックはサントフォールトと共に、リーフデ号の生存者の中で最初に日本を出国することになりました。これを知って彼らの出国の支援を申し出たのが、平戸藩主の松浦鎮信《まつらしげのぶ》です。

平戸はかつてポルトガル貿易の拠点でしたが、永禄四年（1561）の日本人とポルトガル人の対立による殺傷事件（宮ノ前事件）以後、いったん貿易が途絶えていました。しかし、その後も外国貿易による大きな利益を望んでいた松浦氏は、天正年間に当時のフィリピン総督サンティアゴ・デ・ベラに書簡を送って、「貴国の商人を保護するので大いに交流したい」旨を申し出ています。そのためフィリピン側には「平戸王がスペイン王に臣従した」との誤解さえみられます。

松浦氏はキリスト教に反感を抱いており、かなり弾圧もしていますが、長崎の繁栄ぶりを見て再興の機会を窺っていました。オランダ人のパタニ行きの情報は、その願ってもないチャンスと考えたのでしょう。特にオランダがキリスト教の布教に無頓着だったことは、熱心な誘致の理由となったに違いありません。

この結果、松浦氏には慶長十年四月二十六日（G1605/6/12）付けで、西洋《さいよう》渡航の朱印状が発行され、松浦氏の使者（半右衛門）は六月三日（G7/18）に普界（染書料）として銀1貫を献上しています。「西洋」とはマレー半島やインドシナ半島沿岸地域を漠然と指した言葉と思われます。さらに松浦氏は多額の費用をかけて、パタニ渡航のためにジャンク船を用意して艤装《ぎそう》しました。こうしてリーフデ号の元船員が初めて日本を出国することになりました。

ただオランダ側の史料によれば、「老領主は先にヤコブ・クワケルナックおよびメルヒョール・ファン・サントフォールトを乗せてパタニに至る船を造り、これを艤装して銀1500斤（240貫）、すなわち、当時の流通貨幣「8レアル銀貨」で1875レアルを費やしたけれども、1ストイフェル（20分の1グルデン）の見返りもなかった」（『大日本史料 十二編之八』）とのことです。しかし、まもなくオランダ・イギリス両商館が設立されると、平戸は長崎と並ぶ海外貿易の拠点となり、結果的に松浦氏の思惑は予想以上に当たったと言えます。

ところで、前述のスペイン側史料には「パタニに向かうためオランダ人が建造した船」とあります。これを裏づけるのがオランダ東インド会社派遣のマテリーフ・デ・ヨンゲ船隊の記録です。同船隊は1607年9月14日、中国広東《カントン》沖のサンチュアン（上川島）近海で遭遇した日本人海賊から報を得、「（彼ら日本人海賊らは）ヤップ・クワック（ヤコブ・クワケルナック）を知っていて、皇帝のために船を建造したオランダ人がまだ8人ないし10人ほど日本におり、これらの船はまもなくパタニに到着する見込みであると話していた」としています。これらから、家康がアダムスに造らせた船はパタニに向かうことも視野に置かれていたことがわかります。

ただ「あらゆる点でイギリス式」の西洋船をパタニまで航行するには、熟練した船員が何人も必要です。しかし、それでは日本在留のオランダ人の大半を出国させることになり、家康の意向に沿いません。敵対国ポルトガル人やスペイン人の船員を多く雇うのも難しいでしょう。むろん艤装にもかなりの費用がかかります。こうした状況と松浦氏の熱心な誘致活動によって、結局パタニ行きにはジャンク船が用いられています。

4　パタニ商館への貿易許可状

クワケルナックがサントフォールトを伴ってパタニに到着したのは1605年12月2日（G）です。日本からの出航日は不明ですが、季節風と所用日数を考慮すると、ほぼその1ヶ月前の「木枯らし1号」のころでしょう。しかしクワケルナックは、望んでいた現地商館関係の仕事を得られませんでした。当時、オランダはポルトガルとの決戦に備えて、大艦隊をマレー半島南部付近に集結させていたので、物資や船をパタニに回す余裕はなく、「東インド会社パタニ支店」は事実上、開店休業状態でした。

そのため、サントフォールトは日本へ戻ることにしましたが、クワケルナックは現地藩王サブランの船でジョホール方面に移動して艦隊に合流し、翌1606年5月、自身の甥で大艦隊を統率していた司令官マテリーフ・デ・ヨンゲに劇的に再会しました。マテリーフは奇跡的に生き延びた叔父を厚遇しましたが、同年10月、クワケルナックはマラッカ西方ラシャド岬付近の戦闘で戦死してしまいました。この訃報はやがて日本にも届き、アダムスもそれを手紙に記しています。

ただ、当時の情報伝達方法ではクワケルナック死亡の事実が日本にもたらされるまでにかなりの時間を要します。幕府はクワケルナックがパタニ商館で活動中と考えたようで、慶長十一年十月八日（G1606/11/8）、パタニ商館駐在員のフェルディナンド・ミヒャエルゾーンと、すでに死亡しているクワケルナックに宛てて朱印状を発行しています。内容はオランダ人の自由な対日貿易を認めたもので、ここでもアダムスが一役買っています。

図7-2　大御所家康の居城だった駿府城（復元された坤櫓）

『異国渡海朱印状』では、この日に今屋宗中（宗忠）が普界（染書料）を贈り、朱印状と書簡1通、具足（甲冑）3領、中巻（刀剣「中巻野大刀」）10柄も受け取った受取書が後庄三（後藤庄三郎《ごとうしょうざぶろう》）に渡された。しかし、葉良儀なたんだはえなん見けるすん（フェルディナンド・ミヒャエルゾーン）に遣わす書簡はまだ渡されず、安仁（アダムス）がやって来次第となるが、前の朱印状はすぐに返却すべきことが受領書に書いてある、としています。

アダムスがミヒャエルゾーンに添えた書簡はおそらくオランダ語で、アダムスはオランダ人の誰かに書簡作成のアドバイスを受け、駿府に持参して今屋宗中に託したことがわかります。今屋宗中の人物像は定かではありませんが、2年前にも太泥（タニ＝パタニ）国への朱印状を得ているので、現地の事情に通じた商人と思われます。クワケルナックらへの書簡は、1ヶ月後の十一月九日（G12/8）になって宗中に渡されました。書簡の発行時期は、家康が造成中の駿府城に滞在していた期間と一致します（図7―2）。

そこには、日本にオランダ船を渡航させるときは粗略に扱われず、国内のどの港に入っても自由に商売できること、強引な売買や違法なことはしない、船はどのようなものでも来航できる、委細はアダムスが伝えるとおりである、フェルディナンド・ミヒャエルゾーン、ヤコブ・クワケルナック（に宛てた）この書簡を今屋宗中に渡した。また安仁の書簡も渡した、という内容があります。日程から見てアダムスは駿府から近い場所におり、伊東で2隻目の西洋船を造っていたのかもしれません。その書簡は現存しませんが、オランダとの貿易を望み、かつ貿易の自由を大幅に認めた家康の公式文書を解説したものと推測できます。これを受けて数年後、オランダ船が平戸に来航します。

5　2隻目の建造船

アダムスが2隻目の船を建造したのは確実ですが、いつ完成させ、いつ航行させたのかを知る手がかりはほとんどありません。先述のように、アダムスは最初の船を1604年の初秋ころまでに造って、その船で日本の沿岸を一、二度航海したとしています。とすればその年に2隻目に着手したとは考えにくいので、2隻目の完成は二度にわたる帰国の希望を拒絶されたあとになるでしょう。1605年以後、数年間のアダムスの動静ははっきりしませんが、その船は1609年の年末までに、ドン・ロドリゴらのヌエバ・エスパーニャ帰還のために準備されています。

一方、前述のマテリーフ船隊が、1607年9月に出会った日本人「海賊」の情報では、「（オランダ人が）皇帝のために船を建造した」の「船」がSchepenと複数形になっています。この「海賊」はカンボジアから平戸に向かう途中であると話していますので、彼らが季節風に乗って平戸を出帆し、南下したのが直近の冬であるならば、「オランダ人が建造した複数の船」はそのときまでに、すなわち1606年から1607年にかけての冬には完成していたか、完成間近だったことになります。

加えてイエズス会の記録では、「1608年に日本からヌエバ・エスパーニャへの航海に関し、スペイン人航海士ギジェルモ・ペレスと交渉した」修道士（ベアト・ルイス・ソテーロを指す）を非難しています。これについてファン・ヒルは、スペイン名「ギジェルモ」（英名「ウィリアム」）に該当するスペイン人航海士はいないので、この「ペレス」をウィリアム・アダムスに比定します。もしこのとおりならば、ソテーロはこの年までに完成していた2隻目の西洋船のことを知って、おそらく布教活動の見返りに、この船をヌエバ・エスパーニャとの交易に役立てようと画策していたことになります。

これらから考えると、2隻目が建造され、その船の試験航海でアダムスが京（おそらく堺）から江戸まで移動したのは、1606年から1608年までとなるでしょう。そのうえで、慶長十二年（1607）に興味深い記録があります。それは、同年来日した江戸時代最初の朝鮮通信使の紀行文です（『海槎録《かいさろく》』）。五月十九日（G7/12）、使節一行は駿河の清水湊で板屋船に乗って遊覧を楽しみましたが、そのとき海上に碇泊していた南蛮船の様子を記しています。

その構造ははなはだ巧妙で、またきわめて宏壮であった。船首がとがっており、その先端に黄金の獅子の坐像が彫刻されており、獅子の下に竜頭《りゅうず》が彫ってあった。船首の両側に、それぞれ鉄の錨二個が掛けられていたが、皆大きな柱のようであった。

船の中には二層の板屋があって、湾曲しているのが亀の背中の形をしていた。板のすきまには松脂を塗って、雨漏りを防ぎ、船底には石灰を塗った。船尾には二階の望楼を作って立ててあり、彫刻で華麗に飾られていて、人の耳目をくらました。前後二本の帆柱には、上下層があって、皆布帆を設けていた。船首と船尾には、またそれぞれ小さい帆柱があって、船の外面には雲・竜・花・草・人・鬼神などの形状を、いろいろと混ぜて彫刻し、赤や青で色彩が施してあった。その他の巧妙な彫刻の形状は筆では形容し尽くしきれない。船の長さは三百余尺もあり、広さは七十余尺ぐらいもあった。南蛮人六・七人が日本人を帯同して警護していた。南蛮人のひとりが、綱を渡って帆柱に上るのが平地を歩くようで、蜘蛛《くも》が糸を伝って歩くようで、たとえすばしこい猿でも、それよりはじょうずでなかった。


船内や船底の様子が述べられていることから、使節は乗船していたことがわかります。ところが和書にもスペインやポルトガルの史料にも、南蛮船が清水に寄港した記録がありません。もし家康が浦賀への貿易船招致の一環として、例外的に南蛮船の清水入港を命じていたならば非常に目立つ出来事です。船荷の陸揚げ時には商人や宣教師、乗組員など多数の異国人が港周辺に溢れ、さらに好奇心に駆られた日本人の見物人が大勢集まって清水湊は一大騒動になったに違いありません。

そのうえ、これほど描写が詳細なのに、船内に積載されているはずの商品や珍奇な物品への言及がないことは、船内がほとんど空だったことを思わせます。貿易目的の南蛮船の船内に「南蛮人が6、

7人で、ほかが日本人」というのも不自然な気がします。船上の南蛮人たちは船を航行させるのに最低限必要な船員でしょう。では、この南蛮船はどこから来たのでしょうか。

マカオを出航して長崎に入港するポルトガル船が、関東に寄港した例は見出せません。一方、マニラからは同年7月20日以後に200トンのサン・イルデフォンソ号が出帆しています。この船は『和歌山に入港し、時間が取れれば関東にまで旅程を伸ばす……関東に入港の場合は帰路に紀伊国の領主を訪問し……その後は豊後の臼杵《うすき》に入港すべし」との指示を受けていますが、関東には来航しておらず日付も合いません。

その南蛮船の船体は長さ300尺、幅70尺といいます。これに関して、第2回の朝鮮通信使は京での滞在中に方広寺《ほうこうじ》を訪れ、当時日本最大の大仏の高さ（18ｍ）を12、13丈（1丈は10尺）と報告しているので（『東槎上日録』）、1尺は15㎝となります。すると第1回の使節が見た南蛮船は長さ45ｍに幅10・5ｍとなって、これでも大きすぎますが、当時の朝鮮では尺の基準が曖昧だったと言われますし、目視による誤認か誇張もありえます。

消去法による仮説ですが、この南蛮船は試験航行中のアダムスの建造船だった可能性があるのではないでしょうか。アダムスは二度目の建造船の大きさを積載量120トンとも170トン（「ベスト宛」）ともしていますが、のちにドン・ロドリゴら100人余り（うち日本人23人）が乗船して太平洋を横断していますので、一定の大きさはあったでしょう。日本の文献に寄港の記録がないのは、予期されたー時的な碇泊だったからと思われます。アダムスは後日「東インド会社宛」の手紙で、日本で西洋船を建造するのに不足する品目の一つに通信使が記した松脂《まつやに》を挙げています。これは自身の建造船に大量の松脂を使用したことを窺わせます。

この南蛮船がアダムスによる2隻目の船とすれば、1606年までには完成していたでしょう。大胆に推測すれば、アダムスが試乗した同船は、「青東風《あおこち》」「菖蒲東風《しょうぶこち》」の季語のように1607年の春か初夏に東の風を受けて西南に向かい、苦労ののち堺に着きました。その後、イギリス人の言う「モンスーンの季節（梅雨期）」に折り返して南風を利用し、浦賀か江戸に戻りました。帰路に清水に近づいたとすれば、朝鮮使節の記録にある「五月十九日（G7/12）」に一致します。この試験航行には当然リーフデ号の元船員たちも動員されたに違いありません。

いずれにしても、1610年8月1日（G）に浦賀を出帆したこの船は、前年秋に遭難して上総の海岸に来着したスペイン船サン・フランシスコ号の乗船者と、田中勝助ら日本人商人などの約100人を現在のメキシコに運びました。この航海は、通常半年近くかかるアジアからの太平洋横断を、わずか3ヶ月しか要しない極めて順調なものでした。10月末にメキシコの港に達し、アカプルコには11月13日（G）に入港しています。その後、この船はスペイン側に7000ペソで買い取られると、アカプルコを翌1611年の3月24日（G）に出航し、再度太平洋を横断して6月20日（G）にマニラ・カビテ港に入りました。以後、ガレオン貿易船として利用されていますから、それほど出来栄えの良い船だったのです。

ちなみに同船が「サン・ブエナベントゥーラ号」（図7―3）と名づけられたのは、遭難したサン・フランシスコ号と密接に関連します。聖トマス・アクィナスと言えば大著『神学大全』で有名な13世紀の大神学者ですが、同時代にこの知の巨人と並び称されたのがイタリア人神学者聖ボナヴェントゥ

図7-3　アダムスが建造した２隻目、サン・ブエナベントゥーラ号（伊東市松川河口。藤田浩一氏撮影）

ーラです。ボナヴェントゥーラは幼少時代に重病に罹りましたが、アッシジの聖フランシスコの奇蹟に与《あずか》って回復したと伝えられ、のちにはフランシスコ会総長も務めて15世紀後半に列聖されています。身内にフランシスコ会聖職者が多いロドリゴなので、そのように命名したのでしょう。太平洋航海の大仕事が聖フランシスコ（サン・フランシスコ）から聖ボナヴェントゥーラ（スペイン名サン・ブエナベントゥーラ）に受け継がれたというわけです。

なおこれ以後、１６１２年のサン・セバスティアン号と、慶長遣欧使節が用いたサン・ファン・バウティスタ号を除いて、日本で西洋船が造られた話は聞きません。史書によっては「１６１２年に、フランシスコ会宣教師ルイス・デ・ソテーロが、アダムスの建造船サン・セバスティアン号に乗船して浦賀を出航したが、嵐に巻き込まれてすぐに船体が破損し、浦賀に戻った」としています。しかし、アダムス自身がその後1613年の「ベスト宛」手紙で、「皇帝のために2隻の船を建造した」としていますので、アダムスが同船を造ったという話は疑わしいでしょう。

さらに幕府は、慶長十四年九月に西国大名へ対して、積載500石以上の「武者船《むしゃぶね》」を没収し、建造を禁ずる布令を出しています。西洋船を手に入れた家康は、日本の海域の独占化も図ります。

6 「旗本アダムス」の誕生

いずれにしても、2隻の西洋船を建造したアダムスは、以後ますます皇帝（家康）の寵遇を受けるようになりました。「未知の友人宛」によれば、最初の船を造ったあと年額70デュカート（約35ポンド相当）の給付金を与えられました。その後さらに「私が皇帝の臣下としてずっと仕えて来て現在も日々奉仕していることに対して、皇帝は、イングランドの諸侯にも匹敵する、80人か90人の奴隷や農奴のような従僕のいる采地を与えてくれました」となります。これが相模国三浦郡逸見《へみ》（現、神奈川県横須賀市）の知行地を指すことは言うまでもありません。

では、アダムスはいつ知行地を拝領したのでしょう。右の手紙は1611年10月に書かれているので、もちろんそれ以前です。一方、その2年前に駿河に参府したオランダ人使節ニコラース・ポイクは、次のように述べています。

ヤコブ・クワケルナックのスヒップ船（リーフデ号）の舵手（アダムス）にもまた、注意が向けられなければならない。なぜならその者が良い暮らしをしている男であり、しかも皇帝のもとで大きな尊敬を得、かつ親密な関係にあるからである（ニコラース・ポイクの「駿府旅行記」）。

ここでは「良い暮らし」の具体的な内容は述べられていませんが、すでに采地を得ていることを暗示させます。とすれば、アダムスが逸見の領主となったのは1607～1608年（慶長十二～十三年）ころと推測されます。なお、アダムスはしばしば家康の「外交顧問」とされますが、正式にそうした役職があったわけではありません。

実は1607年から1608年にかけてのアダムスの動静は、はっきりしません。筆者は、アダムスは最初の建造船で関東近辺の沿岸を航行し、次いで上記のように1607年に2隻目で試験航海をしたと考えます。それらの航海をしながら少しずつ日本の地勢を確認して、やがて自作の日本地図を完成させ、1613年初めにそれをバンタンのスポルディングに送ったとみられます。また、アダムスはオランダ人にも自作の地図を提供しています。

なお、大型スペイン船が初めて浦賀にやって来たのは1606年10月4日ですが、これは本来薩摩に渡航予定だったのが、台風で流されたものです。次いで1608年夏、再びサン・イルデフォンソ号が浦賀に来航しました。船長フアン・サン・バウティスタ・デ・モリナは、上陸後にドン・ロドリゴ臨時総督の着任挨拶を兼ねて江戸の本多正信《ほんだまさのぶ》を表敬訪問し、ロドリゴによって慶長十三年五月二十七日付け（G1608/7/9）で書かれた、将軍秀忠と大御所家康への親書を渡しました。

これら二つの親書の内容はほぼ同じで、そこには「当地で争乱を起こした日本人暴徒を一人残らず日本に送還した。例年のごとく、今年も黒船を関東へ乗り入れるようパイロットに申し付けた」などとあります。また、秀忠宛てには、日本からルソンへの派遣船を4隻までとする内容が含まれています。これを受けて、幕府は直後の七月に重臣安藤重信《あんどうしげのぶ》と土井利勝《どいとしかつ》の連名で「相州浦賀津高札」を設置し、ルソン商船に狼藉を働くことを厳禁して、違反者は直ちに厳罰に処する旨を掲示しました。

これらの親書に対して、将軍と大御所も慶長十三年九月五日付け（1608/10/13）で本多正信の副書を添え、返書を送りました。そこには、ロドリゴの着任を祝すこと、本年（スペイン）船が浦川（浦賀）に来着したことを非常に嬉しく思うこと、もしわが国の者がそちらの国で悪事を働いたならば懲罰を加えてよいこと、わが国に来航する貴国の船長・船員は共に安心して良いこと、などを伝えたうえで、受け取った贈物の返礼に日本刀と具足を贈っています。同年、浦賀に修道院が建てられていることも、これとの関連が推測されます。

こうしたやり取りを経て、家康はスペインとの関係が安定段階を迎えたと判断したのでしょう。筆者は家康がこの年、すなわち1608年（慶長十三年）にアダムスに対して「領知宛行状《りょうちあてがいじょう》」を授け、浦賀での対スペイン貿易に対応させるため、逸見に「旗本アダムス」としての生活拠点を与えたと考えます。1608年のアダムスに目立った記録がないのは、秋から冬場にかけて領地の運営に勤しんでいたからではないでしょうか。こうしてアダムスは、自身が言うところの、「イングランドの領主lordship」のような生活を保証されることになりました。

江戸時代に書かれた『新編相模国風土記稿』によれば、アダムスの逸見の屋敷は浄土寺の南、現在の鹿島神社（江戸時代の神社は、現在の自衛隊総監部の敷地にあった）辺りにありました。また、浦賀に

図7-4　横須賀市東浦賀にある現在の東林寺下の様子（2016年、筆者撮影）

も住居があって、東岸洲崎の東林寺《とうりんじ》坂下に「安針屋敷」の名が残っていました（図７―４）。浦賀には、ほかにもリーフデ号の生き残り船員数人が住んでいたことがわかっています。おそらくアダムスは、まず江戸に、次いで浦賀に、さらに逸見に住居を構えました。家康が駿府に移ってからはそこにも定宿《じょうやど》を持ち、やがて平戸に定住することになります。

　逸見村の石高は２２０石あるいは２５０石とされ、アダムスの表現では農奴や奴隷の数が80人から90人でした。また、のちに現地を訪れたコックスは、村に１００世帯以上あり、アダムスは村人に対する絶対権力を有していて、奴隷を扱うように生殺与奪の権利があるとしています。村人はコックスにオレンジ、梨、イチジク、栗、ブドウなど豊富な果物を届けました。ただ、アダムスの逸見での日常を述べた記録はないので、具体的な生活ぶりはわかりませんが、領民からは「アンジンサマ」と呼ばれて慕われていたようです。いずれにしても、日本史上、将軍が外国人に采地を与えた唯一の例で、このことがアダムスの名を一際高めることになります。

しかし、実はアダムス本人にとって、この「大抜擢」は一般にイメージされるほど望外の喜びではなかったのも事実です。詳しくは後述しますが、アダムスの胸中は複雑でした。「困ったことになった」という一面もあったのでしょう。そのためイギリス使節が参府した1613年（慶長十八年）10月には、アダムスは早くも帰国を理由に、家康に采地の返上を申し出ています。1609年にオランダ船が来航してからアダムスは平戸との行き来が多くなり、まもなく平戸に定住しますので、逸見に腰を落ち着けて「殿様」気分を味わった期間は短かったのです。仮に采地の拝領が1608年ならば、わずか5年ほどで返上を願い出たことになります。

それでも家康は逸見を転封していません。逸見村はその後も秀忠によって息子のジョゼフに安堵されたことが、1616年9月に現地を訪れたコックスの日記からわかります。ただ、そのころジョゼフはまだ10歳あまりの少年とみられるので、実際の運営は日本人妻とその一族によってなされたのでしょう。なお、アダムスは采地の返還を申し出たもののすぐには帰国せず、身分上は東インド会社の社員となりました。それでも逸見の采地を保持していることもあって、外交上の案件が生じたときには従来のように家康から助言を依頼されています。例えば、1615年にスペイン人が浦賀に来航したとき、長崎奉行の弟長谷川藤継《はせがわふじつぐ》からの書簡で駿府に召喚され、琉球から帰還してまもないにもかかわらず、平戸から急行しました。

いずれにしてもイギリス商館の成立後、アダムスの主な行動は平戸発のジャンク船による東南アジア貿易になりますが、逸見や江戸にも平戸から何度も往復しています。逸見の村に立ち寄った折には、きっと領民にねぎらいの言葉をかけたことでしょう。

第8章　アダムスとスペイン人

1　前史――スペイン貿易の発展とポルトガル人

スペイン・ポルトガル両国は1580年からフェリペ2世、1598年からはフェリペ3世を同君として戴いていました。そのため年表によっては「1580年、スペインがポルトガルを併合」としているものさえあります。しかし、ポルトガルは政治的経済的にスペインの従属下に入ったわけではありませんし、同君連合とはいえ、特に経済関係ではしばしば対立しています。両国はずっと以前に締結され、世界全体の勢力範囲を山分けしたトルデシリャス条約（1494）とサラゴサ条約（1529）が、同君連合以後も依然有効であると主張していました。

そのため1586年以来、何度も国王名による布告で東インド（ポルトガル圏）と西インド（スペイン圏）との貿易を禁止しています。これは特にマカオ（ポルトガル）とマニラ（スペイン）間の貿易を意識して出されたものでした。フィリピンはマゼラン以来のスペインの実効支配により、サラゴサ条約の例外的扱いとされていたのです。しかし、この種の布告の多くがそうであるように、本国から遠く離れた東南アジアでは厳守されませんでした。そもそも何度も布告を発すること自体に違反の多さが表れています。

ポルトガル人は1543年、ヨーロッパ人として初めて日本に来航し、やがてマカオを拠点にいち早く日本市場に参入しました。当初は、薩摩や平戸など九州各地に来航していましたが、のちに長崎を主な貿易港としてヨーロッパ人の対日貿易を独占します。イエズス会の布教活動もポルトガルの東インド政策と結びついていたので、彼らはリスボンからゴア、マラッカ、マカオを経由するルートで来日して活動していました。したがって、イエズス会は活動の資金源を安定させるためにも、ポルトガル人の対日貿易が発展することを願っていました。

ところが17世紀に入って、フィリピンに利権を持つスペイン人が対日貿易を急速に発展させると、ポルトガル人商人や彼らと結んでいる日本のイエズス会は、スペイン人のそうした活動を非常に警戒しました。その発展にフランシスコ会士ジェズスの存在があったのは、第6章でみたとおりです。イエズス会は、フィリピンのスペイン人と繋がりのあるフランシスコ会などの托鉢修道会が日本に進出することを歓迎しませんでした。要するに、ポルトガル人商人は市場の、イエズス会は布教の、それぞれ日本における主導権を維持しようと図ったのです。一時家康の信任篤かったイエズス会士ジョアン・ロドリゲス（通称「ツズ」）が、信仰とは無関係の経済活動に介入し過ぎたことで指弾され、やがて日本から追放されたのも、こうした背景によるものです。

ポルトガル人がスペイン人の対日貿易の発展を恐れたのは、扱われる商品が競合するからでした。日本からフィリピンには武器（火薬、弾丸、刀剣等）、武具、食糧品（小麦粉、塩漬け肉・魚等）、高級絹織物、漆器などが輸出されました。これに対してフィリピンから日本への輸入品は、シナ産の生糸と絹織物、および鹿皮が中心でした。すなわち、商品にフィリピン産のものは少なく、ポルトガルと同様にスペインも、またのちのオランダもイギリスも、対日本貿易の主力商品は明《ミン》（中国）産生糸や絹製品だったのです。

イギリス船として初めて日本に来航したクローヴ号の司令官ジョン・セーリスの報告もこれを裏づけます。セーリスは東方貿易に関する覚書で、毎年3月に明の潮州《ちょうしゅう》（現、広東《カントン》省沿岸最北の港湾都市）から40隻以上のジャンク船が、上等な生糸と絹布を積んでマニラに向かい、6月の初めにリアル貨を積んで10日の航海で国に帰ると報告しています。またマカオを出帆して、いったん中国沿岸の別の港を経由してからマニラに向かう明船も多くありました。

高瀬弘一郎は、スペインの対日貿易を制限しようとするこうしたイエズス会の動きを、一次史料に拠って明らかにしています。例えば、イエズス会日本司教ルイス・デ・セルケイラらは、マニラから大量の生糸がもたらされて価格が下落し、ポルトガル人の利益が損なわれることを非常に憂慮した結果、スペイン政庁やイエズス会本部に何度も書簡を送って、次のように訴えています。

- 1606年3月10日付け「セルケイラからスペイン政庁のイエズス会士アントニオ・コラソ宛」、ポルトガル人がインド領内で持っているマニラ貿易に制限を加えるよう要請。
- 1608年3月5日付け「セルケイラよりアントニオ・コラソ宛」、スペインとポルトガルが長崎で競合しているため、両者間の争いや殺人が続発している。
- 1608年10月15日付け「セルケイラよりイエズス会本部ジョアン・アルバレス宛」、フランシスコ会修道士はわが物顔に日本貿易を奪っており、これを阻止しないとマカオと日本の貿易は終息してしまって、マカオ市の維持ができなくなる。

•1612年5月10日付け「司祭ジョアン・ロドリゲス・ジランの報告」、スペイン人イエズス会士が同胞の修道士（フランシスコ会など）を日本に来させ、ポルトガル人の貿易活動と布教活動を奪っているのを残念に思う（『キリシタン時代の貿易と外交』、日付はグレゴリオ暦）。

これらカトリック両国および日本との相互関係について、1613年に日本へ来航したイギリス人司令官セーリスは、「スペイン人はポルトガル人を好まず、またこれら両国民とも日本人を好まず、日本人はなおいっそう彼らを好まない」と評しています。

2 ドン・ロドリゴの日本滞在

こうした中で1609年10月、前フィリピン臨時総督ドン・ロドリゴ（正式名「ロドリゴ・デ・ビベロ・イ・アベルサ」、以下「ロドリゴ」）が、離任して帰国する途上に遭難し、日本で救助されて家康と折衝したことは、日本とスペインの関係に新たな展開をもたらしました。スペイン名門貴族の一族であるロドリゴはクリオーリョ（新大陸生まれの白人）で、1606年にフィリピン総督ペドロ・デ・アクーニャが死去したことを受けて臨時総督に任命され、1608年6月18日にマニラへ着任し、翌年4月20日までの10ヶ月間任期を務めました。

1609年7月25日、任期を終えてヌエバ・エスパーニャに帰ることになったロドリゴは、約1000トンの大型ガレオン船サン・フランシスコ号に乗船し、僚船サンタアナ号、サン・アントニオ号と共にマニラ・カビテ港を出帆しました。船隊総司令官はすでに70歳代となっていたファン・エスクラで、サン・フランシスコ号の船長はフアン・セビーコス、乗船者は373人でした。出航準備にかなり手間取ったため通常よりも出航日がかなり遅れ、本格的な台風シーズンに入ったことが遭難に繋がります。

船隊はアカプルコを目指して太平洋貿易の通常ルートを航行しましたが、8月10日、ラドロネス諸島（現、マリアナ諸島）付近で台風を思わせる激しい嵐に遭遇します。嵐はいっこうに止む気配がなかったため、危機的状況に陥ったサン・フランシスコ号ではこのままアカプルコに向かうか、あるいは前年に交わした先述の家康の友好的な書簡を信頼し、日本で待避して破損箇所の修繕を行うかどうかで激論が交わされましたが、結局日本を目指すことになりました。

一般にサン・フランシスコ号は「日本に漂着した」とされます。確かに最終的には操舵不能に陥って遭難しましたが、正しくは目的地をいったん日本に定めて何とか到着したものの、難破したのでした。ただ、ロドリゴによれば、地図が不正確だったため、しばらく大海原を彷徨《さまよ》ったということです。この点については、難破はしませんでしたが同様に来着したリーフデ号を彷彿とさせます。

日本来着後のロドリゴの動静については、フアン・ヒル『イダルゴとサムライ』に詳しいので、以下は同書に拠って内容を述べていきます。ヒルが参照した主な史料は、ロドリゴ自身の二つの報告書と、船長フアン・セビーコスの日本滞在記ですが、現在伝わるロドリゴの報告書は二つとも不完全で、両者を対比すると、宿泊地での滞在日数や移動日数などに若干の違いがみられます。それでも日本到着と離日の日付、および大まかな移動ルートはわかっているので、これらをもとにロドリゴの日本における行程を探ってみます。なお、アダムスも「未知の友人宛」でわずかにロドリゴの遭難に触れています。

9月30日の夜、サン・フランシスコ号は日本の上総国田尻海岸（現、千葉県夷隅《いすみ》郡御宿町《おんじゅくまち》）に到達しましたが、船体は岩場に激突して大破し、やむなく海中に身を投じた乗員373人のうち56人が溺死しました。大量の貴重な商品も散逸し、多くが海岸に打ち上げられました。『慶長見聞集《けいちょうけんもんしゅう》』によれば、船の漂着物を拾うために各地から多くの人が房州の海岸に集まってきたと言います。その損害額は、ロドリゴによれば200万ペソ、別の算定では500万ペソという莫大なものでした。当初、ロドリゴらはどこに上陸したのかわかりませんでしたが、乗船していた日本人キリシタンの言葉が通じ、日本の「ユパンダ（岩和田《いわわだ》）」だということがわかりました。

なお、同じく日本を目指した僚船サンタアナ号は、9月13日に奇しくもリーフデ号と同じく豊後の臼杵《うすき》（現、大分県臼杵市）に入港しました。サン・アントニオ号はそのままアカプルコに向かって、無事到着しています。

ファン・ヒルは一行の岩和田滞在を48日としたうえで、その後の大まかな経路を、上総国大多喜《おおたき》・江戸滞在6日、東海道移動5日、駿河滞在8、9日、京・伏見滞在12月20日から24日まで、大坂から豊後国臼杵（少なくとも1610年4月26日から5月3日）としています。岩和田滞在を「48日」とするのは、ロドリゴが「報告2」で「48日後イギリス人航海士（アダムス）が来着し、この幽閉状態から解放する保証書と（駿河までの）通行証を持参した」とあるからです。このとおりならば、アダムスは11月17日に岩和田へやって来て、一行はそれから江戸に向かったことになります。

しかし、「11月17日に岩和田を出た」とするのは、「岩和田に37日間留まった」とするロドリゴ自身の別の記述と矛盾し、船長セビーコスも「岩和田に35日間留まり、11月6日にようやく村を出発した」としています。とすれば、岩和田出発は11月6日であり、「（アダムスが）48日後に来着」は多分に「38日後」の誤りと思われます。ロドリゴはアダムスが持参した皇帝の書簡を得てから江戸に向かったとしているので、おそらく両者は大多喜で出会い、江戸まで同行したのでしょう。なおロドリゴは、岩和田村民と大多喜城主本多忠朝《ただとも》の手厚い介護や歓待に心から感謝しています。

アダムスの役割は、江戸で宣教師のペドロ・デ・モンテスに引き会わせるまででした。ロドリゴは翌年の7月末まで日本に滞在していますが、その後アダムスと接触した様子はありません。アダムスは江戸までの道中で自身の来歴と境遇をロドリゴに語ったようで、ロドリゴは次のように記しています。

（北緯）46度以上のところにも皇帝に服従し、租を納める臣下がいるにはいる、とイギリス人航海士（アダムス）が明言した。彼は日本で難破し、そのまま居住して2年（「12」年の誤りか）以上になるもので、地球形状学と数学の極めて優れた大家である。皇帝はこの学問に非常に惹かれ、それを学びたいので彼にいろいろと便宜を図り恩恵を与えている。その彼が、私には何かよくわからぬ光栄の（ための）権利を確認するために派遣されたとき、アストロラーベ（渾天儀《こんてんぎ》）を持参し、（そこが）45度にあることがわかったが、行ける可能性のあるところをすべて踏査しなかった、と言った（『イダルゴとサムライ』）。

かなりの教養人だったと言われるロドリゴならばこそ、アダムスの自然学的知識の豊かさが理解できたのでしょう。また、ほかのスペイン人たちのような「カトリックの天敵アダムス」と非難する言葉も見られません。しかし、先の文にある「46度」は、現在のサハリン最南部の緯度になります。後日、アダムスは北方航路探検計画の一環で、家康から蝦夷や松前について問われたとき、それらの地名を知りませんでしたので、現地を踏査したとは思えません。「アダムスが現地に派遣された」はロドリゴの勘違いでしょう。

江戸に着いたロドリゴは繁栄している町の様子を目の当たりにし、また江戸城の堅固な構造や居並ぶ大勢の守備兵に驚いています。まもなく「浅黒いが立派な顔立ちと体格を備えた35歳の皇太子（秀忠）」と謁見しました。秀忠はロドリゴの来訪を歓迎し、遭難の体験に同情を寄せ、必要とするものがあるなら申し出るよう告げました。ロドリゴは江戸に8日間滞在したあと、大御所家康の住む駿河に向かいます。なお、ロドリゴのアダムスへの言及は前述の2箇所のみです。

駿府に入ると、ロドリゴは司令官フアン・エスケラと司祭アロンソ・ムーニョスと共に、家康に謁見しました。このときほとんど会話は交わさず、重臣の仲介によって意思疎通を計りました。もちろんロドリゴに外交上の正式な権限はありませんが、ロドリゴはスペイン人の立場から日本への請願書を上申し、後日回答を貰うことになりました。それらの内容の要点は次の3点です。

第一に、日本に在住するすべての修道士を厚遇し、教会の活動を許可すること。これはわが主人フェリペ（3世）王が最も気にかけていることである。

第二に、皇帝（家康）がわが主人との友好を維持し促進することである。わが主人は広大な領土を有するので、これは皇帝にとって他のいかなる君主よりも得策である。
第三に、わが主人との友好を望むならば、現在日本にいるオランダ人をこの国から追放することである。彼らは海賊を生業とする悪人たちで、王権に背く敵であるから。

ロドリゴによれば、これらの要望に対する家康の回答は、第一と第二については了承するものの、第三についてはオランダ人との約束があるので今年は無理であるが、彼らの真の姿を知ることができたことには感謝する、というものでした。もっとも、「第二」の内容を家康が認めたことはありませんし、むしろ3年後には禁教令が出されます。一方、家康はロドリゴに対し、アダムスの建造した西洋船を帰国のために提供すると共に、長らくの念願だったスペイン人鉱山技師50人の日本派遣を求めました。

駿府をあとにしたロドリゴは東海道を西進し、僚船サンタアナ号の碇泊している臼杵に向かいます。途中、京に数日滞在して三十三間堂や尼寺、建立中で完成間近だった方広寺《ほうこうじ》の巨大な大仏などを見学しています。クリスマス・イヴを伏見のフランシスコ会修道院で過ごすと、翌日には大坂入りし、さらに瀬戸内海航路によって1610年1月6日ころ臼杵に着きました。5ヶ月近く臼杵に留まったロドリゴは、そこでサンタアナ号の船長セバスティアン・アギラールらと今後を協議しました。

アギラールはロドリゴにサンタアナ号への乗船を勧めましたが、ロドリゴは「オランダ人の追放を確実にする」などの残務があるとして同船には乗らず、4月26日の同号の出航を見届けると、往路を戻って駿府に向かいました。再度駿府入りしたロドリゴは、フランシスコ会士ルイス・デ・ソテーロの原案になる協定案を提示し、改めてスペイン王と日本皇帝との交流を促しています。その案の要旨は次のとおりです。

- 倉庫と砲台を備えた関東の港をスペイン人に与え、そこにはスペイン船の救援が可能な人員を備えると共に、キリスト教の教会や聖職者たちの存在を許可すること。
- 日本のどの港にもスペイン船が寄港でき、船員たちは厚遇されること。
- スペイン船で日本に運ばれる商品は、パンカド（両国商人団による一括売買）ではなく、スペイン人の要求する価格で日本人に販売できること。
- (スペイン人）鉱山師に掘削から得た利益の半分を与える、残りの半分を二等分しフェリペ王と皇帝（家康）それぞれが半々の取り分とする、フェリペ王の取り分から在日の商館員と官吏を養う、商館員と官吏はいずれの修道会士も伴うことができ、ミサのため聖堂と教会を与えること。

このように、ロドリゴは全くスペイン本位の条件を提示しています。とりわけ家康の熱望する鉱山開発についてのロドリゴの提案をそのまま受諾すると、日本側の取り分は利益のわずか4分の1にすぎません。仮に従来の灰吹法《はいふきほう》による精錬量がスペインのアマルガム法の半分程度としても、これでは日本側の利は全くありません。家康や幕府の重臣たちも、あまりに自国本位の都合ばかり並び立てるロドリゴを苦々しく思ったに違いありません。

こうして駿府で数ヶ月過ごしたロドリゴは、アダムスの建造船サン・ブエナベントゥーラ号にスペイン人80人と京商人の田中勝介《たなかしょうすけ》ら日本人23人を乗せて、8月1日に浦賀から出帆しました。東行きの太平洋横断としては異例の早さで、10月27日にマタンチェル（現、サン・ブラス。カリフォルニア湾口付近）に寄港したあと、11月13日にアカプルコへ帰還しました。ヌエバ・エスパーニャ政庁はロドリゴの借金の返済や船の返還、および日本人乗船者を送るため、さっそく日本への返礼使節の派遣を準備し、翌年セバスティアン・ビスカイノが使節として来日します。このときまでは日本とヌエバ・エスパーニャの通商が念頭に置かれていたことがわかります。

ところで、サン・フランシスコ号の生き残り乗組員は300人あまりいたはずです。では、ほかの乗組員たちはどうしたのでしょうか。

おそらく何人かは臼杵からサンタアナ号で帰国したと思われます。しかし、当時のマニラ・ガレオン船の船員のうちスペイン人は2、3割程度で、大半は一時的に雇われた主にフィリピン人の下級船員でした。船が損壊した以上、ヌエバ・エスパーニャに渡る理由はないので、彼らのほとんどはマニラへ戻ることになります。また、サン・フランシスコ号の船長セビーコスも、遭難の経過報告のためマニラへ戻ることになりました。

セビーコスはイエズス会系で、フランシスコ会系のロドリゴとは不仲と言われ、日本では別行動をとっています。ロドリゴは報告記でセビーコスの行動にはほとんど触れていませんが、ロドリゴが臼杵に着いた1610年1月初め、セビーコスは大坂にいました。そこから長崎に向かうと、同年3月末、サン・フランシスコ号の多くの船員と共に日本のジャンク船でマニラへ向かいました。セビーコスらが利用した日本船の詳細は不明ですが、3月21日に180人を乗せて長崎を出航し、4月10日にルソンに着いた朱印船がありますので、一部これに便乗したか、あるいは僚船として送還船が用意されたのでしょう。なお、このとき司令官フアン・エスケラも同様に帰っています。

しかし、彼らの苦難は続きます。同船は帰航途上、マニラ近海で海上封鎖を行っていたオランダ船に拿捕《だほ》されました。セビーコスによれば「サン・フランシスコ号の遭難に劣らない苦難」でした。このときオランダ人は、前年平戸商館を設置して友好関係にある日本人には危害を加えず、スペイン人だけを捕らえました。それでも直後に交わされた両国の協定で、スペイン人捕虜たちは5月末には解放され、6月初めにマニラへ戻りました。

辛うじてマニラに戻ったのも束の間、セビーコスは直後に総督からパンカドの中止を求めるため、日本の商船に乗り込んで再び日本に向かうよう指示を受けました。しかし、この日本行きはセビーコスの意思で取り止めになります。その後、セビーコスは俗世に嫌気がさしたのか、マニラの神学校に入学して神学を修め、10年後にマニラの司教代理となったあと司教座の出納官を務めています。さらに1620年代後半にはマドリードに渡って異端審問官に着任しました。

セビーコスはマドリードで書いた論文でも相変わらずオランダ人を敵視し、またフランシスコ会の動きも批判しています。特に日本で辣腕を振るっていた同会の宣教師ルイス・デ・ソテーロが、「日本からヌエバ・エスパーニャへの航海のために、イスパニア人航海士ギジェルモ・ペレス（イギリス人アダムスの誤記）と1608年に接触を持った」ことを非難しています。ソテーロはヌエバ・エスパーニャまでロドリゴに帯同するはずだったのですが、おそらく家康にもロドリゴにもその野心を疑われ、同会の司祭アロンソ・ムーニュスが代わりを務めることになりました。

それでもソテーロは仙台藩主伊達政宗《だてまさむね》の厚遇を得て、1613年（慶長十八年）に派遣された慶長遣欧使節の一員としてサン・フアン・バウティスタ号に乗り組み、支倉常長《はせくらつねなが》に同行しています。スペインやイタリアを回り、その後キリスト教弾圧が続く日本に密入国しましたが、捕らえられて162

4年（寛永元年）に殉教しました。

3　ビスカイノの来航とアダムス

ところでロドリゴが臼杵に到着したころ、1610年の初めに長崎では大事件が起こっていました。前年5月にマカオから来航した大型ポルトガル船ノッサ・セニョーラ・ダ・グラサ号（別名マードレ・デ・デウス号）の爆沈事件です。この事件の詳しい経緯はここでは省きますが、事件はそのあとで意外な展開を見せて、幕府のキリスト教弾圧政策に繋がります。いわゆる岡本大八《おかもとだいはち》事件です。

岡本大八は家康の最重臣本多正純《ほんだまさずみ》の家臣で、上記爆沈事件の監視官でした。ポルトガル船攻撃の主力となったのは肥前島原藩主の有馬晴信《ありまはるのぶ》で、有馬は岡本からポルトガル船爆沈の恩賞として、以前失っていた肥前の領地の回復を持ちかけられます。この失地回復は晴信の悲願であり、喜んだ晴信は岡本から求められるままに大金の賄賂を渡しました。岡本から本多正純に口利きして貰えば、家康にまで話が通じると考えたのでしょう。しかし話の進展は一向にありません。業を煮やした有馬が本多正純に直談判すると、この話は全くでたらめで、岡本の仕組んだ詐欺だったことが発覚します。その結果、岡本は火刑に、また有馬も賄賂を渡したうえ、長崎奉行長谷川藤広《はせがわふじひろ》の暗殺を教唆した科《とが》で自死に追い込まれました。

しかし、事件の余波はなお続きます。岡本も有馬もキリシタンでしたが、岡本は駿府城内にも多数のキリシタンがいると告白したのです。また、有馬はイエズス会との関係が深かったこともあり、幕府はキリスト教がかくも国内に根づいていることに驚愕し、危惧しました。次に述べるビスカイノ自身、同年7月に駿府城を訪れたとき、大奥女性からミサへの参加を請われています。このため、岡本が処刑された慶長十七年三月二十一日（G1612/4/21）、幕府は直轄地への禁教令を発布しました。翌慶長十八年十二月十九日（G1614/1/28）には全国にキリスト教禁止令を、さらにその4日後には家康の側近金地院崇伝《こんちいんすうでん》の起草でバテレン追放令を、それぞれ発しています。

こうした時期に、ロドリゴの返礼使節として来日したのがセバスティアン・ビスカイノです。16 11年6月10日（G）に浦賀へ来航したビスカイノは、同月22日に江戸で秀忠に、7月4日に駿府で家康に謁見しています。このときスペイン王から家康に贈呈された時計は日本最古の精巧な洋時計として有名で、現在、重要文化財として久能山東照宮《くのうさんとうしょうぐう》（現、静岡市駿河区）に保管されています。

しかし、ビスカイノとアダムスの接触は和やかなものではありませんでした。ビスカイノは自身の「旅行航海報告書」で同年7月25日（G）の条に、浦賀にやって来たイギリス人航海士（アダムス）から激しく抗議されたとしています。ビスカイノが駿河に滞在中、「オランダ人は悪人で、主人たる王に反逆し、海では海賊行為をなすなど多くの害悪を働いている」と誹謗《ひぼう》したことに対し、アダムスが抗議を伝えに来たというものです。

さらにビスカイノが「スペイン避難船の安全な入港を図るため」との名目で日本の海岸線の測量を申請し、これが許可されたことを聞いたアダムスらは、皇帝に対して、その測量の目的は軍事的なものであり、危険であると注進しています。すなわち、スペインは征服しようとする国の海岸線を調べたのち、大艦隊を送り込んで実行に移すのが彼らのやり方である、自分たちの国ではそうした許可はしないと、15年前のサン・フェリペ号事件を彷彿とさせる言上をしています。

もっとも、ロドリゴは軍隊による日本征服に否定的でした。その理由としてロドリゴは、日本は人口と要塞が多く、鉄砲、弓矢、刀剣などの武器も豊富で、兵士はその使用法に練達していること、勇気と機敏さ、理性や理解力などの知性もスペイン人に劣らないことなどを挙げています。ゆえに、新大陸のインディオのようにはいかないので、宣教という手段でスペイン王の配下に置くしかないと結論づけています。この点はイギリスも同様で、日本の皇帝は非常に強大なので、とてもマカッサル（スラウェシ島西南端付近の小国）の王のようにはいかない（ので注意せよ）、と渡航者に警告しています。

その後のビスカイノたちとアダムスとの関わりは、具体的にはわかりません。しかし、アダムスは1613年1月の「スポルディング宛」で次のように書いて、今後はスペイン人とポルトガル人に協力しないことを宣言しています。

1612年の今年（現在の暦法とは異なり1613年のイースターまでは1612年）、スペイン人とポルトガル人は、オランダ人と同じような自由を得るために私を利用しようとしました。しかし私は今後の不都合を考えて、協力しないことにしました。……1612年にフランシスコ派は廃止されました。

また同年、アダムスは駿府に赴いたマニラの使節ドミンゴス・フランシスコに警告し、「貴下は今から3年後には日本に司祭が一人もいなくなることを知るだろう」と告げたと言います。上述の禁教令が出されたのはビスカイノの日本滞在中ですが、アダムスがキリスト教の弾圧に直接荷担したわけ

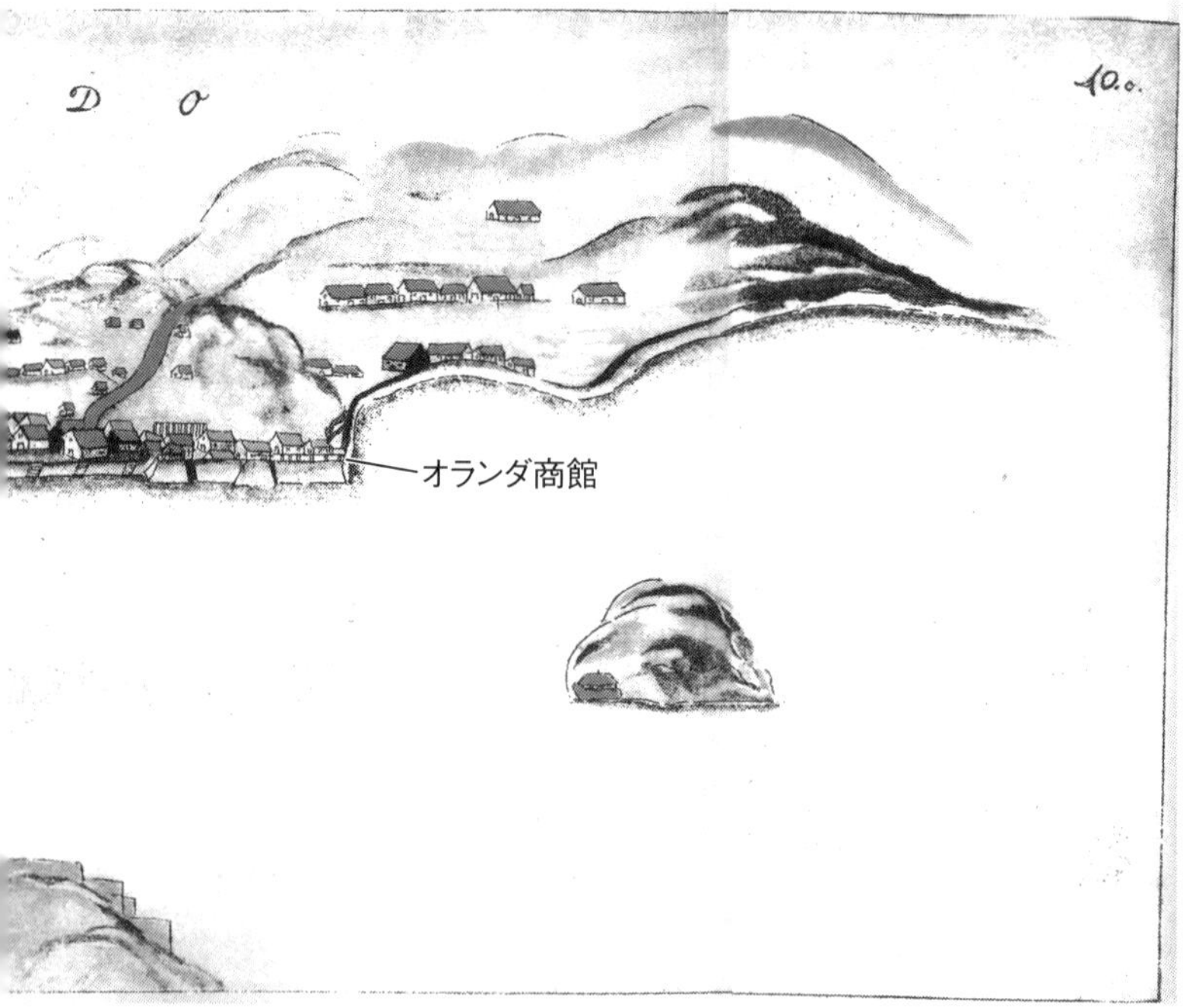

ではありません。岡本大八事件に見るように、家康がアダムスの進言とは別の理由で禁教策に転じるようになったことは明らかです。しかし、カトリック側は禁教策の背後でアダムスが暗躍していると考え、繰り返し「憎むべき異端者」アダムスを指弾しています。

それでもアダムスは、スペイン人との縁を完全に断ったわけではありません。1613年8月5日、平戸に来航してまもないセーリスがアダムスに商館での同席を懇願したのに対し、アダムスはスペイン人から宴会に招かれていることを理由に断っています。アダムスは、付き合いが長く信用のおけるスペイン人やポルトガル人とは、しばらく交流してい

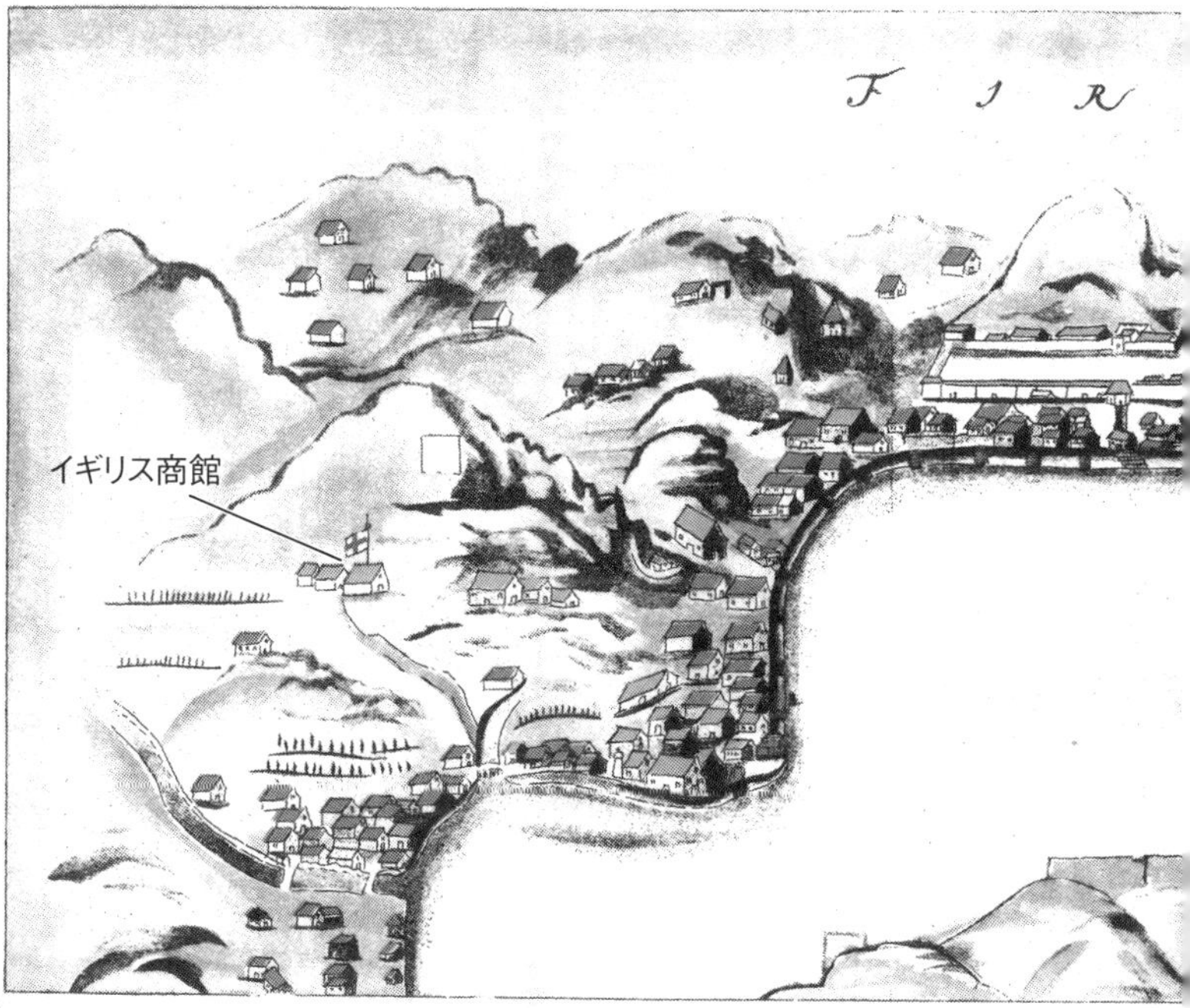

図8-1　平戸商館図（オランダ・ヘーグ文書館所蔵）

たとみられます。さらに1616年9月に浦賀のアダムス宅にスペイン人神父が宿泊したときには、妻が世話をしました。これを知った将軍秀忠が不快感を示したため、アダムスは急遽妻に連絡して、命にも関わる事案であると注意を促しています。

一方、このころ「アダムス死亡説」が出されました。1614年3月と4月に平戸のコックスが江戸か駿府のウィッカムに送った手紙には、最近長崎に来た「嘘つきイエズス会士」がイギリス商館員ピーコックに、アダムスは京の宿主ペドロ・グザノの家で死亡したと語ったことを報告し、アダムスには身辺に十分注意するように伝えて欲しい旨、警告しています。この「虚報」の意図は不明ですが、カトリックから敵意を持たれているアダムスに「暗殺計画」があったのでしょうか。「グザノ」とはスペイン語で「蛆虫《うじむし》」を意味するので、コックスがそのイエズス会士につけた渾名《あだな》でしょう。

ところで同じ手紙には、平戸藩主の松浦鎮信《まつらしげのぶ》がイギリス商館に対し、商館が掲げるイギリス国旗に十字があるのでこれを降ろすようにと命じた記述があります。これに対してコックスは、イギリス国旗は十字架を表すものではないと反論しましたが、松浦は、船上では許すが陸上では許可できない、これは皇帝の意向である、と応じました。ここにも禁教の影響が及んでいることがわかります。なお、当時のイギリス国旗はセント・ジョージ旗（現、イングランド旗）で、赤十字社の赤マークが縦横とも旗の両端まである形状です（図8―1）。

大坂夏の陣が終わったあとの1615年9月1日（J）、数ヶ月前にシャムから帰国して川内湊《かわち》（現、長崎県平戸市）で船の補修をしていたアダムスに駿府から手紙が届き、アダムスを直ちに駿府へ寄越すように指令がありました。アダムスは同月11日発で駿府に急行します。用件は、サン・フアン・バウティスタ号の帰国便で浦賀に来航したスペイン人使節への対応でした。当時駿河にいたウィッカムは、10月13日付けで平戸のコックスに手紙を送り、次のように報告しています。

皇帝はヌエバ・エスパーニャから使節として来日した3人のフランシスコ会修道士（ディエゴ・デ・サンカタリーナら）と交渉させるため、本日アダムス氏を浦賀に派遣した。皇帝は使節らの来日目的や献上品について、アダムス氏の報告を受けるまで使節に回答しないことにした。この修道士たちが謁見のため江戸に来ることは許されないだろう（Farrington, p.319）。

また、オランダ商館員E・ワウテルセンもこれについて、1615年11月25日（G）付けで大坂から平戸の商館長スペックスに手紙を送り、特にスペイン船の積荷に関心を寄せています。積荷はアダムスが臨検したのでしょう。

ヌエバ・エスパーニャから浦賀に来たカスティリヤ（スペイン）船の搭載商品、その他について貴氏に報告したいことがありますが、これについて私に語ったウィリアム・アダムス氏は今そちらに向かっているので、そのように承知してください。また、スペイン人がヌエバ・エスパーニャから運んできた商品の目録と、スペイン王から日本皇帝に宛てた書簡の写しを彼から受け取ってください（『大日本史料 十二編之十二』、なお現代仮名づかいに改めた）。

スペイン使節の来日目的は、以前日本と交わした両国の書簡に貿易の推進と宣教師の保護が謳われているとして、その有効性を確認するためでした。しかし、彼らは2ヶ月待たされた挙げ句、ようやく駿府で家康との謁見（正確には無言での儀礼的な挨拶のみ）を果たしましたが、贈物を献上したのに要望に対する回答はなされませんでした。その回答は江戸の秀忠によってなされると伝えられた彼らが江戸に移動すると、今度は謁見さえ許されません。屈辱的な対応をされた使節は当然この仕打ちに憤慨し、それをアダムスの仕業と考えたようです。ディエゴは報告書で「自分たちに害悪をもたらすアダムス」に対し、次のように激しく非難しています。

オランダ人がわれわれに与える害悪は、このことに終わらない。彼らは王や大名に取り入っているので、われわれをさまざまなやり方で中傷する。特にこの地に何年もいるイギリス人航海士（アダムス）がそうである。博学な男でイスパニア育ち。その技能に優れ、われわれの言葉（スペイン語）、日本語、ラテン語や他の言語もこなし、外見だけでは修道者でも欺かれてしまうが、極めて強情な異端者。重大な事件ではことごとくわれわれの敵となっている。彼は王とその子息に大変気に入られており、年金（知行所のこと）や、ほかにも愛顧を得ているほどで、中でも最大のことは王が何度も彼を召し出してこれと語らうことだ。……彼とその仲間は、キリシタンと修道者に降りかかったかくも残酷な迫害に重要な役割を果たしたと考えられる。

（『イダルゴとサムライ』501～502頁）

ただ、ディエゴたちに対する幕府側の極度に冷淡な対応は、大坂の陣のとき大坂城内に多数のキリシタンと宣教師がいたことにも関連するでしょう。禁教策を断行した徳川家に対抗するため、カトリック宣教師たちは豊臣家に近づいて布教の望みを繋いだのです。現に大坂城内にいたフランシスコ会宣教師アポロナリオは、その後、平戸まで落ち延びてイギリス商館に托鉢《たくはつ》を請うています。

しかし、やがて禁教の影響はポルトガル人やスペイン人に対してだけではなく、オランダ人やイギリス人にも及ぶことになりました。秀忠はイギリス・オランダ両商館にも貿易港の制限を命じますが、その理由は、宣教師が商人を偽装して日本各地に潜入し、布教する恐れがあるというものでした。もっともコックスはその背後に、市場の独占を狙った糸割符《いとわっぷ》商人たちによる外国人商人の締め出しがあると推測しています。

なお、そのころ向井《むかい》将監忠勝《しょうげんただかつ》（正綱の子）はアダムスに、ヌエバ・エスパーニャからフィリピン諸島へ通過する途上にあるラドロネス諸島（現、マリアナ諸島）の存在について尋ねています。これについてアダムスは、スペイン人から聞いたことはあるが、彼らがそれを取らなかったところを見るとさほど重要なところではないとし、またエルモサ（現、台湾）や金銀島（日本近海にあると考えられた架空の島）などについても同様に答えました。逆にアダムスとコックスが、なぜ日本は武力が弱体で現地住民からも愛されていないフィリピンのスペイン人を攻略しようとしないのかと尋ねたのに対し、向井は自分たちにはイギリスのような船舶がないからであると答えています。

家康の死後、秀忠はヨーロッパ人の貿易を長崎と平戸に限定しました。したがって、それまで何度か浦賀に来航していたスペイン船も、長崎に向かうしかなくなりました。それでも何隻かの小型スペイン船は引き続き日本に来航していますが、結局1624年、スペイン船の来航は全面的に禁止されました。イギリスも前年に平戸商館を閉じたので、ずっと対立関係にあった両国とも、ほぼ同時期に日本との交易が途絶えることになります。

第9章　オランダ商館とアダムス

1　オランダ船の来航と商館の設立

リーフデ号の船員たちが何人か日本で生き残っていることは1601年8月に、世界周航からオランダに帰還したオリフィエル・ファン・ノールト隊によって知られていました。一方、1598年5月にテッセルを出航し、喜望峰《きぼうほう》回りで同年11月末にジャワ島のバンタンに着いたファン・ネック隊は、モルッカ諸島のテルナテ島にも駐在員を配していました。この駐在員が、1600年12月末に同島へやって来たトラウ号（リーフデ号の僚船）と接触したことは、第4章で述べたとおりです。

1602年、オランダ連合東インド会社が成立すると、直ちに同年ウェイブラント・ファン・ワールヴェイク司令官の第1次遠征隊15隻が派遣され、翌年にはバンタンとパタニに商館が築かれました。この遠征隊は、シナ貿易開拓のためにポルトガル領マカオの攻略を図りましたが失敗します。この船隊の副司令官セバルト・デ・ヴェールトこそは、リーフデ号の僚船ヘローフ号のかつての船長です。マゼラン海峡から苦難の末に本国へ帰還したデ・ヴェールトは、次に東インド会社遠征隊の幹部としてインドに達しましたが、セイロン島で現地藩王の刺客に暗殺されてしまいました。

1603年には、司令官ステフェン・ファン・デル・ハーヘン率いる13隻編成の第2次遠征隊がモルッカ諸島のクローヴ（香辛料の丁子《ちょうじ》）産地を押さえ、アンボイナ島にも砦を築きました。次いで1605年に派遣された11隻編成のコルネリス・マテリーフ・デ・ヨンゲ率いる第3次遠征隊は、アジアにおけるポルトガルの要衝マラッカの攻略を目指しましたが、それ自体は失敗しました。しかし先述のとおり、日本を出国したリーフデ号の元船長クワケルナックがパタニ経由で1606年5月に合流し、日本皇帝（家康）がオランダとの貿易を望んでいる旨が書かれた親書を渡しました。

既述のとおり翌1606年、幕府は慶長十一年十月十日付け（G11/10）の「異国渡海朱印状」を、パタニ商館のミヒャエルゾーンとクワケルナックに発行しています。朱印状にはアダムスの書簡が添付され、十一月八日（G12/7）に平戸藩の関係者と思われる商人今屋宗中（宗忠）に渡されました。この朱印状が発行されたとき、すでにクワケルナックは戦死していますが、クワケルナックとマテリーフ・デ・ヨンゲの接触により、オランダは本格的に対日交渉に乗り出すことになります。

オランダ側でも1606年2月、東インド会社の重役会「十七人会」は日本貿易を具体的に推進することを検討し、日本皇帝に対してオランダ総督オラニエ公マウリッツの親書を、献上品を添えて贈ることを議決しています。同年4月20日にオフンダを出帆したパウルス・ファン・カルデン司令官率いる9隻編成の第4次遠征隊は、これを受けて日本貿易も視野に入れていましたが、1607年にカルデン自身がモルッカ諸島でスペインの捕虜となったこともあり、日本来航は叶いませんでした。

クワケルナックがもたらした書簡には、オランダ船は日本のどこの港にも来航可能で、船員たちの安全は保証され、違法な取引はなされないなどの文言があります。これによってオランダ側はいっそう日本に着目しました。対日貿易を開くオランダの目的は、もちろん従来から望んでいる日本銀の獲得が主ですが、やがては日本の商館をシナ、朝鮮、フィリピンなど東アジア貿易ネットワークにおける最北の基点となす構想でした。のちに平戸でイギリスと連合した防衛艦隊が編成されるのも、オランダが平戸を軍事拠点とも位置づけていたからです。

クワケルナックらに宛てられた朱印状と添付の書簡、およびサントフォールトの話によって、パタニのオランダ人は対日本貿易におけるアダムスの役割の重要性を強く認識しました。ミヒャエルゾーンの後任となったパタニ商館長ヴィクトル・スプリンケルは、1608年2月に現地を再訪したサントフォールトに託して、同月6日付けでアダムスに、14日付けで家康に書簡を送っています。このうちアダムスに対しては、パタニ到着以後のクワケルナックの消息とその死を知らせると共に、皇帝に寵遇されているアダムスに自身の書簡を翻訳して貰い、ささやかな献上品と共に皇帝に渡して欲しいこと、オランダは現在ポルトガルとの戦いに忙殺されて余裕がないものの、近いうちに日本へ船を派遣したい意向があることを記しています。

また家康に対しては、皇帝がオランダ総督に宛てた書簡と貿易特許状は、クワケルナックによって帰国予定のマテリーフ船隊に託されたので、9ヶ月以内にオランダに届くこと、ポルトガルとの戦いでオランダ側は大きな被害を受け、やむを得ず中国や日本との通商が遅れているものの、このことで決して皇帝が不快感を持たないように切望しています（ナホッド『十七世紀日蘭交渉史』）。

こうした流れを受けて、1609年7月1日（G）、ついにオランダ東インド会社最初の船が2隻、平戸に来航しました。ローデ・レーヴ・メト・ペイレン号とフリーフェン号で、これらは1607年

12月にオランダを出航した、ピーテル・ウィレムゾーン・フェルフーフを司令官とする第5次遠征隊の13隻に属していました。この遠征隊は、マテリーフ隊と同様にマラッカ攻略が目的でしたが、方針を転換し、広く東南アジア一帯に通商範囲を求めることになりました。

平戸藩が異国船の来航を直ちに駿府へ伝えると、家康は急遽アダムスを平戸に遣わしました。しかしアダムスが平戸に着いたときには、使節一行はすでに駿河へ向かって同地を出発しており、入れ違いとなりました。このときのアダムスの旅程は不明ですが、随行者はいたでしょう。しかし、おそらくこれがアダムス最初の平戸訪問で、ルートや連絡方法に不案内だったことが入れ違いの理由とみられます。2年後に来日したブラック号の使節はこれを避けるため、アダムスに駿府で待つよう知らせています。以下、ポイクの「駿府旅行記」（金井圓『日蘭交渉史の研究』所収）に即して旅程を辿ります。

平戸に着いた商務員アブラハム・ファン・デン・ブルックとニコラース・ポイクは、サントフォールトを通訳として7月27日に平戸を発ち、船で九州北部の沿岸伝いに東進して、2日後に下関海峡から瀬戸内海に入りました。この旅行で、使節はリーフデ号の生き残り船員の多くと出会ったことがわかります。

使節は家室《かむろ》（現、山口県周防大島町）で帰郷途上の平戸藩主松浦鎮信《まつらしげのぶ》と遭遇し、船上に招待されています。8月4日に大坂へ着くと、そこではリーフデ号の元船員ヤン・ヨーステンとピーテル・ヤンスゾーンに出会いました。次いで淀川を遡航して伏見に至り、そこからは主に陸路を馬で進んで、8月13日に駿府へ到着しました。途中、白須賀《しらすか》（現、静岡県湖西市）でも2人のリーフデ号元船員のオランダ人と出会っています。

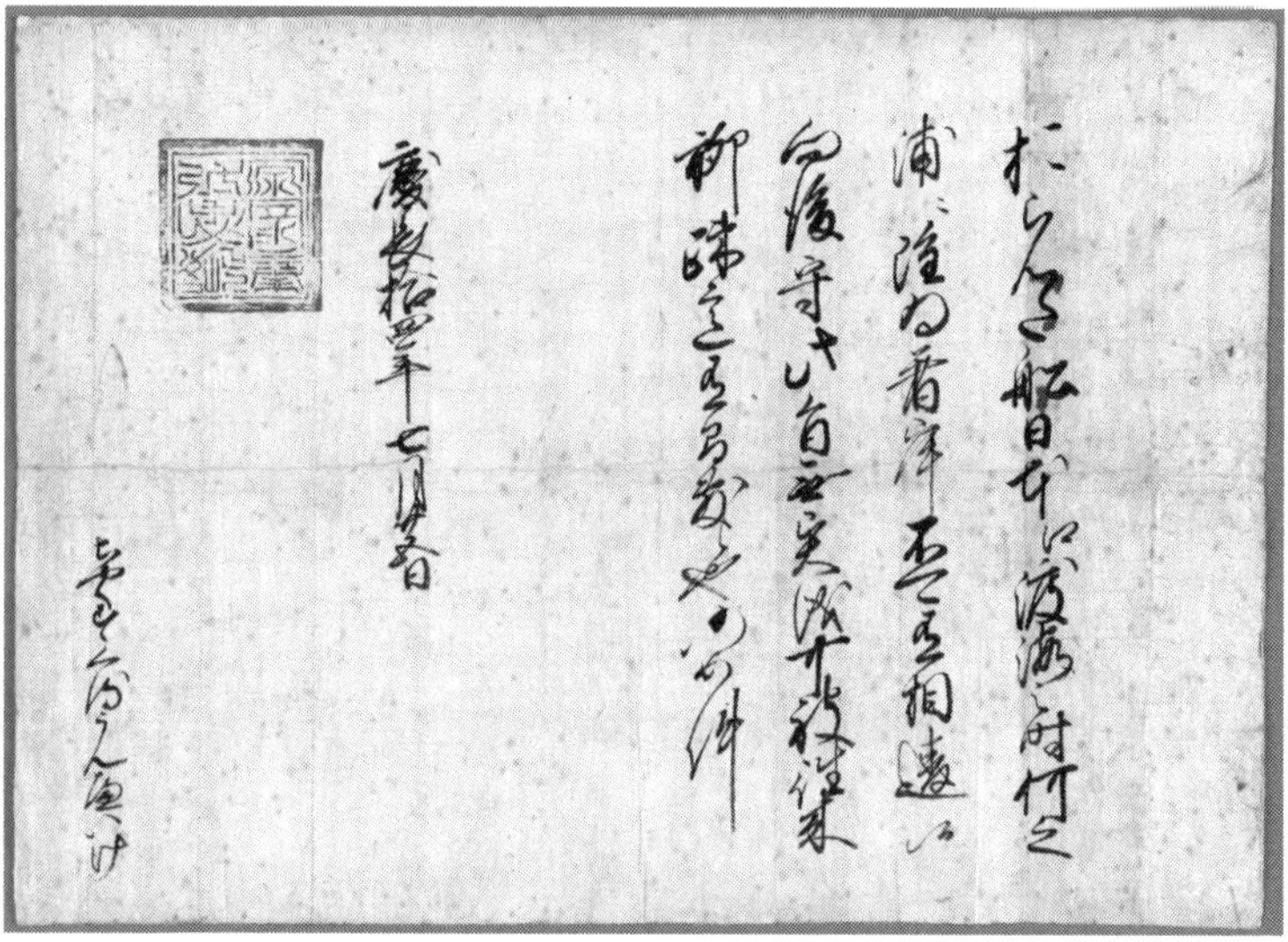

図9-1　徳川家康朱印状（オランダ国立公文書館所蔵）

翌日、使節は家康に謁見し、献上品の生糸と鉛、およびオランダ総督の書簡を渡すと、皇帝は非常に喜んだと言います。その4日後、謁見を1週間ほど待たされていたポルトガル人たちがようやく皇帝との謁見を許され、オランダ人を海賊と吹聴しましたが、これは問題にされませんでした。8月20日（慶長十四年七月二十一日）には家康からオランダ使節に、オラニエ公に宛てた家康の書簡と朱印状が授けられ、刀一口《ふり》も下賜されました。朱印状には、オランダ船は日本のどこにも入港できて安全が保証されること、今後も引き続き往来できることが記されていました（図9―1）。

22日に帰途に就いた使節一行は、駿河で暮らしていた2人のオランダ人アリアーン（ピーテル・アドリアンセン・ブランカルト）とコルネリス（トマスもしくはヤン・コルネリセン）を通訳として雇いました。帰路は往路とほぼ同じルートでしたが、堺で暮らしていたサントフォールトとは室津《むろつ》（現、兵庫県たつの市）で別れます。9月4日、一行は牛窓《うしまど》（現、岡山県瀬戸内市）で、平戸から駿府へ戻る途中のアダムスと遭遇しました。アダムスは来航したオランダ人に家康の書簡を渡し、オランダ船を臨検することと、彼らへの松浦氏の友好の情と現地の土地を貸与することなどを伝える使命を帯びて、平戸に遣わされていました。アダムスはまた、平戸のオランダ船から託された手紙を使節に渡しています。

使節のポイクも日本滞在中の覚書でアダムスの役割を重視しています。当時、長崎では買物掛（長崎奉行長谷川藤広《はせがわふじひろ》）が大きな権力を握っており、貿易上の事柄では誰も彼に逆らえませんでした。しかし覚書では、皇帝の絶大な信頼を得ているアダムスと親しくしておけば、外国人も非常に有利になるだろうとしています。そのため、オランダ商館長を務めるジャック・スペックスに、アダムスとの友好関係を保ち、若干の品を贈るよう指示しています。

これに対してアダムスもオランダ人に十分協力すると応じ、さらにポイクによれば、アダムスはこのときオランダ船で帰国したい意向を持っていましたが、準備が整わず諦めたとのことです。しかし、この時点でアダムスはまだ家康から出国の許可を得ていませんので、「亡命」を企てたのではなく、単に願望を口にしたのでしょう。なお、前述のように、ポイクはアダムスを「良い暮らしをしている男」と評していますが、この何気ない言葉はアダムスがすでに領主となっていることを示唆しています。

使節一行は9月13日に平戸へ戻ったあと、20日に2隻合同の船上会議を開き、皇帝から両国の親善と貿易の自由、ならびに船の安全が保証されたことを受けて、商館の設置と日本に残る商館員が決定

図9-2　平戸市に復元されたオランダ商館

されました。このとき、商館建設には1万4600グルデンあまりの膨大な費用がかけられました。特に、分不相応とも思える堅牢な耐火倉庫が建造されたことについて、商館長スペックスは必ず将来これが生かされると自画自賛しています（図9—2）。

また人事に関する決定もなされ、商館長にジャック・スペックスが、商務員補にハンス・フルストレーペンとラウレンス・アドリアンスゾーンの2人が、ほかに2人の給仕が商館のスタッフとなることが決められました。このほかリーフデ号の元船員ヤン・コーサインスが、通訳および用務係として商館員になっています。2隻のオランダ船は10月2日に平戸を出航し、パタニ経由でバンタンに向かいました。

一方、帰途に就いたアダムスはおそらく9月中頃に駿府へ帰着して、家康に平戸への旅の報告をしたでしょう。しかし、まもなくスペイン船の上総漂着事件が起こると、11月には上総までドン・ロドリゴらの一行を迎えに出ることになります。

2 オランダ商館の活動

日本に拠点が設けられたとはいえ、オランダ商館の在庫商品は生糸、鉛、胡椒《こしょう》などごくわずかしかなく、本格的なビジネスにはあまりに貧弱でした。そのため商館長スペックスは、翌1610年10月末、2人の商館員を日本船に便乗させてパタニへ派遣すると共に、まもなく自らもパタニに赴いてオランダ船の日本来航を促しました。その結果、1611年7月10日、オランダ東インド会社のヤハト船ブラック号が二度目の来日をします。ブラック号の積荷についてはアダムスが「未知の友人宛」に記しており、反物、鉛、象牙《ぞうげ》、緞子《どんす》、黒色タフタ、生糸、胡椒などの品目が見えます。

オランダ商館は早速駿府への参府の準備に入りますが、今回は江戸に赴いて将軍秀忠に謁見することも計画しました。むろん全面的にアダムスを頼りにしましたが、前回の行き違いに懲りた使節は、アダムスに駿府で待機して貰うよう急便を送っています。今回の使節は、スペックスとブラック号で来日したピーテル・セーヘルスゾーン、および通訳のヤン・コーサインスらの一行で、7月17日に平戸を発ちました。8月6日に大坂へ入って翌日京入りすると、ここでも急便を出してアダムスに駿河での待機を確認しています。

この参府についてもセーヘルスゾーンの旅行記（『大日本史料 十二編之八』）が残されており、以下それに従います。

8月15日、アダムスは使節一行を駿府近くの丸子《まるこ》（現、静岡市駿河区）で迎えました。使節はまず、かなりの贈物を携えて家康の重臣後藤庄三郎《ごとうしょうざぶろう》を訪問します。実はその前々日、アダムスは後藤から意外なことを聞かされていました。すなわち、後藤はすでにポルトガル人とスペイン人の来訪も受けており、そのとき両国の使節は、オランダ人の来日は海賊行為のためで、商品を携えてないのがその証拠であると話したとのことでした。これに対してアダムスは、オランダ人は海賊ではなく商人であり、しかも現在オランダとスペインは12年間の休戦中なので戦いはしないと抗弁しています。

次いで一行は同じく重臣の本多正純《ほんだまさずみ》を訪ね、2年前の朱印状に引き続いて、オランダ船が日本のどの港に来航しても厚遇され保護される免許状の交付を請願しました。さらに今回特に請願したのは、平戸に着岸したオランダ船が監督官（長崎奉行）の立ち会いなしで商品を商館倉庫に納入し、そのうえで日本人商人に自由に商品を提示できる許可を得ることでした。本多は、使節が江戸に行って駿河に戻るまでの間に、それらの認可状は用意されるだろうと回答しました。そのうえで、大御所（家康）はオランダ人使節が皇太子（秀忠）に謁見することを聞いて大いに喜んでおられると伝えました。

正午ころ家康に謁見すると、家康は使節に対してモルッカ諸島に在留するオランダ人兵士の数や、ボルネオ（カリマンタン）の樟脳《しょうのう》、最良伽羅木《きゃらぼく》や蘆薈《ろかい》（アロエ）の産地、オランダの香木の種類などを尋ねています。謁見後、本多らは大御所が訪問客とこのように親しく談話することは極めて珍しく、ふだんは大名や外国使節に対して一言も発しないと言って驚いていました。その後、アダムス一人が家康に呼ばれ、家康はオランダ船が到着すればさらに多くの珍しく美麗な品がもたらされるだろう、と話したと言います。

駿河をあとにした一行は、8月22日夕刻に江戸へ到着し、アダムス宅に宿泊します。翌日午前に本多正純の父本多正信《まさのぶ》を訪問して将軍秀忠との謁見の仲介を依頼し、午後に登城が許可されました。使節がアダムスの選定による献上品を謹呈すると、秀忠は遠路来日した使節に対して歓迎の意を表し、労をねぎらいました。将軍からはスペックスらに鎧《よろい》と刀が贈られ、このあと浦賀に向かう使節一行のため、船と人足の手配もされました。なお、スペイン使節もこのときすでに江戸で秀忠に謁見していますが、彼らはまたも数日待たされています。オランダ使節への厚遇ぶりはアダムスの存在ゆえでしょう。なお、この時点でヤン・ヨーステンはまだ役割を果たしていません。

一行は25日夕刻に海路浦賀へ至り、ここでもアダムス宅に宿泊しました。オランダ人たちはここで、自分たちのために誠心尽くしてくれたアダムスに、羅紗《らしゃ》や綾絹織《あやぎぬおり》などの贈り物をします。当時浦賀港にはスペイン船が碇泊しており、大使ビスカイノは数人の兵士を派遣して儀礼上オランダ使節に挨拶しました。もっともビスカイノによれば、その際アダムスはスペイン人が駿府でオランダ人を中傷したことに抗議しています。オランダ使節の一行は、浦賀から乗馬して陸路伝いに鎌倉《かまくら》(現、神奈川県鎌倉市)、大磯《おおいそ》(現、神奈川県大磯町)、吉原《よしわら》(現、静岡県富士市)を経て、29日の午後に再度駿府へ入りました。

8月末日、アダムスは貿易用の2通と、帰路に使用する官馬10頭の朱印状を得ましたが、肝心のオランダ船商品の自由な陸揚げと自由な買却についての言及がないことに、使節は困惑しました。そこでアダムスがこの件を本多正純に上申すると、本多はアダムスに自分たちが支援するので大御所にその請願書を持参し、直接願い出るよう伝えました。

9月2日、アダムスが指示どおりに登城して家康に謁見すると、家康はすぐに件《くだん》の書簡を作らせて押印し、アダムスに持たせました。さらにアダムスには平戸まで使節一行に同行するよう命じ、使節に対しては、ほかに望みがあればアダムスを通すように言い添えました。こうしてオランダ人は、ポルトガル人やスペイン人よりもずっと好条件で貿易認可状を得ましたが、このことは多くの日本人を驚かせました。アダムスとオランダ人一行はいろいろ取り計らってくれた後藤と本多にお礼を述べ、9月3日に駿河を発ちました。オランダ使節は噂に違わないアダムスの力の大きさを再認識したのです。

帰途に就いた一行は東海道を西進し、アダムスとスペックスは途中京で京都所司代の板倉勝重《いたくらかつしげ》を訪問して贈り物をしたのち、9月11日に大坂でサントフォールトの出迎えを受けます。一行は14日に下関に達し、平戸には19日に帰着しました。ブラック号は10月28日に平戸を出帆すると、パタニ経由でバンタンに向かいました。このときアダムスはバンタン在留と思われるイギリス人に10月22日付けで書いた「未知の友人宛」手紙を託しています。

3 アダムスとオランダ人

こうしてオランダ人のために尽力したアダムスですが、翌1612年の動きはほとんどわかっていません。ブラック号の出帆後すぐ駿府か関東に戻ったのか、あるいはそのまま平戸に留まってイギリス船の来航を待ったのか不明です。しかし、少なくとも同年6月か7月ころ、イギリス船の来航を待って平戸に滞在していたことが、翌年来日したイギリス人司令官セーリスの記録からわかります。翌1613年1月にも「スポルディング宛」の手紙を平戸から発信しているので、この間、平戸に留まってオランダ商館と関わりを持っていた可能性が高いですが、臨時オランダ商館員として契約を結んだ記録は見出せません。

こうした中で1613年6月、最初のイギリス船クローヴ号が来航しました。しかし後述のように、司令官セーリスは待ち望んで面会したアダムスの言動にかなり失望し、アダムスをオランダ人の味方と誤解したようです。セーリスは初対面のアダムスのあまりに素っ気ない態度に困惑しました。イギリス人宿舎（のち商館）に泊まるよう勧めても、アダムスは「自宅かオランダ商館にいる」と断わっています。しかし数日後、アダムスがオランダ商館を訪ねたときに同行したコックスの印象では、アダムスがオランダ人たちから特別な厚遇や尊敬を受けている様子はありませんでした。

いずれにしても、アダムスは同年11月にイギリス商館と雇用関係を結び、生活拠点を平戸に移しますが、それ以後オランダ商館と密接に関わった形跡はありません。さりとてオランダ人と敵対していたわけでもなく、つかず離れずの関係を保っていたようです。しかしコックスはその後もしばらく、アダムスがイギリス人よりオランダ人の味方をしているのではないかと疑っています。例えば次のような出来事がありました。

アダムスが琉球から帰着して3ヶ月も経たない1615年9月1日、ちょうど2回目のイギリス船ホジャンダー号が来航したとき、長崎奉行の弟長谷川藤継《ふじつぐ》からコックスに書簡が届きました。理由は記されていないものの、そこには直ちにアダムスを駿府へ寄越すようにとの家康の命令がありました。実は浦賀に来航したスペイン人への対応を行わせるためでしたが、アダムスに対する疑心暗鬼が抜けないコックスは、アダムスがオランダ人と謀って何かを企んでいるのではないかと疑っています。またコックスは、アダムスの使用人甚五郎に対しても船の塡隙《てんげき》修理に関連して不信感を抱きましたが、むやみに人間関係を壊したくないとの理由から、追及はしませんでした。

上記のアダムスの参府とほぼ時を同じくして、オランダ商館長スペックスも上方《かみがた》に向かっています。このこともコックスの疑惑の一因になりました。スペックスの目的は朱印状の獲得でしたが、コックスは両者の企みを疑ったのです。オランダ船もイギリス船も日本への入国は自由に認められたものの、商館が海外に貿易船を派遣する場合には朱印状が必要でした。ただ、朱印状の入手は難しいこともあって、オランダ商館が得た朱印状はこのときの1通だけです。このとき、アダムスがオランダ商館に力を貸した様子はありません。

実は、初期オランダ商館の商品の大半は略奪品でした。オランダ人は東南アジア海域を航行する明《ミン》船やポルトガル船、スペイン船などを狙って襲撃していたのです。その意味では、イエズス会士やポルトガル人がオランダ人を「海賊」と非難したのはもっともでした。一方のオランダ側は、海賊行為は独立戦争の海戦の一環という大義名分でした。しかし、1610年には前年に成立したスペインとオランダの休戦協定が東インドにも適用され、アダムスもそれに言及していますが、実際には休戦以後も略奪は続けられています。

このころもオランダ人の海賊行為を非難するポルトガル人の訴えに対し、家康はアダムスの見解を取り入れて、オランダに有利な裁定を下しています。アダムスが、現在休戦中であるのでオランダがそうした行動を取ることはない、と弁護したことも影響しているでしょう。ここでもアダムスの貢献があったのです。いずれにしても、オランダ船が多少とも仕入れ商品を積載して平戸に入港するのは、

1610年代後半になってからです。

しかし、そのころになるとイギリスとオランダの対立が目立ち始めました。1618年7月、アダムスはスペックスからオランダ使節の江戸参府に同行して欲しいと要請されました。本来ならばヤン・ヨーステンがその役を務めるはずだったのですが、ヨーステンは将軍や大名たちから嫌われているとの理由で、アダムスに話が持ち込まれたのでした。これを受諾したアダムスは、7月31日（J）にオランダ人と共に平戸を発ちました。その後の出来事はコックスの日記が伝えてくれます。

アダムス出立の直後に届いたニュースはコックスを憤慨させます。オランダ人がイギリス船を何隻か捕獲して略奪し、そのうちの1隻アテンダンス号を、捕らえたイギリス人船員不在のまま平戸に入港させたというのです。コックスはスペックスとの激しいやり取りを経て、その件を将軍に直訴するため自ら江戸に参府することを決め、アダムスの出発の10日後に平戸を発ちます。アダムスにも急便を送ってオランダ人の理不尽を知らせ、さらに同行しているオランダ人から離れて自分の来着を待つよう伝えました。

けれども、下関の宿でコックスは意外な事実を耳にします。その宿ではすでに数日前、事件を知った日本人たちがオランダ人の略奪行為についてアダムスに伝えていました。しかし、アダムスは沈黙したままで、同行のオランダ人たちにも何も語らなかったとのことでした。まもなくアダムスがコックスに返信した内容は、またもコックスを憤らせる投げやりなものでした。アダムスはコックスに対し、自分はもはや東インド会社の社員ではないので、むしろこの件で参府しないように勧めるとしていました。これを読んだコックスは、アダムスが全くオランダ人になってしまったと嘆いています。

結局コックスは、予定していた京でのアダムスとの待ち合わせができず、アダムスは先に江戸へ向かいました。それでもアダムスは、神奈川の手前で子どもたちと共にコックスを出迎えました。その後、江戸での両者のわだかまりは見えません。寛大で忍耐力の強いコックスは、今後のアダムスとの交友を考えてあえてこの件に触れないことにしたようです。

いずれにしても、1616年の年末にイギリス商館員としての契約が切れたあとも、アダムスがオランダ人に密着して活動したことはありません。また、オランダ商館やリーフデ号の生き残り船員の誰かと共同で仕事をしたり、個人的に親しく交友していたこともありません。アダムスは遺言で親族以外にも十数人に遺贈していますが、ヤン・ヨーステンやサントフォールトを含めてそこにオランダ人の名が全くないことは、彼らに対するアダムスの距離感が示されているでしょう。それでも結果的にオランダ商館はその後も継続し、いわゆる「鎖国時代」を通じて、ヨーロッパ唯一の貿易国として日本と繋がり続けました。その草創期にアダムスが大いに貢献したことは疑いありません。

第10章　イギリス商館とアダムス

1　前史――イギリスの対日貿易構想

リチャード・イーデンとリチャード・ウィルズの編になる『東西インド誌』（1577）に、「日本島」という一節があることを第2章で述べました。おそらくウィルズのこの書を踏まえて、女王エリザベスのブレーンである神秘的博物学者ジョン・ディーは、北東航路開拓の可能性を示唆しました。それによって1602年、ジョージ・ウェイマスは東インド会社との契約でカタイ（中国北部）、シナ、日本に達する探検の特許状を得ています。

一方、16世紀後半からの北方航路探検の試みに平行して、オランダの刺激を受けたイギリス東インド会社は、ポルトガルやオランダに倣って、より現実的な喜望峰《きぼうほう》回りでの東インド到達計画に乗り出します。設立間もない1601年2月、会社は東インドに設置する予定の商館規則を発表し、同年4月にはジェームズ・ランカスター司令官が4隻編成の「第一航海」を率いて出帆しました。この最初の派遣隊はスマトラ島最西部のアチェに達し、現地から大量の胡椒《こしょう》を持ち帰って1603年9月に帰国しました。このとき、ジャワ島最西部のバンタンに最初のイギリス商館が設けられています。

また1604年6月、ジェームズ1世は探検家エドワード・マイケルボーンに対し、「カタイ、シナ、日本、朝鮮、カンバイ（インド北西部）を発見」する特許状を与えています。この航海は東インド会社とは別のもので、このときマイケルボーンは数度にわたる北西航路の探検などで有名なジョン・デーヴィスを伴って遠征しましたが、デーヴィスがシンガポール沖のビンタン島（現、インドネシア領）で日本人海賊に殺害されたため、航海の継続は中断されました。

以後1612年の「第十二航海」まで、東インド会社は各回ごとに出資者を募って収支決済をする個別航海の派遣隊を12回編成しています。むろん、出資者にとってこれらへの投資はハイリスク・ハイリターンでした。そうした中で、東インド会社が初めて日本との接触を図る指令を出したのは、アントニー・ヒッポンを司令官とする1611年の「第七航海」です。しかし、このときは現地の事情で日本行きは見送られました。

なお、この「第七航海」に参加した、ピーテル・ウィレムゾーン・フローリスの記録（1612年7月3日条）には、「今のところ日本に対して何をなすべきかわからないが、派遣船（グレイハウンド号）が戻ればさらによい情報が得られるだろう。というのは、これまで対日貿易はさほど重要ではないと考えていたから」とあります。この見解どおりとすれば、イギリスの対日貿易は、対シナ貿易に比べるとそれほど重視されていなかったのでしょう。それでも日本と接触する試みは続けられました。「皇帝（家康）の寵遇を受けている」アダムスの存在が意識されていたからです。

2 クローヴ号の来航

司令官ジョン・セーリスの指揮する東インド会社「第八航海」の派遣隊は、クローヴ号（乗組員89人）、ヘクター号（乗組員110人）、トマス号（乗組員55人）の3隻から成り、1611年4月18日（ユリウス暦、以下同様）にイギリス東南部ダウンズを出帆しました。セーリスにとってはこれが二度目の東インドへの航海です。

その7年前の1604年、24歳のセーリスは司令官ヘンリ・ミドルトン率いる東インド会社「第二航海」の一員でした。この航海は4隻の船隊で編成され、同年3月下旬にグラブセンド（テムズ川下流の港）を出帆し、9ヶ月後の同年末にバンタンへ達すると、セーリスら8人が現地イギリス商館に駐在することになりました。セーリスは5年間勤務し、その仕事ぶりが認められて4年後には商館長に任ぜられています。

その間、セーリスは会社本部に書簡を送って、現地の商習慣や定期的に訪れるグジャラート（インド北西部）とシナの商人たちのことを報告しています。また、利益が見込める商品としてボルネオのダイヤモンド、ティモールの白檀《びゃくだん》、モルッカ諸島のクローヴ、バンダ海周辺諸島のメイス（ナツメグの皮の香辛料）とナツメグ、ジャワやスマトラの胡椒などを挙げています。

しかし、おそらく健康を害したセーリスはまもなく帰国することになり、1609年12月に現地を発って、翌年5月にイギリスへ帰還しました。しかし、帰国後1年もしないうちにまたも東インド派遣隊の話が持ち込まれ、今度は司令官として大航海に出ることになります。セーリスが抜擢された理由は、5年間の勤務で現地情勢に明るいこととビジネス能力が評価されたからでしょう。

司令官を務める「第八航海」の出発にあたって、セーリスは東インド会社本部から詳細な指令を受けています。それによれば、船隊の第一目的はスーラト（グジャラート南部の都市）でキャラコなどの綿製品を買い付けて、それを代価にバンタンやプリアマン（スマトラ中西部の港）、バンダ諸島（バンダ海の群島）などに赴き、香辛料の買い付けを行うことでした。もしスーラトでの買い付けができない場合は、紅海沿岸のモカやアデンで取引することとされました。そのうえで、ヘクター号とトマス号は買い付けた香辛料を積載して本国に戻り、クローヴ号のみがセーリスの指揮によって日本に向かうよう指示されました。日本到着後に行うべきこととしては、主に次のような事項が訓令されています。

- 日本到着後は、あらゆる手段を尽くして最も便利で安全な港を得ること。
- その港では、羅紗、鉛、鉄、あるいはその他わが国がもたらすもので、最も売れ行きが良いと見込まれる商品を、貴氏の判断で売ること。
- 商館員のために立派で頑丈な家を用意し、彼らに委託した商品の保全に努めること。
- もし日本で商品の売れ行きが芳しくない場合には、モルッカ諸島やフィリピン諸島などの地方にも航路を向け、これらの地方で商品の売却を図ること。
- 日本ではアダムス氏の意見を尊重し、もし彼が帰国を望むなら最善の待遇をすること。

イギリスを出た船隊は喜望峰回りで目的地バンタンに向かいました。到着するまでに著しい危険はありませんでしたが、紅海南部で現地に留まっていた「第六航海」司令官ヘンリ・ミドルトンと出会ったとき、インド人への対応をめぐって2人の司令官の間に激しい応酬がありました。ミドルトンはセーリスのかつての上司ですが、その一方的な物言いは今や同格の司令官となったセーリスのプライドを傷つけ、激怒させたようです。

セーリス隊の航程の概略は次のようになります（ユリウス暦）。

4月18日イギリス・ダウンズ出航→6月6日赤道通過→8月1日テーブル湾（アフリカ最南部、ケープタウンの面する湾）到着・8日間滞在→10月26日モヒラ島（コモロ群島、モザンビーク海峡北部）・8日間滞在→2月16日ソコトラ諸島タマリダ（現、イエメン領。ソマリア東端沖）→モカ（現、イエメン。紅海南端近く）→アッサブ（現、エリトリア。モカ対岸）→9月末コモリン岬（インド亜大陸南端）→10月24日バンタン入港。

1613年1月14日、クローヴ号は、前日イギリスに帰還するため胡椒を満載してバンタンを離れたトマス号を見送ったあと、日本を目指して出帆しました。乗組員は81人、うちイギリス人が74人で、日本人も一人含まれています。クローヴ号は出航後、ジャワ海をほぼ東進してフローレス海に入り、デソロン海峡（スラウェシ島とスラヤル島の間）を通過し、カンビナ島（カバエナ島、スラウェシ島南東）、ブトゥン島（スラウェシ島南東沖）に立ち寄りました。次いで北上し、バチャン島（ハルマヒラ島西南端沖）南のタワリ島経由でモルッカ諸島に入ります。

モルッカ諸島ではオランダ人をはじめ、ポルトガル人、スペイン人、現地先住民などさまざまな人々と関わりを持ち、マキアン島（ティドール島やや南方）とドイ島（ハルマヒラ島北端西沖）にしばらく滞在します。セーリスはその間、特にオランダ人の動きを警戒しています。モルッカ諸島を離れたクローヴ号は、日本を目指して一路北上し、甑島《こしきしま》（現、鹿児島県薩摩川内市）、志岐《しき》（現、熊本県天草群島）を通過して1613年6月12日、平戸に到着しました。

3　セーリスの参府とアダムス

上陸したセーリスは、早速シナ人商人李旦から港近くに家を借りました。この家がのちに商館となります。すぐにアダムスの宿主ザンゼバル（善三郎、弥右衛門）が、昨年アダムスから預かっていた書簡を届けに来ました。イギリス船来航の可能性を耳にしたアダムスは平戸に滞在していましたが、結局船が現れなかったのでいったん平戸を離れ、もしイギリス船が来航したならば司令官に渡すように宿主に託していたのでした。

平戸藩主の松浦鎮信《まつらしげのぶ》は直ちにアダムスを呼び寄せるための急使を送ります。クローブ号来航から1ヶ月半後の7月29日、アダムスは当時としてはかなり急行の、駿河から17日の旅で平戸に到着しました。慶長十八年六月六日（J7/13）、駿河を発つアダムスに対し、本多正純《ほんだまさずみ》ら5人は連名で萩《はぎ》藩主の毛《もう》利輝元《りてるもと》宛ての書簡を携行させ、急用のため「案仁《（ママ）》」を平戸まで早船で送るように申し入れています。

セーリスにとっては待ち望んだアダムスとの対面であり、アダムスにとっても本国を離れてから実に15年ぶりとなるイギリス人との面会でした。しかし、前述のようにセーリスは初対面のアダムスに好印象を持てませんでした。会社の指示に従って丁重に迎えたつもりなのに、アダムスの態度があまりに冷淡で、セーリスはアダムスがオランダ人の味方をしているのではないかと訝《いぶか》っています。後年アダムスと親交を結ぶコックスも同様で、2年近く経ってもアダムスがオランダ人の味方なのではと疑い続け、心中穏やかではありませんでした。

8月7日、セーリスは通訳兼ガイドのアダムスと、のちに商館員となるテンペスト・ピーコック、リチャード・ウィッカム、エドムンド・セイヤーズ、および7人の日本人を伴って平戸を発ち、駿府に向かいます。セーリスが残した『日本渡航記』には、このときの様子が生き生きと述べられてい";ます。また、それをもとに構成されたジャイルズ・ミルトン『さむらいウィリアム』も読みやすく、特にアダムスとセーリスとの微妙な関係がよく描かれています。したがって紀行の詳細はそれらに譲り、ここでは参府の日程をごく大まかに記すにとどめます。

使節一行は、2日間漕ぎ続けたガレー船で博多まで航行しました。なお、下関海峡を通過してまもなく、1000トンほどの戦時に兵員を運ぶためとされる巨大ジャンク船を見て驚いています。すでに1609年には西国諸大名による大型武者船の所持が禁止されていますので、この行《くだり》はやや奇異な感じがしますが、例外的に認められていたのでしょうか。

8月7日、平戸発。9日、博多着。

8月27日、大坂着。宿主に商品見本と代価付を置き、伏見まで淀川を遡航。

8月30日、伏見で19頭の馬を給せられ、随員と共に駿河へ向かう。

9月6日朝、駿河着。8日に家康と謁見、イギリス王ジェームズ1世の書簡と献上品を贈る。

9月12日、江戸に向かって駿河を発ち、14日に江戸着。

9月17日、将軍秀忠と謁見。

9月21日、浦賀に向かい24日まで滞在。

9月25日、浦賀を発ち、江戸経由で29日に駿河着。
10月8日、家康よりイギリス人の貿易許可状を得る。
10月9日、駿河発、16日に京着、20日に伏見から大坂へ21日着。
10月24日、大坂発、平戸王のガレー船で平戸に向かう。
11月6日、平戸着。

謁見のときの家康への主な献上品は『駿府記』にも記載され、「猩猩《しょうじょう》皮（濃紅の羅紗《らしゃ》）十間、弩《いしゆみ》一挺、象嵌《ぞうがん》入り鉄砲二丁」のほか「長さ一間ほどの六里が見える靉靆《あいたい》」とあります。「靉靆」とは眼鏡のことですが、これは日本に持ち込まれた最初の望遠鏡と言われ、イギリス側の記録でも「銀台鍍金の筒入り望遠鏡」（6レアル）となっています。このときに虫眼鏡（2レアル）も献上されています。

最も肝心な日英間の貿易開始と商館設立の交渉は、アダムスの尽力もあって容易に認められました。家康との謁見に際して、セーリスはイギリス国王の代理を自認する立場から、皇帝に直接国王ジェームズ1世の親書を手渡す礼式を求めましたが、アダムスによれば結局日本の礼式となり、「秘書官」（本多正純）の手を介して行われました。ただし、セーリス自身はプライドからかイギリス式で行ったと記しています。

イギリス王は「大ぶりたんや（ブリテン）国ノ王、居城はおしめした（ウェストミンスター）、せめし（ジェームズ）帝王、れいきし（レクス）」と名乗り、その親書はまずアダムスが仮名にし、次いで金地院崇伝《こんちいんすうでん》が漢字交じりの和文にしました。おそらくこれが史上最初の英文和訳でしょう。内容はごく儀礼的なもので、ジェームズ王は家康の権力と栄光を褒め称えたうえ、両国の交易がいかに双方に利益をもたらすかを強調しています。なお、イギリス王からの同様の親書は東インド各地に送られていますので、イギリスの東インド進出の一環として日本が位置づけられていたことがわかります。

これに対し、家康もかなり自由な交易を認め、また、幕府が商館を「江戸のどこか」に設立してよいとしているのは、前年アダムス自身が家康から商館の設置場所を尋ねられたとき、浦賀を勧めていることに拠ったのでしょう。しかし、英訳ではなぜかこの部分がなく、実際には平戸に設けられました。この相違の理由は明白ではありません。浦賀を推したアダムスが独断で翻訳文を創作したとは考えにくく、また幕府の意向にも反しますが、この「違反」が問題にされた様子はありません。

ところで平戸藩主の松浦鎮信も、セーリス一行が参府から帰着した慶長十八年十月六日（J11/7）付けでイギリス王に書簡を送っています。そこには王からの書簡と贈物に対する松浦氏の過剰とも思える謝意が述べられると共に、イギリス商人たちの事業を歓迎し、その達成のために最大限の支援を行うとしています。このあたり、オランダ同様にイギリス商館も平戸に招聘《しょうへい》したい意図が感じられます（図10―1）。なお、松浦氏の書簡の原文は漢文ですが、アダムスを介さず、バンタンでシナ商人がマレー語に翻訳し、さらに英語に重訳されています。

クローヴ号に積載されていた商品は、羅紗などの毛織物、キャラコなどの綿製品、香辛料、鉛、火薬、錫《すず》など233貫（5650ポンド）分で、そのほか128貫の銀も持参していました。商品のほとんどはすでにオランダ人、ポルトガル人、スペイン人が扱っていたものです。ただ、羅紗やキャラコは供給過剰気味で、商館が期待した値段では到底売れず、ダンピング合戦による値崩れもしばしば起こっていました。すでにアダムスは、日本で売れ行きの良い商品はヨーロッパ産のものではなく、

図10-1　平戸に建つ英国商館跡碑（一般社団法人平戸観光協会提供）

シナ産の生糸や絹製品、蘇木《そぼく》（スオウ）などであることを伝えています（「スポルディング宛」）。

1613年12月5日にクローヴ号が日本を離れたとき、平戸商館には商館長コックスを含めて7人が商館員として残り、アダムスも若干の悶着《もんちゃく》を経て年俸100ポンドの2年間契約でこれに加わりました。ほかに日本人5人と朝鮮人一人が通訳や庶務担当として雇われています。セーリスは商館員の序列を定め、商館長コックスに万一のことがあった場合、ピーコック（年俸50ポンド）、ウィッカム（同20ポンド）、ウィリアム・イートン（同18ポンド）、ウォルター・カーワーディン（同12ポンド）、セイヤーズ（同12ポンド）の順にその地位を占めるよう言い残しました。

コックスはセーリスの指示に従って、直ちに日本の内外でビジネスを開始しました。まず日本の国内市場に参入するため、江戸と大坂に商館員を派遣します。江戸の駐在員となったウィッカムは3月5日に江戸へ到着し、当初江戸のアダムスの家に寄宿しながら、アダムスと旧知の三雲屋と提携して営業活動を行いました。ただ、コックスはウィッカムからの情報で、三雲屋を貪欲で狡猾《こうかつ》な人物とみなし、かのマキャヴェリに因んで「ニッコロ」と渾名を付けています。ウィッカムは江戸から浦賀、駿府とも緊密に連絡を取り合い、浦賀ではアダムスの義弟アンドレアが、駿府ではアダムスの定宿《じょうやど》の主人奇特屋七兵衛がイギリス商館の代理人となりました。

大坂でも同様で、駐在したイートンは京や堺も含めた上方《かみがた》におけるビジネスを担当しました。ウィッカムとイートンの赴任に際しては、アダムスが現地まで付き添いました。日本の地理や商習慣、初歩の日本語、社会的儀礼などを伝授したと思われます。また、エドワード・セイヤーズは対馬《つしま》に常駐して、島内と朝鮮への販路を開くことが期待されました。当時はオランダも朝鮮経由でシナ貿易を実現する可能性を探っており、イギリスもこれに倣ったのです。もっとも、江戸に派遣されたウィッカムは半年足らずで、対馬のセイヤーズは4ヶ月で、大坂のイートンも1年半足らずで、それぞれ平戸に帰っています。国内市場の開拓は思ったようには進みませんでした。

国内だけでなく、商館は海外との貿易にも積極的に打って出ました。クローヴ号の積載商品だけでは商品が不十分だったからです。コックスはシャム（暹羅。現、タイ）やコーチシナ（交趾。現、ベトナム中部）などに貿易船を派遣し、商品の販売と買い付けを試みました。まず、商館成立の翌年3月に、2人の商館員が唐人六官の朱印船に便乗してコーチシナに向かいました。派遣された商館員は、席次が2番目のピーコックと、商務員補カーワーディンです。しかし、現地に着いたことはわかっても、

2人はなぜか戻りませんでした。コックスはあらゆる手立てで行方不明になった2人の情報を集めましたが、情報は錯綜し、2人が殺害されたとの噂も立ちました。彼らの消息については後述します。日本市場で顧客となったのは徳川家と有力大名たち、および三都市（京、江戸、大坂）の富裕商人らで、庶民に直接販売することはあまりありませんでした。前記のように、クローヴ号が積載してきた商品のほとんどは他国のものと競合していたので、売れ行きは芳しくなく、コックスは原価を割っても在庫を抱えるよりはよいとして、ダンピングを認めています。また、現金決済を原則とするように指示しています。いずれにしても当初は家康が最大の顧客であり、大坂の陣の直前には大砲と鉛を販売しています。なお、商館員たち個々人の日本での活動と、商館閉鎖まで日本に残った者たちのその後は、第13章で述べます。

4　帰国しなかったアダムス

一部の書には、アダムスは家康に特別に寵遇されていたので、家康の存命中は帰国を許されなかったとするものがありますが、これは正しくありません。アダムスは日本に来航してからずっと帰国の機会を窺っており、何度か家康にその希望を伝えています。そして数回の不許可ののち、最初のイギリス船が来航した1613年10月、「領知宛行状」を懐《ふところ》から取り出して采地の返還を申し出、ようやく帰国を許されました。イギリス人司令官セーリスと共に駿府へ参府し、商館設立の許可を受けた折です。

アダムスは「皇帝が上機嫌のときを見計らって」、意を決して右のような大胆な作戦に出ました。

その際、これまでの多大な恩顧に心底感謝していることを伝えたのでした。このとき家康はアダムスを凝視して、「それほど故国に帰りたいか。もし今回も引き止めるならば、其方がそれまで余に仕えてくれた功績を無にするだろう」と言い、さらに寛大にも、今回の来航船（クローヴ号）でなくとも、次回の船でもよいとまで伝えています（「東インド会社宛」）。ようやく悲願の叶ったアダムスの喜びようは想像に難くありません。

しかし、長年の念願が叶ったにもかかわらず、アダムスはこのとき、帰国するクローヴ号に乗船しませんでした。その理由についてアダムスは、「彼（セーリス）がさまざまに私に与えた侮辱」（「ベスト宛」）とし、クローヴ号司令官セーリスとの確執を挙げています。しかし、このアダムスの言葉がそのまま真意を表すとは思えません。そこで、それまでにアダムスが示した帰国の意思表示の経過を辿ってみましょう。

第3章で見たように、アダムスは日本に来航して浦賀に廻航されたとき、別のオランダ人が自分たちと同様に東インドに達している可能性を訴え、おそらく家康の家臣に対し、リーフデ号を修理してそこへ移動したい旨を願い出しました。しかし願いは却下されたばかりか、そのために使った費用をめぐって仲間割れさえ起きました。

その数年後、家康から西洋船の建造を依頼され、1604年に最初の船を完成させたあとにも、家康に直接帰国を打診しましたが、許可されませんでした。まもなくオランダ人がシャムやパタニに来ていることを知ると、自身が対オランダ貿易の仲介者になりたいとまたも帰国を希望しましたが、このときも断られます。そこで自身の代わりにリーフデ号の元船長クワケルナックの出国を要請すると、これは認められました。なおこのころ、「(アダムスを)ヨーロッパまで送り届けよう」というイエズス会の申し出を、アダムスは帰国を熱望していたにもかかわらず断っています。

その後、史料上でアダムスの帰国の意思表示が認められるのは、前出の1609年にオランダ船ロート・レーヴ・メト・ペイレン号が日本に来航したときの記録です。それを記したオランダ人使節ニコラース・ポイクによれば、帰路の9月4日(G)に牛窓《うしまど》(現、岡山県瀬戸内市)でアダムスに会ったとき、アダムスは「彼らの船で日本を発つつもりだったが、オランダ船の出発が早いので準備が整わなかった」と語っています。この話がどこまで事実なのかは不明ですが、アダムスは思わず願望を漏らしたのでしょう。

ところで既出のとおり、東インドへの航海に出る直前、1611年4月4日にセーリスが東インド会社から受けた委任状にはアダムスへの言及があります。そこには「日本ではアダムスの助言を得ることが最も会社の利益に繋がる」としたうえで、「もしアダムスがイギリスへの帰国を希望するならば、できるだけ良い船室を与え、かつ必要品を提供すること」としています。このことから、会社はアダムスを対日貿易の最重要人物として処遇するつもりだったことがわかります。

しかし、アダムスがすぐに帰国の準備に入った形跡はありません。アダムス自身は司令官との確執を帰国延期の理由としていますが、理由はそれだけではないでしょう。むしろそのことはさほど重要ではないとさえ思えます。リーフデ号で日本に到着するまでに極限の困難な航海を体験したアダムスが、個人的な感情程度で重要な機会を逃すとは思えません。仮にセーリスと同船での帰国が耐え難かったとしても、家康も認めているように、のちに何度か来航した別のイギリス船に便乗することもできたはずです。実際、商館員ウィッカムは1618年2月にアドヴァイス号で出国しています。

明治期にセーリスの日記を校訂して出版したアーネスト・サトウも言うように、帰国を許可されたアダムスがすぐ日本を離れるつもりだったなら、身辺整理のため直ちに逸見《へみ》（現、神奈川県横須賀市）の采地《さいち》に向かったでしょう。しかし日本の家族に別れを告げた気配はありません。セーリスはできるだけ早く離日する意向でしたし、出航地の平戸まで移動にほぼ1ヶ月要することを考えると、日程は非常に慌ただしかったはずです。これらから判断して「実はアダムスはイギリスへの帰国をそれほど願っていなかったのではないか」と結論づけるサトウと筆者は同意見です。

ポイクがアダムスを「良い暮らしをしている男」と評しているのは既述のとおりです。すでに逸見の領主となっていたのでしょう。しかし「良い暮らし」の実態は、ポイクの抱くイメージとはほど遠いものでした。石高250石程度では、何人かの使用人に俸給を与えながら采地や屋敷を維持するのが精一杯で、蓄財はかなり難しかったと思われます。アダムスは個人的に東日本の沿岸を何度か航海しているので、その費用も大きいはずです。

事実、アダムス自身はコックスに「20シリングもない」と伝え、コックスは「彼（アダムス）は、自分が貧しい男で14年間何の目的もなく過ごしてきたと言い、物乞いのまま帰国するのを嫌がっている」と証言しています。むろんアダムスが「貧しい男」や「物乞い」であるはずはありません。今本国に帰っても、当面の生活を支えて家族を養えるだけの財力がないということでしょう。

また、「14年間何の目的もなく過ごしてきた」は、アダムスの本音を端的に表しているとみなされます。アダムスは家康から帰国の許可が出されたときの心境を「私は長い惨めな勤めからようやく解放されたことを、神に感謝しました」と表現しています。家康から極めて異例の厚遇を得ながらも、実は心中「長い惨めな勤め」と考えていたのです。家康にしてみれば、これ以上何を望むかと言いたいところでしょう。

では、アダムスの「無駄に過ごした」とは何を意味するのでしょうか。それは13年間の日本滞在中に、本格的にパイロットの技量を発揮する機会が全くなかったことです。何度か自作の船などで日本の沿岸を航行したものの、遠洋航海のチャンスはなく、アダムスはずっともの足りなさを感じていました。同国人のよしみで気を許し、自ら船を操って大洋に乗り出したいとの本音をつい漏らしたのです。これを裏づけるように、アダムスと仲違いしたセーリスも、離日に際してコックスに「彼（アダムス）にはジャンク船の船長が適任で、海上にいないときには通訳がふさわしい」と言い残し、さらに本国へ帰還後、「現地で長く無駄に過ごしているアダムス氏のやる気をかき立てて、ジャンク船でエゾと呼ばれる島の発見にでも送るがよい」と東インド会社本部に伝えています。

アダムスが家康に計り知れない恩義を感じていたことは疑いありません。日本上陸後、磔刑《たっけい》の恐怖に怯えていたところを救ってくれた命の恩人ですし、十分な手当と采地を与えるなど格段の厚遇をしてくれました。また、旗本扱いの身分でありながら「私の言うことには何も反対しない」ほどに重用されたのです。しかし一方で、アダムスはずっとある種の違和感を抱き続けていました。家康の指示を誠実にこなしながらも「目的もなく漫然と」過ごしている思いが抜けきれませんでした。

要するに、冒険心旺盛なアダムスは、もう一度大海に乗り出して「海の男」としての本領を発揮したかったのです。陸での平穏なサムライに安住できず、荒海で躍動するパイロットに戻りたいと考え続けていたのです。そのためにはまず、家康の臣下から解放される必要がありました。「帰国したい」には字義通りの内容も含まれるでしょうが、「自由に行動したい」「失われた自分の天職を取り戻したい」という意思表示でした。家康から受けた恩には、日英間の仲介者となることで報いるつもりだったと思われます。その意味で、仮に本国に帰って家族と感動の再会を果たしても、またすぐに遥か波《は》濤《とう》の彼方に乗り出していったでしょう。

そのうえでアダムスは、家族のためにも自身のプライドのためにも「手ぶら」では帰れませんでした。周囲から「按針《あんじん》様」と持ち上げられていたアダムスも、内心このような葛藤を抱えていたのです。結局アダムスは、日本でもう一度本来のパイロットとして自由に活躍しながら蓄財できる場を求め、さらにライフワークとして日本からの北方航路ルートで日英間の航路を開拓することを構想していました。もう一旗揚げて故郷に「凱旋」することがアダムスの自己実現の完成形でした。

なお、アダムスが家康に領地の返上を申し出、東インド会社の商館員になってからでさえ、家康はアダムスを手元に置きたがっていたようです。家康は海外貿易を盛んに企てるアダムスに対し、「ジャンク船での航海などに出ず日本国内に留まっておればよいではないか。もし報酬が不十分ならもっと多く出そう」とさえ言っています。しかしアダムスは、(商館に勤務するという)自分の言行がすで広まっているので、それを実行しなければ不名誉の誹《そし》りを受けると答えています。このエピソードは1616年2月25日付けのコックスの手紙にあるので、おそらくアダムスが前年10月に駿府において家康と最後に会ったときのやり取りでしょう。

コックスによれば、シャムとコーチシナへの航海を終えてから、アダムスはまたも帰国を考えていました。ウィッカム同様、1618年2月に平戸を出帆したイギリス船アドヴァイス号に乗船するつもりだったとみられます。すでに商館との雇用契約は切れましたし、何よりも家康の死が大きな理由となったに違いありません。秀忠の時代となって西洋人の貿易活動は大きく制限され、後述するように、熱望していた北西航路開拓の可能性も閉ざされました。このまま日本に留まっても、アダムスの構想する日本―イギリス間の貿易が大きく進展する可能性はほとんどなくなり、ここらが潮時と思ったのでしょう。

しかし、結局福建出身の富裕な唐人商人肥後四官《ひごしかん》（郭濱沂《かくひんき》）に懇願され、自身がパイロットとしてコーチシナ行きの朱印船に乗り込むことに同意しました。これにはかなりの報酬が約束されたものと思われますが、第12章で見るようにその渡航は失敗します。しかしその後アダムスの死までイギリス船の来航はなく、船客として帰国する機会は失われました。記録には表れませんが、こうしたことはアダムスに失望感を与えたでしょう。1618年の参府の際、オランダ人との同行をやめるようにアダムスへ求めたコックスに対し、アダムスは強い苛立ちを見せていますが、それにはこのような事情が関係していると思われます。

それでもアダムスは、その翌年（1619年）も個人の資格で東京《トンキン》（現、ベトナム北部）に航海し、貿易を行っています。すでにイギリス商館にも義理立てする必要はないので、その気になればシャムやコーチシナを経てバンタンに渡り、そこからの帰国は可能だったはずですが、そうはしていません。コックスの日記も1619年と1620年の部分は欠損しているので、最晩年のアダムスの胸中を推し量るのは難しいです。

しかし、すでに本国の妻子にも送金し、逸見の日本の家族には采地が安堵されています。アダムスがたびたび用いる表現に倣えば、これが「神に与えられた自らの運命」ということでしょう。

第11章　アダムスの北方航路探検構想

アダムスのライフワーク構想に北西航路の探検があります。形式上、家康の臣下から解放されたアダムスは、一時期かなり具体的にその計画を立案しました。ここでは、イギリス・オランダ両国の探検の流れと、アダムス自身の探検構想を述べ、さらにアダムスがかつて北東航路に参加したという説の信憑性について検討します。

1　イギリス・オランダと北方航路

ポルトガル・スペインに遅れて大航海時代に参入したイギリス・オランダは、16世紀後半から北方航路の発見に躍起になり、経済的にも人的にも多くを費やしていました。北方航路とは、ヨーロッパ北部から北極海を経由して北東アジアに至る航路です。当時の航海技術では現実的に不可能な試みですが、両国はその発見に躍起になり、度重なる失敗で大きな犠牲を出したにもかかわらず何度も遠征隊を派遣しています。

北方航路には二つのルートが想定されました。一つは北西航路で、ヨーロッパ北部から北西方向に航海してアイスランドを経由し、現在のグリーンランドからカナダのどこかにあると思われたアジアに抜ける海峡か海域に入り、そこを通過して日本やカタイ（現、中国北部）などの北東アジアに到達しようとするものです。もう一つは北東航路で、ヨーロッパ北部から北東方向に進んでスカンディナヴィア半島北端を東に回り、ロシア北方の北極海に入ってからロシア北岸に沿って東に航行し、北東アジアに至ろうとするものです。

それまでヨーロッパ人は、すでに南方から二つの海路で東インドに至っていました。大西洋から喜《き》望峰《ぼうほう》を周回してインド洋経由で至るルートと、マゼラン海峡を通過して太平洋経由で至るルートです。当時の人々はこれらから単純に類推して、大陸の南端を回るルートがあるならば、ユーラシア大陸の北辺、すなわち北極圏を通る未知のルートもあるに違いないと考えました。特にイギリス・オランダでは、当時ヨーロッパ人に「発見」されていたアジアやアメリカの大部分がポルトガルとスペインの貿易圏とされていたので、これらの国に妨害されないルートの開拓が熱望されていました。

また、北方航路にはいくつもの長所があると考えられました。このルートのほうがアジアまでの距離が短いとされ、さらに喜望峰やマゼラン海峡を経由するルートでは、熱帯地方特有の猛暑や風土病を避けられませんが、寒帯ならばそれらから解放されるうえ、食糧の保存にも好都合です。そのうえ、イギリス・オランダの主力商品であるウール製品も到達地の住民に販売できるだろうと思われました。言わば、いいことづくめのルートと考えられたのです。

当時の両国が、これらの航路の発見にいかに心血を注いでいたかは、現在残されている地名に見ることができます。北西航路関係のフロビッシャー湾（マーティン・フロビッシャー）、バフィン湾（ウィリアム・バフィン）、ハドソン海峡・湾・川（ヘンリ・ハドソン）、デーヴィス海峡（ジョン・デーヴィス）、ギルバート海峡（ハンフリー・ギルバート）などは、いずれも北西航路の発見に乗り出したイギリス人探検家の名をとどめています。また北東航路関係ではロシア北方のバレンツ海（オランダ人ウィレム・バレンツ）があります。

アダムスは1564年の生まれですが、その9年前にはロンドンでモスクワ会社が設立されています。これには1553年に北東航路探検に赴いたヒュー・ウィロビーとリチャード・チャンセラーが寄与しています。チャンセラーは探検中に死亡しましたが、ウィロビーはモスクワ大公国支配者の「雷帝」イヴァン4世と謁見し、正式な交易を許可されました。このことでイギリスの北東航路熱はいっそう高まりました。その背景には、当時の深刻な毛織物不況を打開するために販路を求めるイギリスと、スウェーデンなど周辺諸国との外交戦略からイギリスと結びつこうとするロシアの思惑がありました。

しかし、北東航路の開拓は極度に厳しい自然条件と立ち向かわなければならず、北西航路のほうが実現性が高いとの意見もあり、両派は激しく争いました。その後、1576年に北西航路に向かったマーティン・フロビッシャーの探検は失敗に終わります。こうした中で、数年後またも2隻のイギリス船による北東航路の探検航海が実行に移され、船長にチャールズ・ジャックマンとアーサー・ペットが任命されました。

このころオランダも北東航路の探索に参入しています。オランダ隊は、まだ正式に独立国となっていない1577年に白海《はっかい》（ロシア北西部）に達したのち、独立を表明した1580年代には北東航路を求めて頻繁にロシア北方の北極海へ進出するようになりました。既述のように、これにはスペインに対して独立戦争を継続しているオランダが、リスボン港から締め出されたことが背景にあります。

こうした流れを受けて、1590年代には司令官ウィレム・バレンツの指揮するオランダ探検隊が三度、北東航路探検に派遣され、最北で北緯80度付近のスヴァールバル諸島スピッツベルゲン島にまで達しました。あとで検証するように、アダムスがこの遠征に参加していたという説もあります。バレンツ自身は1596年の三度目の探検中に北極圏で死亡しましたが、副司令官ヤコブ・ファン・ヘームスケルクは翌1597年に帰還しています。彼は翌々年の1598年3月、司令官コルネリスファン・ネックの指揮するアジア遠征隊に加わって、喜望峰回りで東インドに向かっています。ヘームスケルクの例から判断すると、同様にバレンツ隊に同行した無名の船員が、マヒュー船隊や別の船隊に参加した可能性があるかもしれません。

2 ハクルートとディーの航路指南

1580年と言えば、アダムスがロンドン郊外ライムハウスの造船所で徒弟修業を始めてから数年が経過したころですが、この年にはのちに航海記録の集大成『イギリス国民の主要航海』を編纂したリチャード・ハクルートと、エリザベス女王のブレーンで高名な哲学者にして占星術師のジョン・ディーの二大権威が、モスクワ会社の支援を受けて北東航路の探検に向かう2人の船長、すなわち前述のジャックマンとペットに対し、探検へのアドバイスを与えています。

このうちハクルートは、さまざまな観点から航海途上で予想される生活について助言しています。以下その要点を記します（Principal Navigations, vol.3）。

まず、イギリス人がスキタイ海（シベリア北方の海）のどこかで小島を見つけ、できるだけ現地人に頼らずそこを砦にして自給自足すべきこと、またそのような島が見つからなければノヴァ・ゼンブラ（ノヴァヤ・ゼムリャ）島周辺で良港を探し、そこで越冬して次の夏にイギリスに帰還すべきことなどです。さらに現地での生活の仕方、現地住民との付き合い方、食糧の調達の仕方、現地で入手可能な生産物などについて具体的に指南しています。

そのうえで「カンバル（カンバルク）かどこかの文明地から若者を一人連れてくればよい、その代わりあなた方も現地に一人残る必要がある」「あなた方がカンバルかキンサイに着いたならばその国の地図を持ってくること」「ヨーロッパより前に印刷が発明されていたか確認するため、現地の古い印刷本をいくつか持ってくること」などとしています。カンバルとは西欧では一般にカンバルクと呼ばれ、大都（現、北京《ペキン》）を指します。またキンサイはマルコ・ポーロが「世界最大の都で住民の道徳心が高い平和な町」として西欧に紹介した現在の杭州《こうしゅう》です。カタイの都市がこのようにマルコ・ポーロの命名で登場するのは、この講話の前年に『世界の驚異』（いわゆる『東方見聞録《とうほうけんぶんろく》』）がジョン・フランプトンによって初めて英訳されたことと関係するでしょう。

ハクルートはさらに、現地国の兵力や武器、陸海軍、軍馬の様子、建物や家々とその内部の装飾なども明確に知るべきことを説いています。ただ、ハクルートはノヴァ・ゼンブラから先の具体的なルートについては触れていません。次に述べるディーと同様、地図だけに頼った机上の構想のせいか、探検の成功にかなり楽観的な見方をしています。

一方、ディーは自作の地図（現存せず）で具体的なルートを示しながら、同年5月15日、モスクワ・

ハウスにおいて次のような講話を行っています。

ウォードハウスWardhouseからコルゴイヴColgoyeve島まで400マイルとすれば、コルゴイヴ島からヴァイガッツVaigatzまで200マイル、そこからタビンTabin岬まで1200マイル、すなわ全航程が1800マイルなので、1日50マイルの航海で36日以内にたやすく到達することができる。タビン地方を右に周回して南方やや東を進めば、次のいずれかのコースを採ることができよう。すなわち、有名なオイカルデスOechardes川の河口に入るか、あるいは有名なカンバルCambalu近辺を通過するか、またはアニアン周域を通ってアジア大陸の最北最東端に達し、右方に陸地を見ながらキンサイQuinsayの港に入るか。ここはほかの有名な町からも際立っており、シナ北部最大の町と言えよう。冬はカタイあるいはシナで作製され印刷された海図や地図を入手して、まるまる国内の諸都市の状況を記録することなどに没頭できるだろう。そこから機会が許せば日本まで航行することも可能だし、日本に行けばキリスト教徒、すなわちキリスト教圏のさまざまな国々出身のイエズス会士たちがおり、中にイギリス人もいるだろうから、いろいろ有益な情報が得られるだろう（Calendar of state papers, Colonial, East Indies.）。

ディーの地図は「自作」とはいえ、交流のあった著名な地図製作者オルテリウスやメルカトルの地図を元にしたとみなされます。以下、この講話に出てくる地名を確認しながら上記の航路について解説しますが、オルテリウスはのちに「北極図」（1595）を作製しています。

ウォードハウス（ラテン名ウォルドフィスWardhuys）とは当時スカンジナビア半島北端近くにあった砦島で、北極海航海の基点でした。そこからバレンツ海南部のコルグエフ島、さらにバレンツ海とカラ海間の海峡（カラ海峡）にあるヴァイガチ島に進みます。ここまでの海路は当時も確立されていましたが、その先はほとんどヨーロッパ人未踏の海でした。タビン岬とは、シベリア北方の北極海に出る半島の突端と考えられた架空の岬で、メルカトルの地図では北緯75度やや北に位置しています。「有名なオイカルデス川」とは、もともとプトレマイオスの世界図に表れるもので、世界図全体の北東内陸部を東西に流れています。しかし、16世紀末に同図を改訂したメルカトルの地図では、その川が内陸深くから南北に流れ、タビン岬の西で北極海に注いでいます。もちろん現地に達したヨーロッパ人はいませんが、ディーが「有名」としているのは、その川が北東航路探検の関係者間で何度も話題に上っていたからで、あえて現代の知識で言えばレナ川に近いでしょう。

なお19世紀の著名なスウェーデン人探検家スウェン・ヘディンは、オイカルデス川を中央アジアのタリム川に比定しています。もしタリム川ならば、北極海には流れ込まず「さまよえる湖」ロプノール湖に注ぎます。ヘディンによれば、この川はシベリアの地勢が明らかになる以前からいくつかの地図に載せられていて、川の位置は時代によって異なると言います。

大都は内陸都市です。それでもタタール（シベリア）には大河とその支流が多数流れているので、オイカルデス川かその支流を遡って近接している別の川に陸路移動し、何度かそれを繰り返すうちに辿り着けると考えました。もちろんディーのアイデアは机上のものに過ぎません。ただし、このころイワン雷帝《らいてい》の命によって始まったシベリア征服は、比較的短期間に成し遂げられましたが、それは実際に大河の支流同士が近接していることを効果的に利用したことが一因と言われます。

ジャックマンとペットの両船長は、これら2人の権威者のほかに地図学者の指南も受けて出航し、カラ海（ウラル山脈北端沖の北極海）にまで到達しました。しかし極地の自然は想像以上に過酷で、探検隊は退却を余儀なくされました。ペットは翌年、何とかイギリスに帰還しましたが、ジャックマンはノルウェーからアイスランドに向かったまま消息を絶ちました。ジャックマンとペットの失敗により、イギリスはひとまず北東航路に見切りをつけ、以後は北西航路の開拓が中心となりました。アダムスの注意が北西航路に傾いているのは、このことに関係するでしょう。

3 アダムスの手紙に見る北西航路

1580年に探検から帰還したペットはライムハウスの西隣ラトクリフの出身であり、先述のウィロビーもフロビッシャーもここで探検船を艤装《ぎそう》して北方への冒険航海に出発しています。両地区とも同じステップニー教区に属し、同じ生活圏にあります。ペットの生々しい体験はライムハウスでも大いに話題にされたでしょうし、少年アダムスもこれらの冒険譚に大きな興奮を覚えたでしょう。アダムスが船大工よりも航海士の道を選んだ理由は、こうした探検家たちに憧れたからとみなされます。

では、アダムス自身は北西航路に対してどのように考えていたのでしょうか。これについては本人が来日後に書いた手紙から推測するしかありません。

まず、アダムスはイギリス商館で雇用されるにあたって「北西航路を発見したいという私の強い願望が会社に加わる動機となりました（「ベスト宛」）」としています。また、同じころ（1613年12月）

東インド会社に宛てた手紙では、北西航路関係の内容にかなりのスペースを割き、会社の支援を受けて航路の開拓を実現させる意欲をみせています。

（皇帝がイギリス商館をどこに設立したら最もよいかとアダムスに尋ね、アダムスが江戸や駿府からあまり遠くないところがよいと思うと答えたあと）皇帝が、今回のイギリス船（クローブ号）の日本来航目的の一つが北か北西の土地の探検にあるのではないか、と尋ねたことに対し、私はイングランドはその発見のためにずっと莫大な費用をかけていました、と答えました。それから彼は、北方航路は存在するのか、もしあるとすれば（日本の）近くか、あるいは遥か遠くにあるのか尋ねました。私はその航路は存在し、日本に大変近いところにあると確信していますと答えました。するとと皇帝は全世界図を持ってこさせ、その航路がまさに日本に非常に近いことを理解されました。この話をしているとき皇帝は、日本の北部に位置するエゾ（蝦夷）とかマツマエ（松前）という場所をわれわれが知っているかどうか尋ねられましたので、私はどちらも地図にも地球儀にも載っているのを見たことがないと答えました。

次に私が、わが（東インド）会社はその地域の探検のために船を派遣する可能性があることを皇帝に話しましたところ、皇帝はこれに対し、1611年に北緯38度上の東の沿岸に現れた船はイギリスのものではあるまいか、と尋ねてきました。私はそうではないと思います、と答えました。それから皇帝は私に向き直り、その船はヌエバ・エスパーニャに向かうスペイン船ではないはずだ、なぜならその船は4月に目撃されたから、その時期にマニラから出る船などないはずだ、と話しました。

皇帝は私にそうした北への探検旅行に興味があるか尋ねてきましたので、もし会社がそのような栄誉ある派遣事業を引き受けるなら、喜んで参加したいと答えました。すると皇帝は、もし私が行くなら蝦夷に持参する親書を授けようと仰せられました。そこは城のある強固な町で、彼の臣下が歓待してくれるとのことです。その親書があれば現地に30日滞在でき、その間、住民との密接な交流を楽しむことができるとのことですが、私が思うにその住民とは大カン国（モンゴル）、あるいはカタイ（北シナ）国との境界地帯出身のタタール人ではないでしょうか。ところで、もしわれわれが北西航路を発見しようとするならば、日本から海路で探索したほうがよいというのが私の意見です。私たちはこのように話を続け、皇帝は非常に友好的な調子でいろいろな話題について話したあと、私は辞去しました。

……（東インド）会社がもし北方の探検を望むならば、日本の北方への航路探検の状況は従来よりもずっと良くなっていると思います。と言うのは第一に、われわれが日本という王国と良好な関係を築いているからであり……第二に、日本語が通じなくとも朝鮮語やタタール語の通訳がいるからです。（「東インド会社宛」）。

ただ、手紙の中で北西航路にこれだけ多く言及しているにもかかわらず、アダムスは自身がかつて北方航路の探検に加わったとは全く述べていません。それでもアダムスが実際に北方航路への航海に出かけた可能性はあるのでしょうか。これを肯定する史家たちが根拠とするのは、『アジア誌』を集成したディオゴ・ド・コウトの記述です。しかしコウトは、ずっとインドのゴアで執務していて日本を訪れたことはなく、その情報源はアレッサンドロ・ヴァリニャーノら日本在住のイエズス会宣教師たちからもたらされたものです。そこでヴァリニャーノとコウトの記述を比較対照しながら、アダムスと北方航路の関係について検証していきます。

いずれにしてもアダムスの探検構想自体は、家康の死と共に事実上消滅してしまいました。

4 ヴァリニャーノが伝えるモレホンの証言

日本に到着して数ヶ月後、おそらく大坂城の牢から解放された直後の1600年7月、アダムスは大坂に在住していたイエズス会神父ペドロ・モレホンと会話しています。モレホンは話の内容を豊後にいたジョアン・ロドリゲスに送り、ロドリゲスはさらに長崎に滞在していたアレッサンドロ・ヴァリニャーノに伝えました。ヴァリニャーノは1600年10月20日付けの記録で次のように述べています。

豊後に住んでいるジョアン・ロドリゲス神父が私（ヴァリニャーノ）に伝えた詳細は次のとおりです。

船（リーフデ号）の航海は22ヶ月も続き、100人以上の命が失われ、24、25人しか生き残っていません。大坂で彼らと話したモレホン神父は、私（ロドリゲス）に次のように書き送ってきました。

私（モレホン）は彼らと話すために彼らが住んでいる家まで会いに行ってきましたので、そこでわかったことをお伝えします。彼らのパイロットは40歳くらいのイギリス人（アダムス）で、数学と航海術に優れています。彼らはオラニェ公ウィレム・ファン・ナッソウと（ネーデルラント）連邦によって派遣され、ホラントとゼーラントからやって来ました。その連邦は北東方向からシナ、日本、モルッカ諸島に通じる航路を発見しようとしており、その結果、１５９３年と続く2年間に数隻の船を送って北緯82度まで達しましたが、極寒に阻まれてそれ以上の探検が無理になりました。それでもかのパイロットは、彼らはシナと香辛料の取引を望んでいるので、間違いなくその計画を続けるだろうと話しておりました。また彼は、イギリス人も同様の計画を進めており、北西航路によっていっそうの近道を発見しようとしていますが、同様の障害に遭ってそれ以上遠方に進めなかったとも言っていました。

このパイロットはまた、よく描かれた世界図を持っており、そこには日本がはっきりと表され、ブンゴ（豊後）、トッサ（土佐）、メアコ（都）、フィタチ（常陸）、キゴ（肥後）などの王国や町の名が書かれておりました。彼はわれわれ（イエズス会）の「年報」によって日本の人々が善良で、わが神父たちがその地で多数のキリスト教徒を改宗させたことを知っておりました。さらに彼は、オランダの各州は最初の探検が不成功に終わったので別の船隊を組織し、5隻がマゼラン海峡を、10隻が喜望峰を通過したと付け加えました。尊師よ、もし彼らが探検を続けた場合、この商人たちがいかにわれわれに危害を及ぼすかご理解ください。神よ、われわれにどうかご加護を。われわれは今大変な危殆《きたい》に瀕しているのです（Delplace, pp. 81-82）。

以上のように、アダムスがモレホンに話した内容の要点は、オランダが北東航路の探検を進めるために1593年から3年間、派遣船を出し、北緯82度まで達したが失敗したこと、それでもなおその計画を続けるつもりであること、イギリスも同様の計画を進めているがそれは北西航路によるものであること、などです。バレンツ隊は1594、1595、1596の各年にオランダを出発しているので、年号にわずかな誤りがあるものの、アダムスが話した北方航路に対するオランダやイギリスの基本方針や実績と概ね一致しています。

ただ、モレホンの言うアダムスが持っていた世界地図は、リーフデ号で使われたとして今日に伝わる「南洋鍼路図」とは別物です。なぜなら「南洋鍼路図」にはモレホンが挙げた上記の地名のうち「ブンゴ」以外のものはなく、九州にあるのは南からカンゴシマ（鹿児島）、ミナト（湊）、アリマ（有馬）、ファカタ（博多）、ブンゴ（豊後）、フナイアム（府内）です。

またモレホンは、アダムスが「われわれの「年報」によって」日本のことをよく知っていたとしています。筆者はこれについて、先述のように、アダムスがリチャード・ウィリスらの編纂になる『東西インド誌』（1577）を読んでいた可能性が高いとみています。さらに、「オランダが船隊を組織した」という部分も基本的には正しく、「5隻の船隊がマゼラン海峡を通過」というのは自分たちコルデス船隊のことであるし、「10隻が喜望峰を云々」というのはマヒュー船隊の3ヶ月前にオランダを出帆したファン・ネックの船隊を指します。このようにモレホンの話は信用度が高いとみなされます。

しかし、おそらくヴァリニャーノのこの情報を元にして書かれたディオゴ・ド・コウトの記録は、かなりモレホンと異なっています。

5　コウトのリーフデ号関係記事

コウトの『アジア誌：第十二旬年』の第5巻第2章には、当時のオランダの海外戦略やリーフデ号の航海について述べられています。その冒頭部分は第6章の147―148頁に掲げましたので、それに続く文章を以下に訳出しておきます。

彼らは去る1598年から1599年にオランダの国々からスンダやモルッカに向かうため15隻で出帆したと告げたが、それがどのようなものか、満足な説明はなされないままだったようである。彼らが知っていたこと、われわれが知り得たこと、および彼らに起こったことを説明していこう。

上記の年にロッテルダムを出帆したこれら15隻は、ギニア海岸までは一緒だったが、そこから三つの小船隊に分かれた。うち一つはまもなく喜望峰を通過し、針路をスンダ（ジャワ・スマトラなどの列島）に向けたが、ここで3隻がさらに分かれ、残り2隻はあとで詳述するアチェ（スマトラ最北端）の港に向かった。第二の船隊についてはどうなったかわからない。第三の船隊はバルタサル・コルデスという者が船長だったが、ブラジルの海岸で略奪してから、（大西洋を）アンゴラまで横断して現地を荒らしたのち、マゼラン海峡に針路を向け、同海峡に入ったものの、トラブルと飢餓でそこに10ヶ月も釘づけにされた。そこで水と食糧を求めて攻撃を仕掛けたが、そのとき何人かを殺した。天候が好転すると直ちに同海峡を反対側まで通過し、次いでペルーの海岸に向けて針路を取ったが、強烈な嵐に見舞われて船隊は離散し、1隻は運に任せてモルッカ島に向かうことにして、そこに達した。これについてはのちほど多少補足説明する。もう1隻の消息は一切わからないので、行方不明になったようだ。別の1隻は司令官バルタサル・ダ・コルダ（コルデス）の甥ダ・コルダという者が船長で、嵐の前に海岸沿いを進んでおり、風が収まるとペルーのチリの砦を襲うことにした。人がほとんどいないことを知ると、そこを急襲して侵入し、中にいた何人かを殺害して、教会堂や砦内部のすべてを略奪したり冒瀆《ぼうとく》したりした。彼らはそこに数日間、まるでフランドルにいるように寛《くつろ》いで滞在した。

この知らせが内地にいたスペイン人に届くと、彼らは何人か仲間を集め、フランドル人が20人しかいない砦を攻めて内部に入り込み、15人を殺害したが、5人は壁を跳び越えて船に向かって泳ぎ出した。船にいた仲間はボートを出して彼らに辿り着き救い上げたが、うち一人は船長のコルデスだった。彼らはモルッカ島を目指して出帆し、ティドーレ島のソリ村に投錨した。そこはわが砦から半リーグのところだったが、この会社の別の船がすでにテルナテに来ていて、この船が行方不明になって、われわれが日本で見つけたのである。

嵐と変わりやすい天候のせいで、同船は南回帰線に達するまでに4ヶ月要したが、そこでは伝染病の発生に見舞われて数日間でコルデス船長も含む155人が死亡した。船には25人しか残っておらず、船を操作するには不十分な人数なので、彼らは風任せに進み、潮と風によって日本まで運ばれた。前述のように彼らはそこに上陸したのだが、全員非常に衰弱していて死人のようだった。

王は、船を空にするよう命じたあと、材木を積むため同船を関東の王国に移送した。王は最も健康なオランダ人たちをカンゲチカ〈上杉〉景勝）と呼ばれる反逆大名に対する戦いに砲手として用いるため送り込んだ。

この船の航海士はイギリス人で、天地論に優れ天文学の知識もかなりのものだった。彼は都でイエズス会の神父に次のように打ち明けた。オラニエ公がすでに何度か彼を重要な探検旅行に用い、中でも1593、1594、1595年には、公が彼をビャルミア（現、ロシア・北ドヴィナ川河口地帯）とフィンマルキア（現、ノルウェー最北部）以北の航路を発見するために派遣した。日本やシナ、モルッカまで通交し、これらすべての島々から富をもたらすためで、その航路ならば最短にして、しかもわが艦隊から妨害されないルートを採ることができるからである。

最後の1595年に彼は北緯82度にまで達したが、夏の盛りでほとんど昼間が続き、夜は2時間しかないにもかかわらず、寒さは極度に厳しく、海峡の低緯度地帯で崩壊する巨大な氷塊と雪塊が船首に襲いかかるので、引き返すのを余儀なくされた。彼はさらに、もしタタールの沿岸を右にして進み、アジアとアメリカの間にあるアニアン海峡までひたすら東の方向に航行すれば、必ずや目的を達することができると断言した。また彼は、オランダ人たちはその航路を必ず発見しなければならないと強く望んでいるので、この計画が実現するまで引き下がることはないとも言い切った。そして、イギリス人もすでに西方から、すなわちグロートランディア（グリーンランド）島とラブラドル地方の間を経由して、この航路を発見しようとしているが、40年以上前にかの偉大なパイロットのガボット（カボット）がそうだったように、同様の困難によって途中で引き返した。

そして彼が所持していた地球儀には、私もシナで模写されたもの持っているが、これら二つの場所と彼らが通過しようとしたルートがはっきりと見え、あらゆる王国が載せられたこの日本の島まで、すなわち彼らが豊富な銀鉱があると確信しているチンクンゴ（筑後）に至るまで、順序よく示されている。

また、このパイロットはこうも言った。オラニエ公はこれらの地域では目的が達成できないとみるや、スンダやマルコ（モルッカ）に行って香辛料を積むためにこれら15隻の船隊を艤装し、かのパイロットはその船隊にやって来た。

この船が日本に着いたと同時期に、その島（日本）から16隻が海賊を行うために出帆した。これらの船隊はフィリピンまで達し、途中、合計6万ペソ以上の価値のある商品を積んで現地に行こうとしているシナ人の船を捕らえたうえ、マニラから来た別のボートも捕まえて、現地人やスペイン人兵士の何人かを殺害したり捕虜にしたりした。このことでマニラの総督が内府様、すなわちカンテムCanthem（関東）の王に苦情を申し立てたところ、彼はすぐに武装した何隻かの船でこれらの海賊に対抗するよう命じ、両者は洋上で遭遇して互いに攻撃し合った。彼らが海賊たちの1隻を捕まえたところ、船内に何人かのオランダ人がいることがわかった。それ以後、内府様は何度もこれらの海賊を捕まえ、全員絞首刑にするよう命じた。そして彼は法令を作り、毎年4隻の船しかマニラには行くことができないようにし、残りはすべて破壊させ、それらの所有者は磔刑《たっけい》にした（Sinclairの英訳より）。

以上のように、コウトの記述には細部で先述のヴァリニャーノの記事（すなわちモレホンの話）とは異なる点が多くあります。また、オランダの海外遠征隊やリーフデ号の航海そのものについても内容に誤りが多く見られます。これらに注意しながら、次にアダムスが実際に北方航路探検に加わったか否かについて考察します。

6　アダムスは北緯82度に達したか

結論から言えば、筆者は以下に示す四つの理由から、アダムスの北方航路参加説（以下「肯定派」）に賛同できません。

第一に、前述のように、モレホンがアダムスと会話をしたのはアダムスが日本に到着した直後ですが、そこでは「オラニェ公の命を受けてオランダ船が北緯82度まで達した」としているだけで、「アダムス自身がオランダ隊に参加した」とは述べていません。肯定派は言わば「現地での最初のインタビュー」を無視して、11年後に遠くインドのゴアで書かれた記録を優先しているのです。アダムスの言葉をモレホンが記録し、さらにロドリゲス、ヴァリニャーノを通じてコウトに届くまでに何人かが介在し、当初の情報が歪められた可能性もあります。

肯定派が依拠しているコウトの記述は、誤りが多く信憑性に欠けます。特に、いずれも1598年に大船隊を率いて別々にオランダを出航したファン・ネック（8隻の船隊）、オリフィエール・ファン・

ノールト（4隻の船隊）、ジャック・マヒュー（リーフデ号など5隻の船隊）の3船隊の航海情報が混在していることに注意が必要です。例えば、リーフデ号関連の「15隻でロッテルダムを出航」「船団はギニアで三つの船隊に分かれた」「（日本に来航した船で）南回帰線に達したとき疫病が発生し、数日間で155人が死亡した」「船長の名はバルタザール・デ・コルダ」などは明らかに事実に反しますし、そのほかにも誤りが目立ちます。この部分の英訳者シンクレールも「注」で繰り返しコウトの誤りを指摘しているほどです。この部分は、複数のオランダ船隊の情報が十分な吟味をなされないまま混在して伝えられ、書かれたのでしょう。

第二に、当時イギリスのバーバリ会社に勤めていたアダムスが、三度もバレンツ隊に同行するのは事実上不可能であることです。アダムスは手紙の中で「それから（イギリス海軍の仕事をしてから）私はバーバリ商会ロンドン会社で11、12年働き、オランダとインド間の貿易ルートの開通までずっとその会社におりましたと回想しています（「未知の友人宛」）」。イギリス海軍の仕事とは、1588年にスペイン無敵艦隊がイギリスに侵攻した際に自身の補給船で参戦したことを指します。

一方、「オランダとインド間の貿易ルートの開通」は1597年のことで、オランダ最初のアジア遠征で1595年4月にオランダを出、1597年8月に帰国したコルネリス・デ・ハウトマンの船隊のことです。アダムスが「会社で11、12年働いた」ならば、1588年の無敵艦隊との海戦から1598年のマヒュー船隊参加まで、1590年代のほとんどはバーバリ会社で仕事をしていたことになります。

第三に、バレンツ隊が探検した「北東航路」という言葉を、アダムスが全く用いていないことです。

バレンツは三度目の北東航路探検航海に向かったとき、ロシア北部の「バレンツ海」で落命しています。アダムスが北西航路に関心を抱いていたのは疑いありませんが、北東航路を意識した様子はありません。蝦夷地への探検計画も北西航路との繋がりで理解されていますし（「ベスト宛」）、平戸イギリス商館関係の文書にもアダムスの北東航路に言及したものはありません。オランダ商館関係の文書も同様です。

第四に、北西航路も含めて、アダムスが記した手紙類に自身の北方航路探検を示唆した文章が全く見当たらないことです。歴史家ランドールも指摘するように、もし探検に参加していたならば、コックスやセーリス、家康らとの会話の中で必ず自身の経験を語り、極地生活にあたっての重要な対策を具体的に示すに違いありません。バレンツの航海は艱難辛苦《かんなんしんく》を極めました。仮にアダムスがバレンツ隊に同行し、最北の地でバレンツと対立して帰還したコルネリス・リープらと行動を共にしたならば、強烈な印象をもって記憶にとどめているはずです。それが全くないのは、もともとアダムスがその航海に参加していないからと思われます。

以上のように、アダムスの手紙に述べられた自伝的内容とその関連事項を検討すると、アダムスが1590年代にオランダ人バレンツの探検航海に加わり、北極海のスピッツベルゲンまで行ったとするには否定的要素があまりに多く、同意できません。

第12章　アダムスと海外貿易

イギリス商館が設立されると、アダムスも1613年11月25日（J）に任期付きの商館員契約を結びました。したがって、身分上は東インド会社臨時社員となったわけです。大坂や江戸に支所を確立したい商館の意向を受け、アダムスは翌年春にウィッカムとイートンを伴って大坂にイートンを配し、次いで江戸に赴いてウィッカムを駐在させました。その帰路の1614年6月13日（慶長十九年五月十六日）、アダムスは駿府で自身最初の朱印状を得ています。目的地は暹羅（シャム）で、その年からアダムスは本格的な海外貿易に乗り出すことになります。

（朱印状）　自日本到暹羅国舟也　みうらあんじんに被下候　本上州状アリ
寅ノ五月十六日於駿府書之　空手ニシテ来　慶長十九年甲寅九月九日（『異国日記抄』）

「みうらあんじん」名で発行された朱印状は7通ありますが、うち4通は息子ジョゼフのものです。父ウィリアムには、この慶長十九年の1通と元和三年（1617）に出された2通の計3通あり、意外にも息子のほうが多くなっています。また、一般に朱印状の申請には「普界」と呼ばれる染筆料、すなわち謝礼の金品を持参するのが慣例です。しかし「空手ニシテ来」とあるように、アダムスはこのとき手ぶらで参上しています。ヤン・ヨーステンが最初に朱印状の申請をしたときも同様でしたが、二度目にはヨーステンも普界を持参していますので、両者とも日本の慣習に無知だったようです。

すでに見たように、アダムスは自作の西洋船を操舵して何度か日本の沿岸を航行していますが、日本に定住してから長らく遠洋航海には無縁でした。沿岸航海、すなわち「地乗り」では本来のパイロットとしての技量が十分発揮できず、この間もの足りなさを感じていたことは前章で述べたとおりです。

イギリス商館設立後、アダムスは生活の拠点を平戸に置き、毎年のように東南アジアに渡航を試みていますが、商館員契約は3年1ヶ月後（J1616/12/24）に解除しています。商館員契約を結んでから死亡するまで（J1620/5/16）の期間は6年半ほどで、そのうちパイロットとして活動したのは1614年末からの実質5年です。大まかに言えば、アダムスは平戸時代の前半を商館員として、後半を自由商人として過ごしましたが、この間、東南アジア貿易を5回試み、現地には3回達しています。渡航できたのはシャム、コーチシナ（交趾。現、ベトナム中部）、東京《トンキン》（現、ベトナム北部）の3箇所で、イギリス商館員時代はシャムのみです。

以下、アダムスや乗船者の航海誌、コックスの日記、手紙類などをもとに、5回の渡航の日程と内容を詳しく述べていきます。なお、出航日や帰航日の特定は曖昧さを伴います。出帆のために乗船はしたものの、風待ちや悪天候による退避などで待機することもしばしば起こり得るからです。したがって、ここでは主にコックスの日記に拠るものとします。日付は原則ユリウス暦ですが、必要に応じ

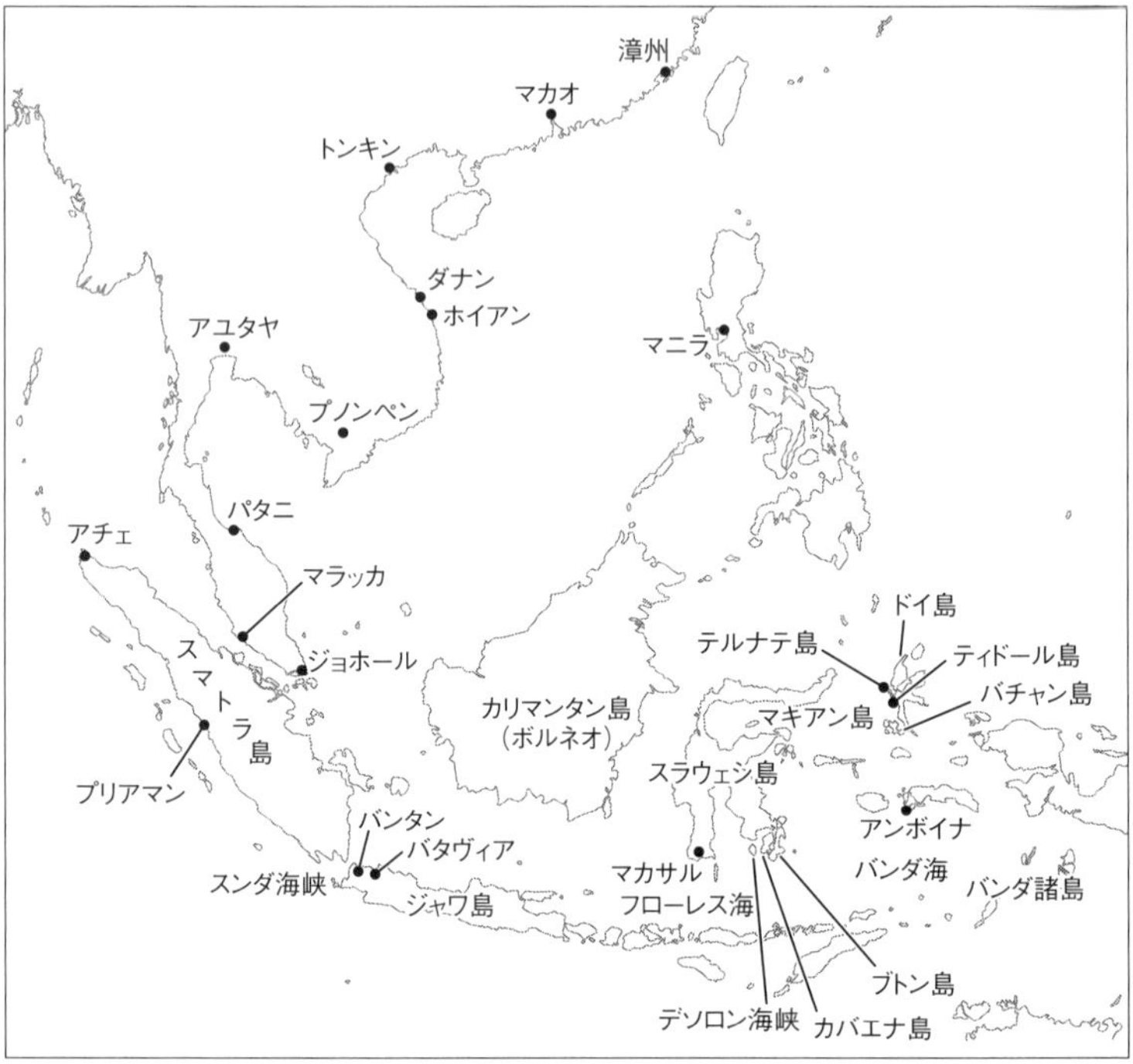

東南アジア

て和暦やグレゴリオ暦も付記します。

アダムスの航海に先立って、商館はすでに1614年3月18日、商館員のテンペスト・ピーコックとウォルター・カーワーディンを長崎在住の唐人六官の所有船に乗り組ませ、コーチシナに派遣しています。ちなみに異国渡海朱印状は慶長九年（1604）から寛永十二年（1635）まで計378通発行されていますが、渡航先はコーチシナが最多で73通を数えます。これに続くのはシャムの56通、以下ルソン54通、カンボジア44通なので、コーチシナが突出しています。それは朱印船が最も求めた生糸や絹製品が、コーチシナでは入手しやすかったからです。

ピーコックらの朱印船は、商品買い付けのために丁銀約30貫を積んでコーチシナに達しましたが、なぜか船も商館員も戻りませんでした。同時期にオランダ商館も商館員コルネリス・ファン・トールネンブルクらを乗り組ませ、唐人林五官のジャンク船に9000グルデン分の託送品を積み込んで現地に運送しました。しかし、こちらも戻ることがありませんでした。まもなく、両国の商館員たちが行方不明になったのは、現地の川をボートで航行中に故意に転覆させられ、殺害されたからだとの噂が立ちます。これを聞いたコックスは、ずっと真相の究明を望んでいました。これについては3節で詳細をみることにします。

1 シー・アドベンチャー号の琉球滞留
――1614年12月1日平戸発―1615年6月10日平戸帰着

1614年の年末、アダムスはイギリス商館の一員として暹羅（シャム）に向かって出航しました。アダムスにとっては日本来航後初めての、実に14年ぶりとなる遠洋航海です。商館は8月29日に積載量200トンのジャンク船を2000タエルで購入し、「シー・アドベンチャー」と命名しました。しかしこの船は老朽化していたので、修繕と艤装《ぎそう》にも2300タエル費していいます。それでも修繕は万全ではなかったようで、このことがまもなく降りかかる困難に結びつきました。

シー・アドベンチャー号の船長はアダムスで、2人の商館員リチャード・ウィッカムとエドムンド・セイヤーズが同行したほか、ポルトガル人の配下にあったイタリア人航海士ダミアン・マリン（マリネス）とスペイン人船員ファン・リエバノも雇われました。ほかに日本人水夫《かこ》58人と、商人らの船客を合わせて総勢120人あまりが乗船しており、アダムスとも交流のある日本人商人庄兵衛が船客の代表格でした。

シー・アドベンチャー号には7貫相当の商品（綿布、象牙、武具、工芸品）と銀51貫あまりが積載され、大坂冬の陣が始まる直前の12月1日（J）に平戸を出ましたが、風待ちのため、いったん近郊の川内《かわち》に寄港し、16日に出航しました。川内ではコックスからさまざまな差し入れがあり、オランダ商館の商館長ジャックス・スペックスと商館員ヘンドリック・ブルーワーの来訪も受けました。

川内を出た同船は、出航2日目に五島《ごとう》列島を過ぎた辺りで早くも雷を伴った激しい暴風雨に見舞われ、漏水も発生して船内は大パニックに陥りました。ウィッカムやアダムスの手紙は、このときの悲惨な様子を伝えています。それによれば、水夫たちは四つの船室に絶えず流れ込む大量の海水の汲み出しに追われ、一瞬たりとも休むことができず、疲労は極限に達しました。恐怖に襲われた商人らの船客たちは水夫たちと結託し、自分たちを溺れさせるために老朽船に乗せたなどとと言い出して、非難の矛先をアダムスとウィッカムに向けました。

アダムスとウィッカムは、いったん明国《ミン》沿岸に向かうことを提案しましたが、水夫たちは日本人に対する明国人の強い敵対感情を恐れ、琉球のどこかに寄港させるよう主張し、さもなければ排水作業を中止すると脅かしました。船酔いや過労で多くの者が死人のようになり、一時、立って動ける者は士官の15人しかいなくなったと言います。アダムスも死の危険を察知し、22日夕刻、船を何とか奄美《あまみ》大島《おおしま》北端の港に碇泊させました。様子を見にきた現地代官の法元仁右衛門と役人は、突然の来訪者にも友好的な態度を示しましたが、現地には修理用の資材がないので那覇《なは》へ向かうように勧めました。しかし翌々日、那覇に向かって出港したとき、水夫の不注意で錨《いかり》と錨ケーブルを落失してしまいます。27日に何とか那覇港に入ると、琉球王尚寧《しょうねい》から積荷の陸揚げを許可され、米や豚肉なども差し入れられました。アダムスは一刻も早くシー・アドベンチャー号を修理し、再出航するつもりでした。季節風の時季を逃せば渡航は不可能となるからです。しかし、まもなく水夫長と水夫たちが非協力的な態度を見せたうえ、現地の奉行に資材の提供を依頼しても、なぜかなかなか供給されませんでした。

翌1615年1月9日、アダムスは首里《しゅり》の王宮に使いを送って必要品を早急に手配してくれるよう改めて依頼しました。次の日の夜、現地奉行からすべてを供給する旨の返事が届きました。その間アダムスは、錨ケーブルやさまざまな綱の製作を行っています。さらに数日後、奉行はアダムスと商館員らを招いて宴会を開き、必要品の手配を行う担当者も確認しました。1月21日になると、意外なニュースが飛び込んできました。大坂冬の陣から敗走した豊臣側の貴人が首里まで落ち延びてきたのです。これにより、皇帝（家康）の勝利を知ったアダムスは大いに喜びます。この日に水揚げポンプの作製や漏水箇所の修繕、すなわち填隙《てんげき》作業が開始され、数日後ひとまず大工仕事は完了します。

しかし26日になると、水夫たちがストライキを決行してアダムスを悩ませました。底荷を積み始めて填隙作業も継続しているのに、水夫たちは昼になると一人も現場に来なくなったのです。翌日、仲間を代表してやって来た水夫長は、本来シャムに到着してから支払われる賃金の半分を要求しました。しかしアダムスは要求を拒絶し、シャムに着くまで支払いはできないし、もし彼らが不当な行動を取るなら、日本の法に基づいて正当な懲戒措置を講ずると応じました。

1月28日、今度はアダムスのところへ商人たちがやって来て、長期の航海をする水夫たちのために160タエルを支給してくれるよう要請してきました。商人たちもアダムスの頑なな態度に辟易したのでしょう。しかしアダムスは再度拒否し、その根拠を問い正しました。すると商人たちは、法によってではなく憐れみと同情ゆえに申し入れるのだと言うのでした。

事態を打開するため、アダムスは臨時に作業員を50人募って雇い入れようとしましたがうまくいかず、水夫長と反抗的な水夫たちを下船させて再協議を行いました。1月30日になるとアダムスはほかに選択肢がないことを覚り、航海不能になるのをおそれてやむを得ず支払いに応じましたが、それには条件をつけました。すなわち、日本の法で支払うならそれで構わないが、そうでないならば、シャムで見込める多額の利益によって満足のいくようにするというものでした。利益を先払いするということでしょう。

2月2日、日本での戦い（大坂冬の陣）における皇帝の戦勝を祈願するため、琉球王の側近が600騎の武者を引き連れて那覇の寺社に詣でました。水夫たちはその見物のため仕事に来ませんでしたが、このデモンストレーションはおそらく薩摩からの指示によるものでしょう。このころになると船客の商人たちも焦り始め、シャムに行けなければ商売ができなくなるので、水夫たちを寛大に扱って欲しいとアダムスに懇請しました。

その後、少しずつ船の修復や必要物資の備えが進み、2月11日には出航準備がかなり整うまでになりました。しかし、水夫たちはまたも乗船をボイコットし、賃金の半分を要求して、応じられなければ出航しないと言い張りました。これに対してアダムスは、水夫たちに支払い分の領収書を出すように迫りましたが、彼らは応じず、話し合いは決裂したままでした。

アダムスと水夫たちのこじれた関係が続く中、2月の後半になると別の問題が生じます。琉球王の側近がやって来て「もはやここでは船の修理をせず、3ヶ月以内に出航するように」と伝えたうえ、「あなたがたは日本に戻るつもりか、それとも当地に滞在して次の季節風を待つつもりなのか」と尋ねてきました。アダムスは、彼らが自分たちを退去させるのでなければ日本からの指示を待つと答えます。実は琉球人は、シー・アドヴェンチャー号が那覇から去って奄美大島に向かってくれるよう望んでいました。明国以外の外国貿易船が碇泊しているのがわかると、琉球の不利になり、利益が著しく損なわれるのだと言います。これに対してアダムスは、自分自身はこの地で死のうが海で死のうが構わないが、120人か130人の船客と水夫たちに憐れみを持って欲しいと要請しました。

水夫たちの反抗と琉球国の退去要請との板挟みで、強靱な体力と精神の持ち主であるアダムスもさすがに打つ手がなく、日誌の多くに「何もせず Wee（We）did nothinge（nothing）」が頻出します。無為に時を過ごす中、2月末の航海日誌（図12—1）には「孤独と憂愁に沈みながら彷徨《さまよ》い歩いた」と記されています。また、3月末には国王から宴会への招待がありましたが「船の修理が叶わないならば、宴会に出ても少しも楽しめない」と断っています。もっとも、パイロットらしく毎日の天候と風向きだけは欠かさず記録しています。

水夫や船客らのイライラも極限に達しました。すでに2月下旬、おそらく竜涎香《りゅうぜんこう》（香料の一つ。マッコウクジラの腸内からとった松脂《まつやに》状の物質）の取引をめぐって、ウィッカムとダミアンが激しく喧嘩し、3月に入ると、水夫たちと船客たちがグループ同士で武器を手にして激しく争い始めました。3月5

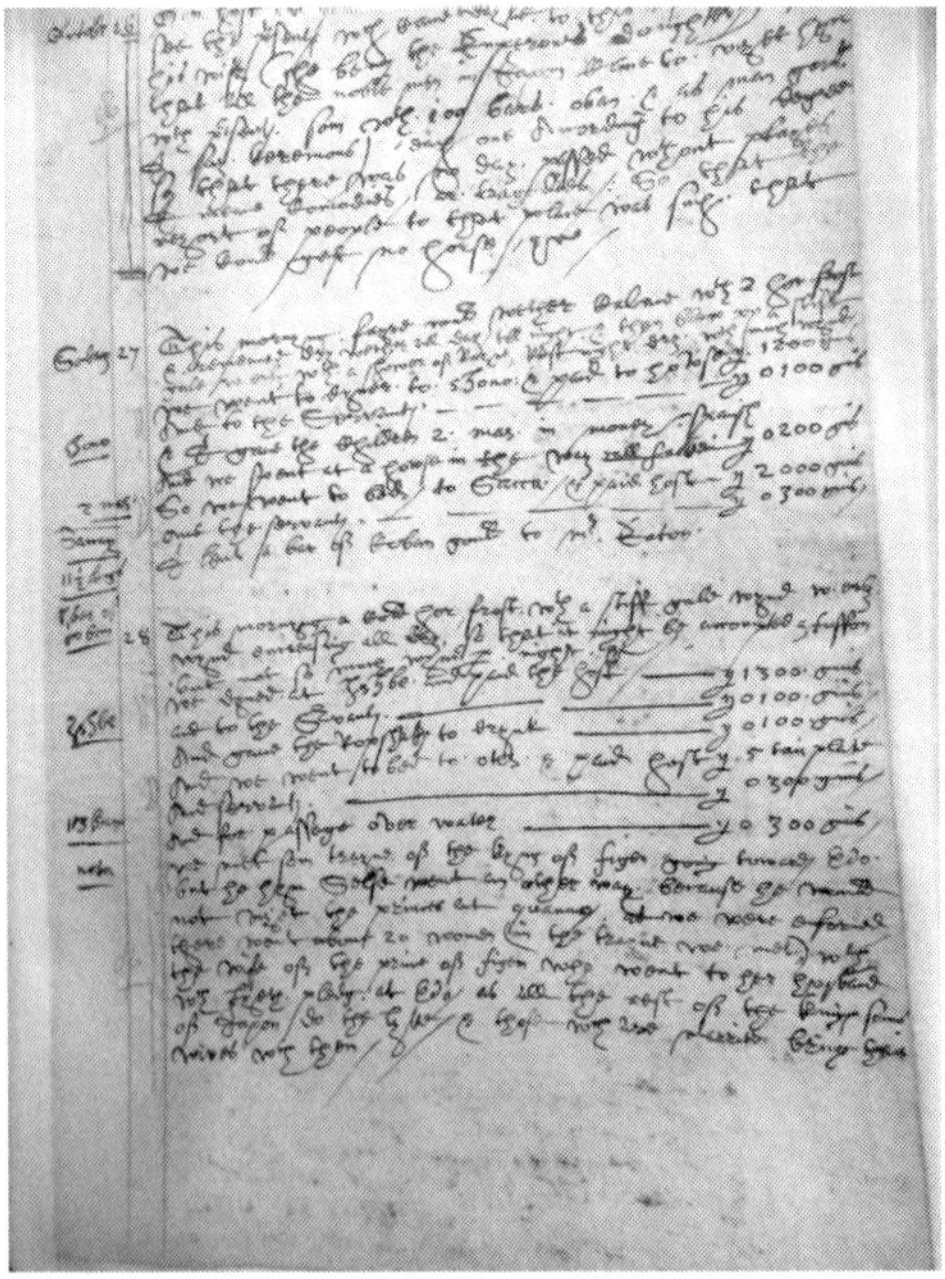

図12-1　アダムスの航海日誌（大英図書館所蔵）

日、庄兵衛は長刀や槍、弓矢などで武装した20人近くを引き連れて市場に乗り込んでいます。アダムスとウィッカム、セイヤーズらが懸命に宥《なだ》めたので、40人の水夫がそこに集まる前に何とか流血の惨事は免れました。このためアダムスは両者に長刀などを持たせないようにしましたが、両者はしばらく和解しませんでした。10日後、首里から奉行がやって来て商人たちと水夫たちの仲裁に入り、内容はわかりませんが両者はようやく和解に漕ぎつけたようです。

3月の後半ともなると、時季的にシャムへの航海は不可能になります。一行は船をさらに整備してこのまま来年の季節風を待つか、日本に戻るかの選択を余儀なくされました。無力感と倦怠感の中で水夫の風紀も乱れます。3月26日には、ずっと反乱を扇動していた水夫を庄兵衛が殺害しました。4月上旬には水夫2人が窃盗罪で拘束されたり、女性問題で捕らえられて死刑を宣告されたりする水夫も出てきました。アダムスは彼らを助けるために努力しましたが、全員を解放させることはできませんでした。

5月になると、ほとんど出帆の準備が整ったので、これを知った首里の三司官（国王の補佐官3人）や那覇の代官からプレゼントと酒や食べ物が届けられました。１００石ほどの麦も積載されます。しかし、それでもシー・アドベンチャー号がなかなか出ないので、同月15日、訝《いぶか》った那覇の役人がやって来て、順風なのになぜ出航しないのかと尋ねています。これに対してアダムスは、薩摩の奉行たちと話す必要があるので彼らの来着を待っているし、日本の支配下にありながら、この地で船の修理ができなかったことの証明を得る必要があると答えています。ただ、2日後に来着した薩摩の奉行たちは、現地の事案は地元の役人に任せているとしています。

その後の詳細なやりとりは不明ですが、5月21日、シー・アドベンチャー号はようやく錨を上げて那覇を出航し、平戸を目指して北上しました。硫黄鳥島《いおうとりしま》（現、沖縄県）、沖永良部島《おきのえらぶじま》（現、鹿児島県大島郡）、甑島《こしきしま》（現、鹿児島県薩摩川内市）などを視認しながら、29日には五島列島樫ノ浦《かしのうら》（福江島《ふくえじま》北部）に入港し、ウィッカムとダミアンはここから一足先に平戸へ向かいました。平戸の川内港に帰着したのは6月10日（J）ですので、この航海の日程は奇しくも大坂冬の陣・夏の陣（G1614/12/19-1615/5/7）とほぼ重なります。

シー・アドベンチャー号は、なぜかくも長く琉球に滞留せざるをえなかったのでしょうか。もちろん処遇に不満を持った水夫たちの反抗があります。アダムスは、中でも水夫長と船大工が最も質《たち》が悪いとしています。ただ、それも現地で迅速に資材を届けられなかったことが誘因です。気の荒い一部水夫たちの粗暴な行状が現地人の反感を買い、彼らは友好的な姿勢を取れなかったのでしょう。

加えて、琉球人の特別な思いが背景にあります。琉球が薩摩島津氏の遠征と制圧によって徳川幕府の支配下に入ったのは、アダムス一行が寄港するわずか5年前です。このため琉球王尚寧は駿河と江戸への参府も強いられ、結果的に形式上は明への朝貢を続けたまま、他方で薩摩藩を通じて徳川幕府の支配に服すという二重体制になりました。武力的に大きく劣る琉球国は、表面上は幕府や薩摩藩への恭順を示しても、本心では幕府に対する根強い反感を抱いていました。

また琉球は、1570年までシャムのアユタヤ王国と極めて活発な交易を行っていましたが、アユタヤの国内事情などで衰退し、経済的に大きな打撃を受けていました。さらに明朝も、アダムスたちが寄港する直前の1612年、琉球が薩摩の支配下に入ったことに対抗して、琉球とは「十年一貢」、すなわち10年に一度だけ朝貢貿易を行うと宣言しています。琉球国からすれば、つい最近自国を征服した国の貿易船が緊急避難で立ち寄って、「かつてのお得意先」に向かうというのです。これも非協力的な態度の一因です。

アダムスが平戸に帰着する直前の6月4日、薩摩藩主の島津家久《しまづいえひさ》は大坂夏の陣の帰途に平戸へ立ち寄り、コックスと面会しています。そのときコックスはこの件を持ち出して、琉球人の態度を非難していますが、島津氏はなぜかそれについてほとんど語っていません。さらに、翌年3月末にもコックスは島津氏と平戸の海上で会談し、家康から発行されたイギリス商館と琉球国との通商許可状を提示して貿易の実現を願いましたが、島津氏から明確な返事はありませんでした。

なお、そのしばらくあとにホジャンダー号で来日した船長ラルフ・コッピンドールは、1615年12月にシャムとパタニのイギリス商館に書簡を送り、薩摩の島津氏の後援をあてにしてイギリスの琉球貿易について楽観的な見通しを立てていますが、結局、イギリス商館と琉球国との正式な通商は実現しませんでした。このように、アダムス最初の遠洋航海は空しい結果に終わり、大赤字を計上しました。

それでもあえて「成果」を挙げるなら、アダムスが現地から甘藷《かんしょ》、すなわちサツマイモを日本に持ち込んだことです。アダムスは帰路の五島から平戸のコックスに琉球産の甘藷を送っています。コックスはそれを松浦家の家臣大炊に謹呈すると共に、自身も商館の菜園に植えて「日本ではかつて植えつけられたことがないもの」としています。厳密に最初かはともかく、本土にもたらされた最も初期のサツマイモに違いありません。

また、アダムスが琉球の17の語句を航海日誌の末尾に書き留め、その英訳も付しているのは、西洋人が17世紀初めの琉球語をアルファベットで表した貴重な資料です。しかし管見の限り、アダムスが記したこれらの古琉球語の意味をすべて「解読」した論考は見当たりません。

一方、思わぬ後日談もあります。この航海では2人の商館員が秘かに私腹を肥やしていたことが発覚しました。商館が多額の赤字を計上したにもかかわらず、同行したダミアンとウィッカムは会社から禁じられている個人的取引を行って、特に竜涎香の取引で大儲けをしています。平戸に帰還したダミアンは、琉球で買った竜涎香を私物箱に隠して運び、オランダ商館に売り込もうとしました。それを知ったコックスは私物箱を差し押さえましたが、すでに売却したあとでした。このためコックスは、ダミアンを「奸智に長けたならず者」と評しています。

そのダミアンも日本に戻ってから、もともと仕えていたポルトガル人によって糾弾されています。

敵対するイギリス商館に雇われたことは、死刑に値する重大な裏切りとみなされました。そのため、同じ行動を取ったファン・リエバノと共に、マカオの総司令官（カピタン・モール）ジョアン・クンハの命令によって長崎で捕らえられ、刑罰としてマカオから来航していた大型ポルトガル船の甲板上に鉄鎖で繋がれたのです。しかし、アダムスが尽力して彼らの解放を命じる書簡を家康に申請したので、彼らは自由の身になりました。

商館員ウィッカムの不正な取引はしばらく発覚しませんでしたが、帰国後1年近く経ってそれを知ったコックスは、この抜け目のない部下に強い不信感を抱いています。コックスは、ウィッカムが琉球で竜涎香を高く売って「高飛び」を計画していたとみなしました。事実、ウィッカムはその後もずっと本務より個人的な裏取引に熱心だったらしく、着々と蓄財した結果、最終的な財産の総額は1400ポンドにも達しました。ウィッカムのその後については次章で述べます。

4年あまりのちの1618年、シャムに向かったイートン指揮のシー・アドヴァンチャー号が、4月末に琉球近海で座礁して難渋したとき、イートンは自然浮上した同船をとりあえず那覇港に着けました。このとき意外にも現地奉行は琉球王の指示を受けて、数艘の小船をシー・アドヴァンチャー号に派遣し、さまざまな便宜を図ってくれました。琉球王尚寧は「すべてイギリス国民の役に立てるため」との伝言を寄越しています。コックスはこれを薩摩藩主の命令に違いないと考えました。以前コックスが島津氏に対してアダムス一行への冷遇を伝えたとき、以後の善処を申し入れたのでしょう。

2 シー・アドベンチャー号のシャム（暹羅）渡航
――1615年12月7日平戸出航―1616年7月21日平戸（川内）帰着

前回の失敗に懲りたアダムスは、琉球から帰還後しばらく川内に滞在し、再度シャムへ向かうために1690タエル以上を費やして、シー・アドベンチャー号の修理と艤装に万全を期しました。修理を終えた同船は10月11日に進水しましたが、アダムスはそのころ、幕府重臣の本多正純《ほんだまさずみ》からの要請で平戸を離れ、家康との謁見に向かっていました。8月15日（J8/5）に浦賀へ来航したディエゴ・デ・サンタ・カタリーナらスペイン人使節に対応するためです。スペイン側のアダムス非難は、第8章で述べたとおりです。

なお、アダムスはこのとき、家康からシャムへの渡航を引き止められていました。ジャンク船で出国などせず国内に留まっておればよい、もし報酬が不十分ならばさらに増やそうと言われています。すでに2年前に帰国の許可を与え、自身の下から離れることを認めたものの、家康はなおもアダムスを特別待遇で身近に置きたがっていたのです。しかしアダムスは、前言を翻すのは自身の不名誉になる旨を答えたと言います。コックスも平戸へ戻ったアダムスに、以前のように家康へ仕えるよう勧めました。商館の発展にはそのほうが好都合だったのでしょう。それでもアダムスは再度シャムへの航海に乗り出しました。

航海にあたって、現地での取引費用として銀24貫（8レアル貨と銀プレートで2400タエル）、および商品5貫500匁分が用意されました。シー・アドベンチャー号が平戸を発った1615年12月7

日は、琉球から帰還してちょうど半年後で、この航海にも商館員セイヤーズと庄兵衛が同行し、唐人商人魏官も乗船しています。アダムスはこの航海でも日誌を残したでしょうが現存しません。セイヤーズの日誌は残されているものの、これも1616年の2月から6月まで欠落しています。したがって、本節ではセイヤーズの航海日誌をもとに、コックスらイギリス商館関係の手紙や、ほかの関連資料で補完しながら、航海の概要を述べていきます。

アユタヤとパタニには、平戸より1年早く1612年にイギリス人が駐在していました。コックスはシー・アドベンチャー号の出航前日の12月6日付けで、同号に託してアユタヤのジョン・グルーニーとパタニのアダム・デントンの両駐在員に書簡を送り、このたびの航海の目的を伝えています。それによれば、シャムから日本にもたらされる商品で最も売れ行きがよいのは蘇木《そぼく》と鹿革であり、日本での売値も具体的に示しながら、今回の派船はこれらを大量に輸入するためであるとしています。

平戸を発った同船は、まもなく嵐に巻き込まれてポンプを落失しましたが、その後は特に大きな困難もなく、ほぼ朱印船の通常コースを辿って南下しました。すなわち、五島列島、女島《めしま》(現、長崎県五島市)を視認したのち台湾海峡を通過し、福州およびマカオ沖から12月18日には海南島北東沖にあるタヤ諸島付近に出ました。次いでチャンパ沿岸を南下してベトナム最南部を迂回すると、12月21日にカンボジア沿岸に達し、タイランド湾に入って出航1ヶ月後の1月10日、チャオプラヤー川河口に達します。バンコクやアユタヤはこの川の内陸部にあります。セイヤーズは地元の頭領から提供されたボートで同川を遡航し、バンコクに到着したあと、1616年1月14日にアユタヤへ着きました。

3日後、セイヤーズは早速ポルトガル人の頭目と会い、2000枚の鹿革と1000ピコルの蘇木を購入する約束をしています。王（阮氏）から通行許可状が交付されると、シー・アドベンチャー号もチャオプラヤー川を遡航してアユタヤに碇泊し、セイヤーズとアダムスは王や宮廷の貴人たち、現地有力者らに日本から持参した鳥撃銃（初期の散弾銃）、日本刀、槍、鏡台などをプレゼントしました。

前述のように、セイヤーズの日誌は2月末から6月初めまでの3ヶ月あまりが欠落していますので、その間の詳しい行動は明らかではありません。しかし、シー・アドヴェンチャー号だけでは積載できないほどの商品を購入しているので、商談は順調だったのでしょう。現地日本人の頭目や、シャムのイギリス商館長ベンジャミン・フェアリーらの支援があったとみられます。現地イギリス商館の経営状態も平戸同様に決してよくなかったので、両商館とも相互に助け合って発展することを期待していたに違いありません。

当時、アユタヤにはかなりの日本人が居住していました。アダムスらは1月25日、現地の日本人頭目に銀板、刀、脇差、槍、鰹節などを贈っていますが、この頭目は城井《きい》久《きゅう》右衛門《えもん》と言い、国王にも通じていました。その後継となったのが有名な山田長政《やまだながまさ》です。城井とアダムスたちとの具体的な交流の様子は不明ですが、かなりの便宜を図ってくれたようです。城井もイギリス商館との緊密な連携を望んでいたらしく、日本にいる城井の父は同年末に平戸の商館へ書簡を送り、イギリス人との親交のために酒やみかんなどを贈っています。コックスもこれに応えて、プレゼントを受け取ったすぐあとにシャム商館員へ書簡を送り、次のように述べています。

日本人オンプラ（「頭領」の意）は、わがジャンク船の上陸に際して、特に反抗的な日本人水夫を抑えるうえで大いに役立ってくれると思います。それゆえに貴殿（シャム商館員）が彼との友好を維持することが得策です。私は彼の父が息子のところに送る3人の船客を乗船させることを許可し、食費も無料にします。また、イートン氏がお知らせするように、私は彼に手紙とプレゼントも送ります（Farrington, p. 652）。

アダムスとセイヤーズは、王室の商務員や現地在住のポルトガル人、唐人、日本人らと活発な取引を行いました。王室の商務員との交渉では、蘇木3000本分として1カティを48と3／4レアルの交換レートで買い付ける商談をまとめました。これは日本の40タエルに相当します。セイヤーズは唐人商人にインド産布地を全部売却すると共に、現地高官からオイル、塡隙用ココナッツ繊維、ピッチ（船舶用瀝青）などを購入し、ほかの品々と共にシー・アドベンチャー号のアダムスに送りました。もっとも、購入品はすべて商館の商品とは限らず、個人のものも多く含まれています。

商談が一段落すると、積荷商品のスペース不足の問題が生じました。朱印船では水夫が自身の利益目的で購入した品も積めるのが慣例でしたので、彼らも需要が多く利益率の高い蘇木と鹿革を大量に購入しました。現地の商館長フェアリーは、積荷の3分の2は個人的購入品であるとしています。そのため新たに2隻のジャンク船を購入し、1隻に魏官とセイヤーズ、もう1隻に庄兵衛が乗り組んで、3隻で帰航することになりました。当時のシャムでは、多くの船が日本人向けに売り出されていたのです。

蘇木はスオウ（蘇芳）とも言い、主に木綿の着物を赤や紫に染める染料として用いられます。また、牛皮が一般的ではなかったこの時代、鹿皮は羽織、巾着、頭巾、馬具の鐙《あぶみ》、刀の拵《こしらえ》など広い用途に用いられ、大変需要の高いものでした。1613年には日本人が現地で12万枚の鹿皮を購入したので、同様の購入を考えていたオランダ商館員が価格の高騰に困惑したと言います。

シー・アドベンチャー号には2370ピクル（142トン）の蘇木と3700枚の鹿革が、庄兵衛船には5000枚（うち李旦分440枚）の鹿革が、魏官船には825ピクル（49・5トン）の蘇木がそれぞれ積載されましたが、それでも30ピクル（1・8トン）の蘇木が積み残されました。なお1ピクルは約60kgです。3隻は6月初めに現地を個別に出航しました。帰路は気象条件がかなり悪かったので、どの船も困難な航海を余儀なくされました。

それでも、アダムスの指揮するシー・アドヴェンチャー号だけは7月22日に平戸へ帰着しています。これはアダムスのパイロットとしての優れた力量に負うところが大きいのです。しかし、帰着したアダムスには家康死去のニュースが待っていました。大恩人の逝去の報に接したアダムスが、いかに悲嘆に暮れたかは想像に難くありません。ほかの2隻については、セイヤーズが指揮して魏官も乗り組んでいたジャンク船が、アダムスより2ヶ月遅れで帰国しましたが、庄兵衛船はその年に帰れず、1年遅れで何とか日本に戻りました。

魏官船の航海は悲惨でした。その様子は指揮を執ったセイヤーズの航海日誌が明らかにしてくれます。それによれば、同船は出発直後から凪に恵まれなかったのでしばらく現地に滞留し、10日後にようやくシャムの浅瀬から脱しました。しかし、その後も艱難辛苦《かんなんしんく》が続きます。のちにコックスは、その理由をパイロットの無能さに帰し、素人同然なのに報酬目的で職を引き受けた唐人を非難しています。同船は6月下旬にも再度航行が停滞し、早くも食糧不足が懸念されました。シャムに戻るべきとの意見も出されましたが、結局カンボジアやマカオの沿岸地帯をノロノロと北上しました。しかし、特に台湾周辺海域で右往左往し、陸地を認めてもパイロットの力量不足から容易に接岸できず、水や食糧の確保が困難でした。水夫たちは琉球やマカオへ向かうことも考えましたが、嵐や逆風に阻まれて思うに任せませんでした。

8月10日を過ぎると多数の水夫が壊血病《かいけつびょう》に罹り、顔と脚の浮腫《ふしゅ》が目立つようになります。乗船者のキリスト教徒たちは神頼みの儀式まで行い、船長はもし長崎到着が無事に叶うなら、ジャンク船の舵《かじ》を購入してそれをミゼル・コルディア（慈悲院）に捧げる誓いも立てました。しかし祈願も空しく、8月も後半になると病人はさらに増えました。食事は1日1回、水も1日に1回濁った水が配給されるだけになりました。舵の鎖ケーブルがまた一つ切れ、残った1本に命運が託されたとき、水夫や士官たちはもはや動く気力さえ無くしていました。悪戦苦闘するセイヤーズは台湾かマカオへの入港を考えましたが、肝心の船のコントロールがうまくできません。

9月になると次々に死者が出るようになり、9日には船主の魏官が死亡します。生存者も瀕死の者が多く、立てる者は4人だけになりましたが、セイヤーズの懸命の努力によって、9月17日、何とか薩摩の大泊《おおどまり》（現、鹿児島県南大隅町）に辿り着きました。この知らせは10月末になって平戸のコックスに届いています。なお、薩摩の島津氏は魏官船の譲渡を求めてセイヤーズにプレゼントを贈りましたが、この船は結局アダムスが次の航海のために750タエルで購入しています。

なお、薩摩到着の直前に死亡した魏官の証文や書類は、知工《ちく》（船内の会計事務を取り仕切る役）の数之助によりコックスへ引き渡されましたが、その際、魏官の所持品が入った6箱の長持《ながもち》（大型木箱）が知工に開けられ、中身の一部が同人に持ち去られたとコックスは記しています。後日この件をめぐってコックスは、自分に濡れ衣を着せようとした数之助を非難しています。これに対して数之助は、コックスに魏官の所有物と蘇木を引き渡すよう求め、拒否したコックスを訴えています。

一方、庄兵衛の船もシャム出帆後に激しい悪天候に見舞われ、漏水したうえに舵も損壊して操舵不能となっていました。流れ着くようにベトナム南部のチャンパに寄港すると、現地で船を修理して次の季節風を待つことにしました。なお、シャムの商館員ジョン・フェラーズは、翌1617年5月4日に出張地のチャンパ・バリア（現、ホーチミン市南東）に到着したとき、同地で5月18日付けのコックス宛て手紙を書いています。出発直前の庄兵衛にこの手紙を託しているので、庄兵衛の出航は5月20日ころでしょう。

庄兵衛のジャンク船が長崎に帰着したのは1617年6月29日、チャンパ出航から1ヶ月あまり、アユタヤからは1年あまりでした。それでも同船はシャムで入手した商品をそっくり積んで帰りました。イギリス商館員ニールソンは、庄兵衛から鹿革3800枚を受領したこと、同人の借金492タイユも約束どおり支払われことをコックスに報告しています。さらにチャンパからイギリス人の手紙6通がもたらされましたが、そのうち最も古い日付は前年6月1日付けのシャム商館長ベンジャミン・フェアリーのものなので、アユタヤ出航直前に託されたのでしょう。

苦難の末にシャムからもたらされた蘇木は買値の3倍、鹿革は2倍で売れました。もちろんあらゆる経費を換算して収支決算すると、商館が大儲けしたとは言えません。特に魏官船の人的犠牲は大きいものでした。ただ、今回の朱印船貿易はイギリス商館の最初の成功とみなされ、また蘇木や鹿革が利益を生む商品になったことは、今後の商館運営に良い見通しを与えました。

その後、1616年12月24日をもってイギリス商館との雇用契約を終了したアダムスは、個人的に購入したジャンク船で早速次のビジネスの準備に取りかかります。

3　アダムス、所有船ギフト・オブ・ゴッド号でコーチシナへ
――1617年3月23日平戸出航―1617年8月11日平戸帰着

前述のように、アダムスは薩摩に係留されていた故魏官のジャンク船を7貫（175ポンド＝750タエル）で購入し、「ギフト・オブ・ゴッド」と名づけました。かつてアダムスがスペイン無敵艦隊との海戦に参加したとき、イギリス船に同名の船が2隻（補給船と武装商船）ありますが、この命名と関連があるでしょうか。

アダムスの独立後最初の貿易は、すでに朱印状の発行を受けているコーチシナが目的地でした。ただし、イギリス商館との縁が全く断ち切られたわけではありません。むしろ、その後もアダムスはコックスと緊密に連絡し合って仕事をしており、このときも商館の大仕事が委ねられました。第10章で述べたように、3年前に現地で行方不明となり、殺害されたとの噂がある商館員テンペスト・ピーコックとウォルター・カーワーディンの消息を探ることです。

ただ、家康亡きあとのこの航海では、出発前からさまざまなトラブルに見舞われます。前年、将軍秀忠によってオランダ・イギリスに対する大幅な貿易制限が決定され、貿易港が長崎と平戸に限定さ

れたことは、当然大名たちの知るところとなり、アダムスや商館に対する冷淡な対応が目立ってきました。従来アダムスが家康から特別な庇護を受けていたことへの反動でしょう。

例えば、平戸藩主の松浦隆信《まつらたかのぶ》は、アダムスがジャンク船の修理用木材や船舶用品をより安価な長崎で購入し、平戸で買わなかったとの理由で、今後アダムスには藩の大工を使わせないと通告してきました。また、アダムスの購入したジャンク船が平戸に入港したことにも、隆信は藩の許可を受けていないと不快感を示しています。アダムスは、これらの出来事の背後には平戸藩重臣の佐川信利《さがわのぶとし》の教唆があるとしています。コックスもその直前に、松浦氏と書簡の件で揉めています。

こうした中で、アダムスらギフト・オブ・ゴッド号の乗組員に対する暴行事件が発生しました。平戸のアダムスの宿主ヤシモン（安右衛門）は、アダムスが前年シャムから運んできた蘇木の扱いに対する不満から藩に提訴し、アダムスに評定所への出頭を要求していました。しかし、アダムスは取り合うことなく3月19日に平戸を発ちます。

これに納得しない安右衛門は、義弟ら数人を差し向けて翌日小舟で追いかけ、ギフト・オブ・ゴッド号に乗船すると、アダムスや同行の商館員エドムンド・セイヤーズ、水夫長を務める逸見《へみ》のジョンらに暴行を加えました。アダムスは腕を摑まれながらも、将軍直々に交付された朱印状を持ち出してそれに接吻し、頭上に掲げて彼らの暴行に抗議しました。すると朱印状の権威に恐れをなした暴徒たちはそそくさと自分たちの船に戻り、引き上げていきました。それでもアダムスは事を大きくすることを望みませんでした。

ギフト・オブ・ゴッド号は取引用の金子18貫560匁（銀2貫）のほか、銅100ピコル、真綿2袋、布地、甲冑2箱、槍25本、鉄、小弓、矢、女性用鏡台、刀剣、帷子《かたびら》などの商品や贈答品を積み、1617年3月23日に川内を出港しました。同号は五島列島、女島、台湾、福建、長州島（香港沖）、マカオなどを視認しながら南下し、4月17日にセベル島（大沽島＝チャム島）に碇泊、20日にはクィンナム（広南）のフェフォ（現、ホイアン）に到着します。この日、長崎の日本人船主バルナルドのジャンク船も近くのトゥーラン（現、ダナン）に到着しています。両港とも当時有名な国際港でした。

フェフォにはすでに大規模な唐人町と数百人が居住する日本人町が形成されており、幕府のキリスト教禁止令によって亡命した日本人も多数いました。現地の王も関税による多額の歳入を得るため、日本との交易に積極的でした。アダムスとセイヤーズも現地の日本人有力者数人と密接に関わり、航海誌にはマゴサ（孫左）、サンゾ（谷村《やむら》三蔵）、ダカドノ（多賀殿か）父子らの名が登場します。のちの寛永十六年（1639）、フェフォ在住の日本人商人多賀平左衛門がオランダ人との取引に関連して日本に書簡を送っていますが、この人はダカドノの一族でしょう。もっとも、彼らの一部は信用のおけない人物だったようで、現地のイエズス会宣教師はマゴサを「悪徳にまみれた男」と評しています。

ダカドノの息子の家を訪れたセイヤーズは歓待され、そこに同席した王の秘書官から、王はイギリス人の再訪を非常に喜んでいるので何も恐れることはない、国内では自由に行動ができると告げられました。さらに、貿易船はいつでも来航可能で、国内のどこにでも商館設置が可能な特許状を得られるだろうし、もしあなた方に悪事を働くような者があっても国内法によって守られるとの嬉しい話に終始しました。また秘書官は、アダムスたちの来航目的を確認し、何らかのメーセージを伝えに来たのか、あるいは商取引に来たのかと尋ねました。これに対してアダムスは次のように答えます。

われわれは、イギリス王がコーチシナ王に宛てた親書を携え、王命によって、3年前に当地で行方不明になった2人のイギリス人の消息を尋ねに来たのです。彼らは殺されたと聞いていますが、それがどのような経緯だったかは不明です。当地の王に何らかの危害を及ぼそうとしたことによる王の命令か、あるいは何らかの不運によるものか、それを知ることが最大の目的です。次に、われわれがこの国と自由に通商し、商館を設立することを王が歓迎されるか知るためです。

(Farrington, pp. 1117-1118, p. 1130)

秘書官はこれに答えて、「わが王は2人の殺害などに関知していないし、彼らは不幸にも小さなボートで溺死したのです。しかし、もう過ぎたことなので話題にする必要はありません。ただ、彼らは場所をわきまえず、一人は当地を蔑《さげす》んだ言い方ばかりして王への敬意もなく、横柄な態度で自慢ばかりしていました」と言います。

これに関連してコックスは、後日入手した情報から、より具体的にピーコックの行動を述べています。それによれば、ピーコックは王に快く迎えられ、貿易上の特権を与えられたにもかかわらず、土の重臣が招待した宴会で甚だしい悪態をついたとのこと。宴会では主催者の知人である重臣の息子がピーコックの接待役になりましたが、泥酔したピーコックはその息子に暴言を吐き、かつ威張り散らしてその息子に宴会場から外へ出るよう放言しました。さらに王から授けられた特許状を破り捨てると、その場にまき散らしたということです。常軌を逸したこうした無礼な振る舞いが、殺害の理由なのだと言います。
なお、オランダ人商館員も犠牲になったのは、ピーコックと同じ船に乗っていたので巻き添えになったからとのことです。イギリス人とオランダ人の金子と商品は、王子や重臣、ピーコックを泊めた宿の主人（マゴサ）らで山分けされたと言います。いずれにしても現地は治安が悪く、強盗と殺人が日常的に起こっていました。アダムスはそうした例を記しています（Farrington, p. 1118）。

5月16日、佐兵衛殿の仲買人が広南で殺され、また現地の2人も殺されて300タエルが持ち去られた。

5月19日、殺人被害者のニュースがもたらされた。……殺害された3人は発見されて広南の日本人町に送られ、丁重に埋葬された。

アダムスが帰国の準備を整え終えた6月26日、今度はセイヤーズが大金盗難の被害に遭いました。セイヤーズは、購入予定だった象牙《ぞうげ》の代金として656タエル所持していましたが、象牙は一向に見つからず、また生糸を買うことも不可能と判断して、金を持ち帰るしかないと思っていました。そこへ現地人の通訳がやって来て白絹の束を見せ、ある唐人が同じ物を持っているので購入しないかと持ちかけてきました。通訳が言うには、ほかにもその白絹を欲しがっている船長がいるが、その唐人は安く買い叩かれるのが嫌なので、船長には売りたくないと言っているとのことです。セイヤーズは渡りに船とばかりに、その唐人が手持ちしているという白絹3ピクル38カティの全部を、656タエルで買うことに同意しました。
セイヤーズがお金を鞄に詰めて、通訳と一人のメスチーソ（ポルトガル人と現地人との混血）、もう一人の唐人を伴って唐人街に行くと、案内されたのは通訳の隣家でした。これら2軒の家は葦《あし》で作った壁で仕切られているだけでした。同行した唐人はセイヤーズに対し、取引現場を大勢の人に見られると唐人船長に知られてまずいので、自分がジャンク船まで商品を取りに行ってくる、あなたは金を壁際に置いて、自分が呼ぶまでここで待つようにと伝えました。セイヤーズは言われるままに1時間ほど待っていました。しかしあまりに時間がかかるので様子を探ったところ、置いた金はすでに盗まれており、話を持ちかけてきた唐人も通訳も、妻子と共にボートに乗り込んで町のほうに逃げたあとでした。

欺されたことを知ったセイヤーズは、直ちに町まで駆けつけ、かの唐人船長に事の次第を伝えました。すると船長は、その男ならよく知っています、その男は絹など全然持っていませんと話したうえで、この事件には本腰で取り組み、その男を連れてきて金を取り戻すか、それが無理なら来年同じ量の絹を私に持ってこさせましょう、と言いました。しかし、すでにアダムス船の出航間際だったので、セイヤーズはやむなくメスチーソの男に金を取り戻すよう依頼して、現地を離れました。

3年近く経過した1620年3月、コックスが東インド会社に宛てた書簡にはこの件について、「セイヤーズから金を盗んだ盗人が判明し、金も発見されたが、美辞麗句と贈物だけ与えられた以外、何も得られなかった」としています。結局盗まれた金は取り戻すことができず、コックスはかの詐欺師から金を没収した王族や貴人たちが山分けしたと考えています。

しかし、ピーコック殺害事件の真相についての情報は錯綜《さくそう》しています。すでにコックスは、1616年6月7日にイートンの宿主の訪問を受けています。この宿主は、事件のときにコーチシナにいたある商人の手紙を持参してきました。それによれば、現地の王自身は事件について何も知らないが、ピーコックの殺害と積荷の略奪に関与したのは5人であり、うち2人は現地在住の日本人で、ピーコックの現地の宿主マンゴサ（孫左マゴサ）とサンゾドノ（三蔵殿）である。ほかには現地のジャンク船とバルク船の奉行であるコーチシナ人2人と、唐人一人である。彼は、もしイギリス商館がこの件で賠償を要求すれば、得ることができるかもしれないと語っています。

一方、半年後にコックスを訪れたあるメスティーソは、ピーコックの件が事件ではなく不運な災難だったとします。すなわち、ピーコックが乗っていた船は別の船の衝突によって転覆し、その弾みで彼は川に投げ出され、そのときポケットに収めていた貨幣の重みで溺死してしまったというのです。また、カーワーディンはその後1ヶ月ほど現地に留まりましたが、誰にも危害を加えられず、売れ残りの品を積み込むと往路と同じジャンク船に乗ったと言います。そのときコーチシナ王は、長崎奉行の長谷川藤広《はせがわふじひろ》宛てに書簡を認め、外国人の死には関知しないが、もし王がイギリス人に何らかの負うものがあるならば、派遣船を寄越せば支払う用意があると伝えた、というものです。

しかし五島に着いたアダムスは、1617年8月3日付けでコックスに宛てた手紙で、この航海の収支決算で少なくとも銀8貫目の損失を出したこと、またコーチシナ王自身は日本との貿易に前向きな姿勢を示していても、王の取り巻きたちがピーコックの日本人宿主マンゴサと組んで彼を死に至らしめ、日本からの商品を収奪、山分けしたとしています。また、事が明らかになると当のマンゴサは逃亡し、コーチシナにいる者たちは尋問を恐れているとしています。この時点でアダムスは王の関与を疑っている様子はありません。

それでも時の経過と共に真相も明らかになってきたようです。事件発生から6年後の1620年3月、コックスは長崎から本国の東インド会社に書簡を送り、シャムとコーチシナに貿易船を派遣することの無意味さを訴えています。そこではコーチシナでのピーコックらの死にも言及され、「王自身もしくは彼の息子や貴人たちこそが最大の盗賊」であって、彼らはうわべだけの取り繕った言葉で逃れるので、生命の危険を冒してまで現地に行き、失った商品や金品の取り戻しを図っても何ら得るところはない、と断じています。すなわち、来航した外国貿易船に対し、水夫の殺人も厭わず国ぐるみで奪い取り、その後は王も要人も知らんぷりを決め込んでいるというわけです。

アダムス船は1617年8月8日に五島を発し、11日に平戸へ着きました。その1週間後、アダムスとコックスらはイギリス帰りの日本人水夫から法外な報酬の支払いを要求され、それを認めなかったアダムスは、彼らから喉《のど》を締め上げられる暴行を受けました。このときコックスは、彼らの首謀者に殺意を抱いたと言います。以後コックスは、荒くれ者の水夫が多数乗船する朱印船貿易に懐疑的になります。

アダムスのコーチシナへの航海は、ほとんど成果なく終わりました。商館員行方不明事件の真相は明らかになりませんでしたし、現地滞在中にまたも日本人が殺人に巻き込まれたうえ、セイヤーズは大金を盗まれました。これではコーチシナはまともな貿易が成立しない無法地帯のように思えます。しかし、その後もコーチシナは朱印船貿易の最も重要な相手国でした。先述のように、朱印船貿易全体で発行された朱印状のうち最多の73通を占めています。ピーコック殺害時にはオランダ人も犠牲になっていますが、オランダが1623年にホイアンに商館を構えているのは、コーチシナ貿易の利益率がいかに高いかを裏づけています。王の阮氏も貿易上の利を上げるため、治安の強化に努めたようです。

4 シー・アドベンチャー号の奄美大島滞留（目的地コーチシナ）
――1618年3月17日福田（長崎）発―同年5月7日長崎着

コックスによれば、シャムとコーチシナへの航海を済ませたあと、アダムスは帰国を考えていました。1618年2月に平戸を出航したアドヴァイス号に乗船するつもりだったのでしょう。商館との契約が切れたことに加えて、何よりも家康の死による幕府の方針転換に失望したに違いありません。秀忠時代となってカトリックもプロテスタントも関係なく、ヨーロッパ人の貿易活動は一律に大きく制限されました。北西航路探検の可能性もほとんど薄れ、ここらが潮時と思ったでしょう。しかし結局、唐人商人の肥後四官《ひごしかん》に熱望され、その所有船で再度コーチシナへ向かうことに同意しました。

肥後四官は本名を郭濱沂《かくひんき》と言い、福建省海澄県出身で肥後の伊倉《いくら》（現、熊本県玉名市内）を拠点に商業活動を行って成功した人で、加藤清正の朱印船貿易にも関わっていました。肥後四官はすでに前年（元和三年）にコーチシナ貿易を行っていますので、二度目の朱印船貿易となります。このとき肥後四官はコックスの歓心を買うためか、昼食会に招待したり、イチジクを送ったりしています。

3月12日には、堺の商人平野屋藤左衛門《ひらのやとうざえもん》がコーチシナに運ぶ銅41ピコルをセイヤーズに納め、シー・アドベンチャー号に積み込みました。3月17日、唐人船長チムポウ、パイロットのアダムス、商館員エドムンド・セイヤーズと、ロバート・ホーレイらが乗り組んだ同船は、福田港《ふくだ》（現、長崎市）を出帆しました。このときの航海記録はアダムスも残していますが、今回も同行したエドムンド・セイヤーズの記録のほうがより詳しいので、アダムスのものと照合し、コックスの日記も援用しながら航海の概要を述べていきます。

この航海は出航翌日に早くも困難に直面します。激しい暴風雨に見舞われたため、水夫の要請で同船は五島列島中西部の奈留島《なるしま》に到着しましたが、その際に岩礁へ乗り上げて舵とオールを破損し、航行不能の危険に晒されました。現地で応急修理を済ませると28日に再び出港し、南西に進んで女島沖を通過します。しかし31日に再度強風と大波に襲われ、舵が半分ほど割れてしまいました。またも航行が危険となったので、新しい舵を造って取り替えるために琉球へ向かうことにしました。航海途上の4月3日早朝、ミズンマスト（3本マストの最後尾マスト）の先端から「セント・エルモの火 Corpesants」が上っているのが見えました。雷雲の発生に伴う放電現象です。

4月6日に奄美大島へ着岸した一行は、岸辺に仮小屋を建てると、舵を造る木材を求めて数日間森の中に分け入りました。しかし、適当と思われる木を切り出しても内部が腐食していて使えません。このため今後の航海について話し合いが持たれ、コーチシナ行きを断念して最初の順風で日本に戻るか、あるいは船を修理して冬まで待ち、予定どおり航海を続けるか協議しました。しばらくして薩摩からのバーク船が来航し、その船に乗船していた那覇の商人が、那覇に行けば舵が入手できるかも知れないと話しました。これを聞いた一行は4月20日、いったんは琉球本島へ向かうために出帆の準備をしました。那覇では商館員イートンのジャンク船も修理中とのことでした。

しかし、南方に向かう時季を過ぎていたこともあり、あえて那覇には向かいませんでした。アダムスもセイヤーズも特に記してはいませんが、現地で辛酸をなめた3年前の思い出も頭をよぎったでしょう。奄美大島に滞在した25日間の生活の詳細はわかりません。

シー・アドベンチャー号は5月2日に日本へ戻るために出帆し、4日には噴火中の火山（諏訪之瀬島か）も見えるトカラ列島を西に見て北上しました。6日に甑島を過ぎ、7日に長崎へ入港すると、アダムスは14日に平戸へ戻りました。結局、わずか2ヶ月弱の奄美への旅となりました。

航海が失敗に終わっても肥後四官は特に責めることはありませんでした。アダムスが平戸に帰ってまもなく、肥後四官は改めてコックスに友好を求める挨拶状を送っています。また、アダムスも同年（1618）秋に江戸へ参府したとき、従者を平戸に送り、肥後四官の次の航海のために朱印状を届けています。ただ、肥後四官はその後まもなく死亡しました。

5　ジャンク船で東京《トンキン》へ
——1619年3月15日平戸出航—1619年8月下旬平戸帰着

結果的に自身の最後となるこの航海にあたって、アダムスは前年江戸に参府した折に朱印状の交付を申請していますが、江戸では受領できず、後日、従者の若者が携えてくることになりましたコックスはその理由として、コーチシナで起こった日本人と唐人との殺傷事件を挙げています。コックスによれば、李旦がコックスを欺いて、イギリス商館が前年（1617）受けた朱印状を平戸の重臣佐川信利に譲渡してしまいました。佐川のジャンク船はそれを用いてコーチシナに渡海しましたが、日本人水夫が現地で唐人に対して暴挙を働いたので、怒ったコーチシナ王は彼らの蛮行を皇帝（秀忠）に知らせました。そこで幕府が事実関係の説明を求めるため、アダムスを江戸城内に召喚したというものです。佐川氏はその朱印状を銀3貫で買ったのでした。

それでも朱印状は翌年1月下旬にアダムスへ渡されました。このころになるとコックスは、朱印状は苦労と苦痛を招くだけとして、朱印船貿易に反対しています。その理由を、船に乗り組む日本人水夫たちの狼藉としています。

いずれにせよ、アダムスはその佐川信利のジャンク船に乗り込み、船長とパイロットを兼ねて1619年3月15日に平戸を出、いったん川内へ入って2日後に出帆しました。10日後、南澳島《なんおうとう》（現、広《カン》東《トン》省汕頭《シャントウ》市）付近に達し、3月31日には海南島東端を視認しています。4月上旬、東京《トンキン》湾に入ってまもなく砂州《さす》に乗り上げましたが、満潮に乗じてこれを脱すると目測を誤ったことを知り、まもなく現地人の案内で海上に再度投錨しました。その間、思いがけずヤン・ヨーステンの派遣船からボートがやって来てアダムス船に乗船し、水夫たちと懇談しています。14日になって河口近く2リーグのところに投錨し、ようやく無事に目的地へ着いたことを神に感謝しました。

翌日、水夫数人をボートで陸に向かわせ、一部はヨーステンのジャンク船から戻ってきました。この日は国王鄭松の家臣たち（ブンゲス）がバーク船で訪れ、乗船していきました。その後、砂州を越えるために積荷を陸上げすると共に、水夫長が現地情勢を知り、かつ通訳を得るために上陸しました。17日、川を遡航し、砂州を越えて河口から1リーグのところに投錨すると、18日に滞在地へ到着します。数日後、この地に家を建て、堀をめぐらしましたが、その間、五右衛門殿が王子鄭椿の下へ赴き、数々のプレゼントを謹呈して帰ってきました。

その後1ヶ月は具体的なビジネスの方法について話し合いが持たれます。まず、生糸の代価として、現地の鎮守に前もって4000タイユを手渡すかどうかについて協議され、五右衛門と商館員たちとの間で意見が分かれましたが、結局事前に支払うことで商館員を同意させました。王子の貿易認可状(モーベイ)なしでは何もなしえないからです。これにより4月29日、商館員が王子に金子を渡しに赴き、翌日戻りました。王子は大いに喜びましたが、その4日後さらに1500タイユを要求してきたので、商館員は再度王子の下に向かいました。同じころ、ヤン・ヨーステン船の商務員も東京《トンキン》を訪れています。

5月11日、アダムス一行の下に国王の廷臣(エゥヌチ)がやって来ました。船の貨物をボート6隻で都の東京《トンキン》まで運ぶためです。アダムスが都に赴く日取りを廷臣と協議した結果、19日に貨物が運搬されました。一段落したアダムスらは底荷を取り出して船の掃除を行い、甲板のピッチを塗り直しました。貿易認可状は5月29日になってようやく得られます。

アダムスたちは6月に入って本格的に商品の売買を行いました。後日の収支報告書を見ると、購入したものの多くはフケン(綾織綿布)と呼ばれる布地です。黒地・黄地の縫取りも大量に購入していますが、日本の朱印船がしばしば入手して利益を上げている生糸は入手できず、絹製品は黒絹縫取のフケンだけをわずかに得ただけでした。このため、アダムスは五右衛門らを派遣して王子に直談判し、生糸の販売を要請しましたが叶いませんでした。

なお、この航海にはコックスが750タエル(うち50は個人用)、オランダ商館長スペックスが500タエル、備後国鞆《とも》(現、広島県福山市)の宿主が150タエルをそれぞれ個人的に投資し、アダムス自身も950タエルを投じています。商館の派遣船ではないので商館や個人から投資を募り、帰国後に決済したようです。

アダムスらは7月14日に飲料水を積み込んで、商館員の帰りを待つと、翌々日に現地を出帆しました。マカオ、タカサンゴ（高砂＝台湾）などを視認しながら北上し、平戸には8月末に帰着したと思われます。この最後の航海から戻ったアダムスは帰国後に体調不良を訴え、しばらく病臥していました。

第13章　アダムスの死と商館閉鎖

1　アダムスの遺言

コックスの日記は、1619年から20年にかけての2年間がほぼ欠落しています。したがってその間のアダムスの動静は極めて断片的にしかわかりません。東京《トンキン》貿易から帰国した直後にしばらく病んでいたことは前章で述べたとおりですが、その後は一時回復したようで、オランダ船からイギリス人捕虜を救出したり、翌年には長崎奉行長谷川藤正《はせがわふじまさ》との鉛の販売交渉にあたるなどしています。しかし、おそらく体力は弱まっていたでしょう。

アダムスは1620年5月16日（J）、コックスによれば午後3時に、平戸の宿主安右衛門宅で息を引き取りました（図13―1）。その日、アダムスはコックスの立ち合いの下、イートンの筆録で遺言を残しています。アダムスは「身体は病んでも記憶は全く確か」として最後の口述を行い、遺体を大地に埋葬してくれるよう言い残しました。遺言では、自分に密接に関わった者たちへの遺贈がなされました。その主な内容は以下のとおりです。なお、コックスとイートンは遺言の執行人にも指名されています。

図13-1　平戸市木引田町に建つ「アダムス終焉の地」碑（一般社団法人平戸観光協会提供）

・遺産の半分をイギリスの妻と子どもたちに与え、残りの半分を日本の子どもたち、ジョゼフとスザンナに与える。
・リチャード・コックスにケース付き高級天球儀、すべての海図と地図、最上の刀を贈り、ほかの刀と脇差は息子ジョゼフに贈る。
・ウィリアム・イートンに全蔵書と全航海用具を贈る。
・使用人アントニーに現金5タイユと自由を与える。
・女中ユガサに鏡台1台と最近京から届いた新品の帷子《かたびら》2着、および2本の銀棒8タイユ6マス相当を贈る。
・宿主のヤシモンドノ（安右衛門殿）とその妻に60タイユを贈るが、彼らはすでに50タイユを所有しているので、執行人により残額が与えられる。

・朝鮮人マイケル（ミゲル、商館通詞、元アダムスの使用人）に私への負債分10タイユを贈る。
・使用人ジョン・フェーベ（逸見《へみ》の水夫長）に4タイユ3マス相当の棒銀を贈り、彼の私への負債を帳消しにする。
・（イギリス商館員）ジョン・オスターウィック、リチャード・キング、アブラハム・スマート、リチャード・ハドソンに最良の着物を1着ずつ与える。

その6日後にはコックスとイートンによって、次のような内訳のアダムスの遺産目録が作成されました。

・現金　365タイユ9コンドリン
・債権　890タイユ
・商品の評価額　638タイユ7マース
・動産　78タイユ4マース5コンドリン
・合計　1972タイユ2マース4コンドリン（493ポンド相当）

こうして日本で20年間を過ごしたアダムスは他界し、遺体は地元の墓地に埋葬されました。ただ現在、平戸市の崎方《さきがた》公園にある「三浦按針の墓」は、埋葬場所そのものではないようです（図13―2）。同公園では江戸初期の西洋人とみられる人骨が少なからず見つかっています。しかし400年前の遺骨のDNA分析には限界がありますし、子孫との照合も必要なので、アダムス個人の遺骨の特定は難しいでしょう。アダムスの家族については次章で詳述します。

2　商館の衰退と英蘭の対立

いずれにしても、すでに商館員ではなくなったうえ幕閣との繋がりも弱まっていたとはいえ、多方面で支えてくれていたアダムスを失ったことは、コックスと商館にとって大きな痛手だったに違いありません。アダムスの死から3年半後、イギリス商館は設立10年で日本から撤退することになります。けれども、当時の商館を取り巻く状況を考えると、たとえアダムスが生存していても、商館はいずれ閉鎖に追い込まれたでしょう。

図13-2　平戸市の崎方公園内にあるアダムスの墓

イギリス商館が存続できなかった理由については、従来いくつかの指摘がなされてきました。商館の設置場所の誤り、元和二年（1616）の貿易制限令の影響、コックスの経営手腕の欠如、扱った商品の需要とのミスマッチ、商館員の無気力と浪費、商館を取り巻く東南アジア情勢などです。このうち、最初の二つはオランダ商館にも共通しますし、商館長の経営手腕や商館員の無気力などの人的要素についても、オランダ商館と大きな違いはなかったと思われます。したがって、最も大きな理由は東南アジア・東アジアに投入された両国の資金力と海軍力の差でしょう。同じ東インド会社であっても、当初のオランダの資金力はイギリスの50倍以上でした。

セーリスの渡航記を校訂して出版した明治期のアーネスト・サトウや、近年大部の史料集『日本のイギリス商館1613-1623』（未邦訳）を編纂したアンソニー・ファリントンらは、当初家康やアダムスが勧めたように、商館の設置場所を平戸ではなく浦賀にしておけばさらに存続できただろうとしています。しかし、この説には同意できません。立地やインフラ、東南アジアとの距離などで、浦賀にはかえって不利な点もあるし、後年出島に移転させられたにせよ、オランダ商館は平戸に残っているからです。対外貿易を担った西国商人や唐人商人たちにも、平戸のほうが利便性があります。

また、元和二年の貿易制限令による影響を挙げる説もあります。それによって唐船を除く外国船の貿易活動は長崎と平戸に限定され、ほかの日本国内の町に出入りすることは不可能になりました。この決定の理由は、キリスト教の禁教を徹底したい幕府の方針や、利益の独占を図る日本人商人団の意図からなされたとされます。ただ、キリスト教布教を標榜しないイギリスとオランダは同条件ですので、この制限令でイギリス商館が打撃を受けたとしても、なぜオランダが「共倒れ」にならなかったのかの説明が必要です。

商館長コックスの経営手腕を理由にする説もみられます。お人好しで辣腕《らつわん》とはほど遠いコックスが、もう少し収益の上がる策を講じていれば破綻は免れたというものです。しかし、東インド会社はコックスを罷免したり、代わりの人材を送り込んだりしていません。また、経営の根本的改善のための具体的な指令も出していません。スペックスらの歴代オランダ商館長が、明らかにコックスの力量を超えていたとも思えません。商館の衰退は、商館長個人の力を超えた周辺情勢によるところが大きいのです。

コックスの指導力の欠如に関連して、一部の東インド会社幹部は平戸商館の浪費も破綻の原因に挙げています。事実、コックスは何度も「踊り熊」（芸者）たちを呼んで宴会を催しています。おそらくいち早く平戸を離れたウィッカムや日本への寄港から帰った船員たちの報告を聞いて、会社の重役たちは平戸の商館員たちの風紀紊乱《ふうきびんらん》に失望したに違いありません。とりわけバンタンの商館長ジョン・ボールはコックスを厳しく非難しています。商館員の規律の緩みが商館の停滞を反映していると考えたのです。しかし、その浪費がコックスの言うような「必要経費」か否かはともかく、遊興費が全体の支出に占める割合はそれほど大きいものではありません。

扱った商品の問題もあります。クローヴ号にしてもホジャンダー号にしても、商館初期に日本にもたらした商品は概して需要に合わず、在庫を抱えるよりはと「投げ売り」する場合もみられました。それらの商品の大部分はもともと東南アジア地域の「売れ残り」なので、それらを積載して日本で「在庫一掃」を図っても、結果は目に見えています。むしろ、平戸商館は売れ残り品を再び朱印船に積んで、コーチシナやシャムで改めて販売を試みるほどでした。ただ、この点は販売商品に事欠いた初期のオランダ商館にも共通します。

結局、イギリスとオランダとの決定的な差は、商品の入手方法によります。オランダが日本で売り捌いた売れ筋商品、すなわちシナ製の高級な生糸や絹製品などの大半は、ポルトガル船やシナ船などからの略奪で得たものです。これが最も容易で利益率の高い方法というわけです。この海賊行為は、1609年にスペインと12年間の休戦協定が結ばれ、1年遅れでそれが東インドで発効してからも続いていています。むろんイギリスもそうした略奪と無縁だったわけでなく、セーリス自身、日本への渡航中に遭遇したシナ船の防備を見てその可能性に触れています。しかし、全体としてはオランダのほうがこの面で遥かに「勝って」いました。「商人と海賊」は表裏一体だったのです。

実際、イギリス商館の衰退は平戸に限ったことではなく、東南アジア各地でも同様でした。パタニやシャム、さらにモルッカ諸島に近いバンダ諸島のイギリス商館や拠点は、平戸が閉鎖される以前にすでに破綻かそれ同然の状態でした。このように東南アジア全体でイギリス商館が退潮傾向にあった以上、最北の平戸だけで孤立してやっていくことは到底不可能でした。結局、平戸イギリス商館の衰退は、東インド会社が目指した東南アジアにおける貿易・軍事ネットワーク崩壊の一端だったのです。

一方のオランダは、大艦隊を派遣して東南アジアではイギリスに先んじ、ジャワ島を中心にポルトガルの要衝や支配地を次々に奪いました。すでに東インド会社の成立以前に進出していた地域をそのまま保持し、モルッカ諸島やジャワ島の確保に努めました。資金力と海軍力でオランダとは大きな差があったこの地域で、先行のオランダにイギリスが割り込むのは難しかったのです。すでにアダムスの存命中からイギリス商館に多くの困難が生じていたのは、このような背景によります。ちなみにイギリス商館成立の翌1614年から、1619年までの5年間の平戸への来航船数を比較すると、オランダ船は毎年来航していて計29隻となりますが、イギリス船は4隻にすぎません。

イギリス船の来航は、1617年8月2日来着（翌年2月20日出帆）のアドヴァイス号以来なくなり、商品の補充は不可能になりました。東南アジア地域での英蘭の抗争激化に忙殺され、日本に回す船の余裕がなかったのです。やむなく商館は、商品調達のために何度かアジアへ貿易船を派遣しましたが、思うような結果をもたらしませんでした。このため朱印船の派遣に懲りたコックスは、ついには派遣すべきではないと考えるに至ります。

一方オランダは、強硬派のヤン・ピーテルスゾーン・クーンが事実上東インド地域の指導者になった1610年代後半から、「盟友」のはずのイギリスにも攻撃の矛先を向けるようになります。すでにイギリス東インド会社も1612年までに毎年のように船隊を派遣し、オランダの既得圏にも徐々に攻勢を強めていました。これに対抗してクーンは、特に香辛料の宝庫モルッカ諸島での権益を確保するため、同地域からのイギリス船の駆逐を図りました。その結果、1617年にはイギリス船アテンダンス号を、翌年にはスワン号を拿捕《だほ》し、船員たちを捕囚したうえで虐待しました。当然イギリスもこれに反撃したので、特にモルッカ諸島海域では両国の緊張が高まり、武力衝突も起きています。

英蘭のこの緊張関係は平戸にも持ち込まれました。1618年8月8日、突如としてオランダ船が、前年捕獲したイギリス船アテンダンス号を伴って平戸に入港しました。同号の積荷は奪われ、イギリス人船員は戦死したり捕虜にされたりで、一人も乗船していませんでした。もちろんコックスは大いに憤り、オランダ人の暴挙を将軍秀忠に直訴するため江戸参府を決定します。ただ、ほんの少し前にオランダ商館の依頼で平戸を発っていたアダムスは、なぜかこのときコックスに非協力的でした。この件に対して幕府は立場を明確にせず、基本的に英蘭の抗争には関わらない姿勢を貫いています。

しかし、コックスやアダムスが江戸から平戸に帰着した1619年1月、ジャワ島では英蘭の本格的な戦闘が始まっていました。本国からオランダ討伐の使命を受けて東インドに派遣されたトマス・デール司令官の艦隊が、現地オランダ艦隊に攻撃を仕掛けたのです。しかし、逆襲したオランダ艦隊はイギリス艦隊を撃滅させ、デールは敗走途上で病死、バンタン商館長ジョン・ジョーディンもパタニ付近で戦死してしまいました。

こうした中で、1619年9月に平戸へ来着したオランダ船アンヘル号（英エンジェル号）には、捕虜にされたイギリス人3人が「奴隷」として収容されていました。このとき、おそらく病み上がりのアダムスは、単独で同船に乗り込んで彼らを救出しました。しかし、これに怒ったオランダ人たちは500人か600人でイギリス商館に押しかけ、救出された捕虜たちを奪い返そうとします。この騒動に気づいた平戸藩の家老は、事態を沈静化させるために大勢の武士たちをイギリス商館へ差し向けました。コックスは、日本の武士たちが駆けつけなければ商館に乱入され、商館員たちは死を免れなかっただろうとしています。

事態を重く見た平戸藩主の松浦隆信《まつらたかのぶ》は、コックスとスペックス両商館長に対し、今後いっさい相手側を行動でも言葉でも攻撃しない旨の誓約書を書かせました。ただ、それでもオランダ人の嫌がらせや攻撃は続きました。イギリス商館への攻撃が不成功に終わったオランダ人艦隊司令官ウェステルウォルトは、その後もコックスの「首」に50レアル、ほかのイギリス人に30レアルの賞金を懸けたと言います。

しかし一方で、両国はスペインやポルトガルとの対抗上、対立は得策ではないと互いに考えました。平戸で両国の船員がいがみ合っている1619年7月、ロンドンでは両国の防衛協定が結ばれています。オランダは、数年後にスペインとの休戦協定が失効することも意識したでしょう。また、オランダはすでに1610年にフィリピン侵攻を図っていますが、ホンダ湾の戦いでスペインに敗れています。以来スペインは、フィリピンからモルッカ諸島に至る海域の防衛力強化のため、大艦隊を編成していました。

防衛協定の結果、1620年4月、スンダ海峡に11隻のイギリス船と13隻のオランダ船が結集し、共同作戦に着手しました。まず、両国の1隻ずつ2隻が長崎に向かうポルトガル船の捕獲のため五島列島付近で、また2隻ずつ4隻がルソン島東端のエスプリトゥ・サンクト岬沖で、アカプルコからやって来るガレオン船を待ち受けることになり、出航しました。

さらに、英蘭それぞれが5隻の船と600人の兵員を派遣し、平戸に防衛艦隊を配備する決定をしました。もっとも「防衛」とは名ばかりで、実質上の狙いは「攻撃」であり、直截に言えば「海賊」です。すなわち、東南アジア海域でスペイン、ポルトガル、シナの貿易船を襲撃して積荷を略奪することが主目標でした。その際、モルッカ諸島で得られる香辛料の配分は英蘭で1：2と定められています。

これを受けて、アダムスが死亡してから2ヶ月後の1620年7月23日、ジェームズ・ロイヤル号をはじめ、ムーン号、ポールズグレイヴ号、エリザベス号、ブル号と、5隻のイギリス船が順次平戸に入港しています。またオランダ船のニューバンタム号、トラウ号、ハーレム号、ホープ号、インドラフト号、スワン号（捕獲されたイギリス船）も同様に到着しましたので、平戸はにわかに英蘭連合艦隊の基地となったのです。

その後も連合艦隊は何度かスペイン・ポルトガル船とシナ船を襲撃していますが、予想した「成果」は挙げられず、むしろこうした露骨な海賊行為が当然スペイン・ポルトガルのいっそうの反発を招きます。カトリック両国はその布教政策のために、それまで幕府に疎んじられてきましたが、さすがの幕府も対策に乗り出しました。その結果、元和七年七月二十七日（J1621/9/3）、幕府は九州諸大名に宛てて奉書《ほうしょ》を送り、直ちに平戸藩主の松浦隆信を通じてオランダ・イギリス両商館長にその内容が伝えられています。

奉書は5項目から成り、①日本人男女を買って異国へ売ることの禁止、②異国へ刀や脇差などの武器を持ち出さないこと、③オランダ・イギリスの日本近海での海賊行為を禁じること、④長崎での異国船の取引は以前相国様（将軍様）が命じたとおりに行い、変えてはならないこと、⑤長崎商人の船をオランダ人とイギリス人が海上で捕獲したところ、バテレン（神父）2人を乗せていたというが、これについて詳しく調査し報告するように、というものです。このころ多数の日本人が傭兵として東南アジアに渡っていたのでした。

連合艦隊の編成に先立つ1620年、平戸商館の業績低迷を憂慮した東インド会社は、すでに同商館の閉鎖を考えています。事実上のイギリス東インド総督にあたるバンタン商館長リチャード・ファースランドは何度かコックスに書簡を送り、会社の意向を伝えましたが、コックスは受諾を引き延ばします。依然として、シナとの直接貿易に望みを繋いで業績を大逆転させようと思ったのでしょうか。あるいは自身の責任問題をかわすためかもしれません。うち続く困難の中で悪戦苦闘してきたコックスですが、珍しく弱気になり、1620年3月に本国のトマス・ウィルソン卿（財務官秘書）に宛てた手紙では、次の船便で帰国を望む意思表示をしています。

しかし、業を煮やした東インド会社は、1623年6月、商館閉鎖のために突然ブル号を平戸へ入港させ、有無を言わせず商館の整理に乗り出しました。債権回収などのイギリス商館の残務はオランダ商館に委ねられました。ブル号は1623年12月23日に平戸を出航しますが、その際、多くの日本人が別れを惜しみました。同号は翌年1月27日にバンタンへ入港しました。商館破綻の責任を問われたコックスですが、バンタンでの厳しい譴責はなく、イギリス本国で本格的な喚問を受けることになります。しかしコックスは本国に帰ることなく、航海途上にインド洋で死亡します。

オランダは東インド会社の設立こそイギリスに2年遅れましたが、まずジャワ島のバンタン、のち1619年にやや東のバタヴィア（現、ジャカルタ）に東インド総督府を置き、東南アジアにおける貿易と軍事ネットワークを統括させました。イギリスはバンテン商館にその役割を果たさせたとはいえ、バタヴィアのような堅固な砦ではありませんでした。むしろ東南アジアでは先行するオランダに頼る面もあり、イギリス自身はインド亜大陸からペルシア方面に重きを置いていたのでした。

もちろんオランダもインドに全く無関心だったわけではなく、東部のコロマンデル海岸一帯やセイロン島にも拠点を築いています。また、イギリスも東アジア進出を全く断念したのではなく、1673年にはリターン号を長崎に差し向けて、新興の清《シン》国やフィリピンも含め、貿易の再開を試みています。ただ、イギリス商館閉鎖の年にアンボイナ事件が起こった結果、アジアにおける両国の勢力範囲は徐々に定められました。基本的には、この分界は第二次世界大戦まで続くことになります。

オランダも、海禁政策を続ける明国との直接貿易の可能性をずっと探っていました。1621年のマカオ攻略に失敗したオランダが、翌年台湾南部に侵攻し、まもなくゼーランディア城を築いたのも、明との交易の足がかりとするためです。しかし、イギリスがこの地域でオランダ同様の強硬策を採ったことはありません。費用や人的損失を考えると、大艦隊を派遣してもコストが合わないと考えたのです。

コックスは最後までシナ人商人を頼り、その工作に多額の出費をしています。彼らからシナ産の生糸や絹製品を大量に輸入して、起死回生策となすつもりでした。そのために李旦に注ぎ込んだ額はとりわけ大きく、商館の閉鎖時には6636タイユの債権が残っています。これは商館の未回収金1万2821タイユの半分を超えます。最後まで李旦に欺され続けたのでしょうか。その李旦もイギリス商館が閉鎖された2年後の1625年、すなわちコックスの死の翌年に死去しています。結局、イギリス商館の債権は回収されないままでした。

3 イギリス商館員たちのその後

イギリス商館設立時のメンバー7人（アダムスを除く）のうち、ピーコックとカーワーディンの2人は商館設立の翌年にコーチシナに渡ったまま前者は死亡し、後者は行方不明になりました。イギリス人商館員の補充はすぐには不可能なので、彼らを失ったことは商館の運営に大きな痛手でした。さらに序列3番のウィッカムは1618年に日本を去り、ニールソンは1620年に平戸で死亡します。結局最初のメンバーのうち1623年末の商館閉鎖まで残ったのはコックス、イートン、セイヤーズの3人だけです。

このうちウィッカム、イートン、セイヤーズ、ニールソンの4人は、いずれも日本女性との間に子をもうけており、アダムスも日本人の妻以外の女性との間に子がいました。しかし後述のように、彼らの中で子を連れて帰国したのはイートンだけです。彼ら個々についての史料は、各人によって大きく量が異なりますが、以下、主としてコックスの日記、およびウィリアム・フォスター、アンソニー・ファリントン、デレク・マサレラらの研究に基づいて、彼らの日本での活動とその後を追っていきます。なお、コックスは『オクスフォード英国人名事典』にも記載があります。

リチャード・コックス(1565―1624)

イギリス商館唯一の商館長を務めたコックスは、1565年1月20日にイングランド・スタフォードシャーのセイフォード教区教会で受洗しているので、アダムスとほぼ同年齢です。父はヨーマン(自営農民)ですが、東インド会社成立後はこれに投機しています。リチャードは7人の兄弟姉妹の5番目で、少年期にロンドンへ出て織工の徒弟となりました。

冒険商人として独立した親方の縁で、コックスは1603年からの5年間、スペインに近い南仏バイヨンヌ(現、ピレネー・アトランティック県の県都)に駐在し、毛織物取引に携わると共に、本国政府の有力者に現地の情報を提供しました。そのとき身につけたスペイン語と取引の実績を買われ、東インド会社の派遣船に加わることになります。後日、日本滞在が7年を過ぎたとき、コックスがオランダ人の非道を訴えるためロンドン毛織物製造組合宛てに手紙を送っていますが、そこでは肩書を「織工clothworker」としています。

コックスは来日後、イギリス商館長として10年間を平戸で過ごしました。家康が死去した1616年以降は、将軍秀忠との謁見のために江戸もしくは伏見へ毎年のように参府し、回数は5回に及んでいます。初めの2回の目的は貿易制限緩和の陳情であり、次の2回はオランダ人の攻撃と非道を訴えるためで、最後は逆にオランダ人との連携を図るためでした。何度か商館の朱印船を東南アジアに派遣していますが、コックス自身が国外に出ることはありませんでした。

コックスは、商館長の就任当初こそアダムスに好感を持てませんでしたが、次第に信頼関係を結び、アダムスの商館員契約が終了したあとも互いに助け合いながら仕事をしています。アダムスの死に臨んでは遺言状の立会人となっただけでなく、死後も遺族と連絡を取り合って、何かとアダムスの妻子に対する気遣いを見せ、「ニホンカタンゲ（日本気質）」を重んじて、アダムスの家族や縁者にさまざまなプレゼントを贈っています。

しかし、商館長としてのコックスの手腕は評価されていません。辣腕とは無縁の、ときにお人好しで悠長なキャラクターも関係しているでしょう。何よりも当時の商館を取り巻く状況が非常に厳しかったことは、個人の力量を超えていました。就任2年半後に最大の支援者家康が死去し、秀忠時代になると貿易条件は大きく制限されましたし、来航したイギリス船のもたらした商品は多くが東南アジアでの「売れ残り」で、日本の需要と合わず、売れ行きは振るいませんでした。また、苦労して派遣した朱印船貿易でも思うような成果を挙げられず、のちにコックスは朱印船の派遣に否定的になっています。

商館員たちの素行の悪さや不誠実な勤務態度にも悩まされました。彼らがオランダ人らの西洋人や日本人と、ときに仲間同士で、喧嘩や乱闘事件を起こすのは日常茶飯事で、流血騒ぎで死傷者を出すことも珍しくありませんでした。またウィッカムを典型に、商館の仕事そっちのけで私腹を肥やすことに熱心な商館員もいました。のちの東インド会社の記録には、コックスら商館員の乱倫淫蕩《らんりんいんとう》な生活のため、多額の費用が使い込まれたと非難する文章があります。在任後半には盟友と思われたオランダとの対立も先鋭化するなど、厄介な問題をずっと抱え続けていました。商館は最終的に大きな赤字を計上して閉館のやむなきに至り、コックスは会社に自らの責任を問われることを憂慮していました。

なお、コックスにはマティンガという愛人がいましたが、彼女や日本人女性との間に子はいません。商館当初のメンバー8人のうち、すぐ海外に派遣されて戻らなかったピーコックとカーワーディンを除いて、アダムスを含めたほかの5人はいずれも日本で子をもうけているので、この点は例外です。

失意のうちにイギリス商館を閉鎖したコックスは、1623年12月23日にイギリス船ブル号で平戸を出航し、翌1624年1月27日にバタヴィアへ到着しました。ただ、現地で厳しい査問や譴責を受けることはなく、この件は本国東インド会社本部の裁断に委ねられました。2月22日にバタヴィアを発ち、アン・ロイヤル号でインドのスーラトに向かいましたが、3月27日にインド洋上で死亡し、再び故国を見ることはありませんでした。

ただ、コックスは結果的に大きな貢献をしました。それは大部の日記や多数の手紙類を残したことで、江戸時代初期の歴史研究に寄与したからです。むろんイギリス人、および商館長の立場から述べられているので、内容の客観性に疑義があるのは否めませんし、東インド会社が強く非難している商館の浪費など、自分に都合の悪いことにはあまり触れていません。また、文章が冗長で曖昧な表現が多いとも言われます。しかし、淡々として時にユーモラスな文章に大言壮語や極端に感情的な表現が見られないところは、コックスの性格が表れています。

いずれにしても、これらの日記や手紙は、江戸初期の日英関係を基軸にした日本外交の実態、当事者たちの人間模様、一般庶民の生活、幕府の施策などを知るうえで極めて重要な史料となっています。

テンペスト・ピーコック（？―1614）

東インド会社の「第八航海」ではトマス号に乗船して船長を務めていました。バンタンからクローヴ号で日本に来航すると、セーリスに帯同して駿府と江戸に参府しています。

1614年3月15日、ピーコックはカーワーディンと共に商館最初の海外貿易のためにコーチシナへ向かいました。しかし、以前オランダ人が現地の村を襲撃した事件があったため、現地人はオランダ人に恨みを持っていました。ピーコックはオランダ人と共に現地の有力者たちと貿易交渉にあたりましたが、宴会の席上で泥酔して無礼な言動を行ったため、彼らから激しい反発を受けました。その後、オランダ人らと川を航行しているとき、故意の衝突を受けて乗船が転覆し、溺れかけたところを「魚を銛《もり》で衝くように」刺殺されたと言います。

前章で述べたように、アダムスはピーコックとカーワーディンの消息と事件の真相を知るために現地へ赴き、関係者から話を聞き出しました。しかし真相究明には至りませんでした。

ウォルター・カーワーディン（?―1614?）

商務員補として上記のピーコックに同行しましたが、消息不明になりました。ピーコック同様に襲撃されたようですが、おそらく逃亡し、コーチシナからは離れたものの、そののち船が沈没したと思われます。

リチャード・ウィッカム（?―1618）

正確な出身地や生年は明らかではありませんが、1613年の手紙に「ウィルトシャー（イングランド南西部）のデヴァイザス（ウィルトシャー中央部の町）に暮らす貧しい未亡人の母」とあるので、同地出身の可能性が高いとみられます。

ウィッカムの東インド会社との関わりは「第四航海」からで、2隻編成の船隊の1隻ユニオン号に商務員として乗船し、1608年3月に母国を出帆しました。2隻は喜望峰《きぼうほう》を通過してから互いを見失い、ユニオン号の乗組員は僚船の消息を尋ねるためにアフリカ東岸のザンジバルへ上陸しました。しかし、ウィッカムら数人は現地のポルトガル人に捕囚され、1609年1月にゴアへ移送されました。1年後にゴアからリスボンに送られますが、移送船に乗船していたペルシア大使のスペイン人外交官と懇意となって、リスボンでは大使の居宅に住んでいます。しかしそこから逃亡し、いったん本国に戻りました。

ウィッカムは、ジョン・セーリス率いる「第八航海」の商務員として再度東インドに向かい、日本に来航してイギリス商館の一員となります。商館員としての本格的な活動は1614年初めの江戸駐在から始まりました。江戸では4ヶ月間、精力的に販売活動を行ったあと、8月には平戸に戻ります。江戸での駐在期には多くの手紙を書いていますので、商売の実態がよく伝わってきます。

しかし、ウィッカムの評判は良くありません。そもそも商館に着任した当初から「賃上げ」を要求し、かつて司令官セーリスに「年俸80ポンド出さなければ商館には勤務しない」と宣言していましたが、実際には20ポンドしか貰えなかったことに不満を持ち続けていたようです。ただし、のちに35ポンドに昇給しています。

1614年12月、ウィッカムはアダムスに同行して会社の貿易船シー・アドヴェンチャー号でシャムに向かいます。しかし同号は嵐で損傷し、目的地に達することなく琉球に足止めされました。それでも抜け目のないウィッカムは災難を絶好のチャンスに転じ、個人的に竜涎香《りゅうぜんこう》を大量に買い入れて帰国後に大儲けしました。後日これを知ったコックスは、ウィッカムを強く非難しています。ウィッカムは、その後も会社の仕事の傍《かたわ》ら自身の蓄財にも精を出しています。1616年には、大坂と京で営業活動をして平戸に戻りました。この間、コックスらに多くの手紙を書いています。

日本滞在が3年を経過したころから帰国を希望していたウィッカムは、1618年2月、日本に別れを告げてアドヴァイス号の船客として平戸を出航し、バンタンに向かいます。バンタンでは本国の母や叔母に宛てて手紙を書いています。帰国を熱望していたウィッカムでしたが、熱暑のうえ疫病のはびこるバタヴィアに移動してから体調を崩し、1618年秋に死亡しました。

ウィッカムは総額1400ポンドにのぼる莫大な遺産を残しました。これは商館の年収35ポンドの40倍、アダムスの遺産の3倍近くにあたります。東インド会社は、ウィッカムの遺産が会社の資金を流用して得られたか、あるいは横領したものであると判断し、全額を会社が没収すべきものと主張しました。しかし、本国の母はこれに異議を唱え、粘り強く裁判を継続しています。結局1624年、裁判所は東インド会社に対し、ウィッカムの母に息子の遺産を渡すよう命じています。

なお、ウィッカムには日本に2人の愛人がいました。一人は堺の「おまん」(於萬)で、もともとイートンの愛人でしたがウィッカムに「売られ」ました。もう一人は平戸の「ふみ」で、ウィッカムの離日後に女児を産んでいます。母子のその後は不明です。

ウィリアム・イートン(?―1668以後)

イートンは、アダムスがコックスの次に信頼を寄せていた商館員です。アダムスの死に臨んではコックスと共に遺言の立会人になり、それを筆記しています。イートンは来日後まもなく上方《かみがた》に配置され、大坂や堺、および京で営業活動をしていましたが、1616年4月に平戸へ戻りました。直後の5月、雪ノ浦《ゆきのうら》(現、長崎県西海市大瀬戸町)で材木の買い付けをめぐって日本人材木商と乱闘し、相手を殺害したため大村藩の牢に投獄されました。コックスの指示で商館員ニールソンが現地に赴き、大村藩主の大村喜前《おおむらよしあき》に執り成しを依頼した結果、6月に解放されました。

その後イートンは、アダムスとウィッカムに帯同して同年8月から12月まで駿府と江戸へ参府しました。そのとき大坂で、以前の愛人「はや」と2人の間の娘ヘレナに会っています。このときイートンの平戸帰還を聞いた「はや」が、11月にイートン宛てに書いた手紙が残っています。そこにはイートンへの思慕と惜別の情が込められ、再会できて嬉しかったこと、イートンが平戸に帰ることを聞いてあまりに名残惜しく、帰る前にもう一度会いたいことなどが切々と述べられています。

イートンは平戸に帰着してから1616年末から翌年9月まで、および1618年1月から翌年8月までの二度、朱印船貿易でシャムに航海しました。イートンはアダムスの遺言を筆記し、アダムスからは全書籍と全航海用具を遺贈されています。

イートンは商館閉鎖まで平戸に残り、1623年末、同名の息子ウィリアム（日本名「ウリエモン」）を伴ってコックスと同じブル号で帰国の途に就きました。イートンは日本で3人の子をもうけています。堺の女性「はや」との間に娘ヘレナを、平戸でも「いしきりばん・かめそう」との間に息子をもうけました。ほかにも一人、母が不明な息子がいたようです。

「いしきりばん」とはポルトガル語「エスクリヴォescrivo」の転訛で、イートンの職名の「書記」を表します。「かめそう」を「亀三」と推定する説もありますが、当時の庶民女性の大多数は「かめ」「きく」「まつ」「ふく」「まん」など2音節の名なので、不自然です。商館閉鎖から10年後の寛永十一年（1634）から万治二年（1659）までの平戸の『宗門改人別帳《しゅうもんあらためにんべつちょう》』に「かめそう」はなく、「かめ」が22人、「かめす」が一人見えます。この「かめす」が件の「かめそう」なのか確認する術はないですが、「かめそう」は「かめす」の訛りとも考えられます。いずれにしても、この女性はイートンの職名に自分の名を結びつけて呼ばれていたようです。次に述べるコックスへの手紙には、わかりやすいように通称で名前を記したのでしょう。

息子ウィリアムは日本風に訛って「ウリエモン」と呼ばれました。母「かめそう」はウリエモンのイギリス渡航を案じ、1624年1月21日に平戸を出航したオランダ船フーデ・ホープ号に託してコックスに手紙を送っています。この手紙は、同船出航直前の元和九年十一月廿四日（G1624/1/14）付けで認《したた》められました。なお、追記にfrom Cametho to Capt.Cocksとあります。

そこでは、自分たちが変わりなく過ごしていること、日本在留中のコックスには非常に世話になったこと、誰よりもコックスを頼りにしていることを記し、くれぐれも息子ウリエモンのことをよろしくと懇願しています。かつてパートナーだったウィリアムへの哀惜の情は伝わってきませんが、最後に「コックスがイリキエバン（ウィリアム）ともうまくやってくれるように」と付け加えています。しかし、この手紙を運んだオランダ船が同年4月2日（G）にバタヴィアに到着したときには、コックスの乗船したアン・ロイヤル号がはすでに現地を出航したあとで、コックスも死亡していました。

一方、1624年11月30日（G）付けで平戸のオランダ商館長ナイエンローデからバタヴィアのジョゼフ・コクラムへ宛てた手紙には、「イートン氏には、ここ日本に聡明な息子がいます。その子は太っていて父親そっくりです。その子が神の祝福を受け、成長したら無事に父の祖国を見られるよう祈念します」とあります。ただ、「かめそう」がコックスに宛てた手紙はこの子について触れていませんし、ウリエモンも日本を離れています。ナイエンローデが言及した子の母が「かめそう」なのか、あるいは別の女性かは不明です。

イートン父子のイギリスでの生活もはっきりしません。1626年12月2日、イートンは東インド会社に平戸商館の状況を審問されました。平戸でのコックスの行状や死因、商館の従業員数、彼らの遊興の状況、コックスによる商館財産の浪費に関することなどです。しかし、イートンの返事は冷淡で曖昧なものでしたので、会社は後日記録を残すように求めています。翌年3月上旬には、「ビジネス終了に伴って、日本からの商務員ウィリアム・イートンの要望が会計検査官に照会された」ので、平戸商館関係の清算はこのころまでになされたのでしょう。なおイートンは、1632年8月7日付けで、東インド会社に残りの俸給の支払いとキャラコ（綿製品）の運送費の免除を求めています。

日本を去って16年後の1639年、父の国で無事に成長したウリエモンことウイリアム・イートン・ジュニアは、ケンブリッジ大学トリニティ・カレッジに入学していました。また同年にはイギリスに帰化を申請し、2月9日付けで承認されています。かのアイザック・ニュートンが同カレッジに入学する20年あまり前のことです。帰化したとはいえ、江戸時代初期に日本人の母を持つケンブリッジの学生がいたとは驚くべきことです。

ちなみに、オランダ商館長フランソワ・カロンが日本人妻との間にもうけた2人の息子も、1643年に長子が、1654年に三男が、それぞれ神学と哲学を修めるためライデン大学に入学しています。さらに同商館商務員のカーレル・ハルティンクの息子ピーテルも、1654年に哲学を修めるため同大学に入学しています。

しかし、ウィリアム・イートン・ジュニアは学業途上で病気を患い、1640年ころ国王チャールズ1世に次のように請願しています。

東インドでも最遠方の日本に生まれた請願者は、篤志家たちの好意でイングランドに連れて来られ、現在ケンブリッジのトリニティ・カレッジの上級学年に在籍しています。彼は先日の研究生選考のとき重病に罹ってしまって機会を失い、カレッジでの学業継続の望みが絶たれてしまいました。願わくば彼が次の研究生として推薦されますよう（D. Massarella, p. 322)。

しかしデレク・マサレラによれば、トリニティ・カレッジの名簿にウィリアム・イートンの名前はないとのことです。請願は却下され、卒業も叶わなかったのでしょうか。

30年近く経った1668年、東インド会社は「ロンドン・ハイゲート（現、カムデン区内）に住む、日本で次席だったウィリアム・イートン氏に、対シナ貿易の可能性と日本との貿易再開について」参考意見を求めています。会社は当時、この問題について盛んに論議していました。このときイートンは相当高齢だったでしょうが、提言した記録はありません。

いずれにしても、対日貿易の再開を目指したイギリスは、平戸商館閉鎖からちょうど半世紀後の1673年6月（寛文十三年五月）、東インド会社船リターン号を突如長崎に入港させました。日英間の貿易再開を求めましたが幕府から退去を命じられた、いわゆる「リターン号事件」です。ピューリタン革命、共和政時代、さらに王政復古と、政権交代の混乱を経てようやく安定期を迎えたイギリスは、英蘭戦争の結果、再び東アジアおよびフィリピンとの貿易の可能性を探っていました。

実はこれには、かの鄭成功《ていせいこう》（国性爺《こくせんや》）が1662年に、台湾からオランダ人勢力を駆逐したことが背景にあります。鄭成功の母で平戸藩士の娘田川マツ（1601―1646）は、ちょうどイギリス商館が存在したころ平戸で成長し結婚したので、イートン父子を知っていたでしょう。

リチャード・ハドソン（1605頃―1648）

リチャード・ハドソンは、北米の「ハドソン川」「ハドソン湾」「ハドソン海峡」などに名を残す著名な探検家ヘンリ・ハドソンの次男で、1605年ころの出生と言います。未亡人となって困窮した母カサリンの要請により、1614年に東インド会社の派遣船サマリタン号の航海士に委ねられ、バンタン経由で翌年8月末にホジャンダー号で来日しました。わずか10歳ほどのリチャードが商館の小間使いとして日本に残されたのです。コックスはリチャードに日本語を習得させ、将来は京の駐在員として活動させる意向でした。しかし、まもなく幕府の貿易制限方針によって平戸に留まざるをえなくなったので、コックスは1617年2月、ハドソンを日本の学校に通わせています。

ハドソンは商品代金の支払いや受け取りの用達《ようたし》として働き、アダムスの死に際しては着物を遺贈されました。1622年にはセイヤーズとオランダ人に帯同して江戸に参府しています。また、その年にはオランダ人に拘束された7人のイギリス人船員の解放を求めてイートンに付き添い、ヤン・ヨーステンとの交渉にあたっています。しかしハドソンは、このころバタヴィアに手紙を送り、ずっと無給で働いている自身の境遇に対する不満を述べ、帰国を希望しています。1623年にハドソンは、イギリス商館の閉鎖を幕府に伝えるメッセンジャーとして、再び京に赴いています。

日本を離れたハドソンは、コックスらとバタヴィアに到着後しばらく現地に滞在しました。1626年にはコロマンデル海岸（インド南東部）北方の港町マチリパトナムに向かい、そこで准商務員として勤務しました。この町は、のちにチェンナイ（マドラス）に役割が移るまでインドにおけるイギリスの拠点でした。ハドソンは1630年にいったんイギリスに帰国しましたが、プリマス発のホープウエル号で翌年7月に再度マチリパトナムに到着し、コロマンデル海岸一帯で東インド会社のビジネスに従事しました。

一方、ハドソンは非行者を掲載した会社の「黒書1635―39年版」にその名があります。1640年7月24日付けの東インド会社の記録によれば、インド・コロマンデル海岸の従業員トマス・クラークなる者とハドソンが現地で不法行為を起こしたため、ウィリアム号で本国に送還され、逮捕されてロンドンのプルトレー・コンテ牢獄(現、バンク駅西方。通りの名あり)に収監されました。2人とも1000ポンドの告訴を受けていました。しかし、牢獄に伝染病が流行して彼らに死の危険が及んだこともあって、彼らは国外に出ないことなどを条件に保釈されます。

告発された2人は、その後も互いに法廷で争い続けました。クラークはハドソンが彼を捕らえて8レアル貨1800レアル分を含む財産を強奪したと主張しました。ハドソンはこれに抗弁しましたが、委員会はこれ以上審理しないことを決め、クラークに5ポンドが仮払いされています。

ハドソンは1644年にはバンタンに戻って商務員を務めていたようで、このとき夫人は夫の俸給から毎年15ポンドを得ることを認められています。その後、ハドソンは1647年にベンガル湾地域担当の主管となりましたが、翌1648年初めに同地で死亡しました。

ウィリアム・ニールソン(?―1620)

商館では主に接待役を務め、また得意の数学を生かして会計係も担当しました。1616年5月には投獄されたイートンの救援のために雪ノ浦へ送られています。しかし、ニールソンは健康を害しがちなうえ、酒癖が悪く、日本人とも外国人ともしばしば激しく喧嘩しました。日本人女性との間に娘ヘレナがいます。不養生と過度の飲酒がたたったニールソンは、アダムスに先立つこと2ヶ月、1620年3月に平戸で死亡しました。

エドムンド・セイヤーズ（？―1626）

洗礼名は「エドワード」とも、姓は「セーリス」とも言われ、ジョン・セーリスと遠縁です。セイヤーズは商館成立後間もない1614年の初めに対馬《つしま》に派遣されて、香辛料の販売や朝鮮との交易を模索しました。しかしどちらもうまくいかず、半年足らずで平戸に戻っています。その後はアダムスと共に朱印船貿易に携わり、シャムとコーチシナを目指してそれぞれ二度ずつ渡航を試みましたが、現地に達したのはそれぞれ一度のみです。セイヤーズは商館の創設から閉鎖までずっと商館員として勤めましたが、ほかの商館員とは異なってアダムスからの遺贈品がありません。アダムスの死のとき、日本人との乱闘騒ぎで平戸から離れていたことが理由でしょうか。

セイヤーズには愛人マリア（日本人）がおり、彼女との間に娘ジョアンナをもうけました。マリアは、イギリス船ジェームズ・ロイヤル号の事務長が日本女性との間にもうけた男児ヘンリの受洗に際して代母を務めています。ちなみに代夫はイートンです。1622年の年末、セイヤーズはハドソンを伴い、オランダ人たちと共に英蘭関係の修復のため江戸に参府しましたが、商館が閉鎖されるとコックスと同じ船で日本を去りました。愛人マリアと娘ジョーンの母子はやがて幕府の追放策により、1639年にブレダ号で長崎を出航し、翌年元旦にバタヴィアへ到着します。このときの記録によればジョアンナは18歳なので、1622年ころの生まれとなります。
一方、バタヴィアに渡ったセイヤーズは1624年にアン号の商務員となり、インドのスーラトで勤務したのち、1625年11月にはペルシア湾に派遣された艦隊の商務員となりました。しかし翌1626年、イングランドへの帰国途上にジョナス号の船上で死亡しています。これを知った彼の弟と妹は、東インド会社に兄エドムンドの遺産の請求権を主張しました。会社は当初、エドムンドには会社への負債があるとして支払いを渋りましたが、結局1627年1月、親族に100ポンドを支払っています。

ジョン・オスターウィック（?—1626）

1614年にイングランドを出航した、デヴィッド・ミドルトン指揮下の合資制東インド会社「第三航海」に事務長として参加しました。バンタンを経てホジャンダー号で来航し、会計係として日本に残留します。コックスは若いオスターウィックを「自惚《うぬぼ》れの強すぎる尊大な青年」と評しています。商館閉鎖後はコックスらに帯同して離日し、バタヴィア到着後は平戸商館の収支を清算するため現地に残りましたが、1626年に死亡しています。

第14章　アダムスの家族――イギリスと日本

1　本国の妻メアリ・ハイン

アダムスは1589年8月20日、ライムハウス北隣のセント・ダンスタン教会で、メアリ・ハインと結婚式を挙げました。メアリの出自は不明ですが、姓のハインHynnはフランドルにルーツがあるようです。パタニにやって来たフランドル系オランダ人商務員にランベルト・J・ハインHeynという人物がいますが、メアリも同様の可能性がかなりあります。ネーデルラントとスペインの八十年戦争では多くの人々がフランドルを離れていますので、その移民かもしれません。

後年、アダムスは「未知の友人宛」の手紙で「夫や父のいない哀れな妻と2人の子どもたち」としているので、アダムス夫妻には2人の子がいたことがわかります。うち一人は娘のデリヴァランスですが、もう一人の名前や性別はわかりません。ただ、手紙で「娘たち」ではなく「子どもたち」とあるのは、もう一人が息子だからでしょう。ちなみにアダムスは、1620年に遺言で本国の妻子に財産の半分を遺贈していますが、遺言状でも「子どもたちchildren」と複数形になっています。

夫が日本で生存していることをメアリがいつ知ったのかは不明です。第5章で述べたように、すでに1601年8月下旬、オリフィエール・ファン・ノールト隊が世界周航の航海からオランダに帰着し、マヒュー船隊の生き残り船員14人が日本で生活している情報をもたらしています。このことは、まもなくイギリスに伝えられたでしょう。しかし、この時点で船員個人が特定されていた可能性は少ないとみられます。

来日して5年を経たころ、アダムスは妻宛てに手紙を書き、帰国に向かった元船長クワケルナックに託しました。この手紙には、オランダを発ってから日本に辿り着くまでの七難八苦の航海の様子や、豊後来着後に日本人から介護されたものの、ポルトガル人から海賊と非難されたこと、のちに大坂へ移送され、徳川家康の尋問を受けたところで中途半端に終わっています。この手紙をいち早く『パーチャスの遍歴記』に載せたサミュエル・パーチャスによれば、「残りの部分はこの手紙を届けた悪意ある人々によって削除」されました（第6章参照）。

この手紙の冒頭には「愛する妻へ」とありますが、文体は終始沈着冷静で淡々としており、妻や子どもたちとの再会に身を焦がすような情熱的な表現はありません。こうした姿勢はアダムスに一貫して見られます。コックスの日記にはアダムスが激怒したという行《くだり》も多少ありますが、ふだんあまり感情を表に出す性格ではなかったのでしょう。もちろんアダムスは、本国に残した妻子のことを心底案じていました。後日、繰り返し東インド会社に送金を依頼していることからもそれはわかります。

アダムスの手紙を携行したリーフデ号の元船長ヤコブ・クワケルナックは、1605年に平戸からパタニに向かいました。元船長は翌年オランダ艦隊に合流してから対ポルトガル戦に加わり、自身は戦死しましたが、艦隊は1608年9月にオランダへ帰国しました。家康がオランダ総督に宛てた親書は届いていますので、「残りの部分を削除された」アダムスの手紙も、まもなく妻は手にしたと思われます。さらに、クワケルナックやサントフォールトの伝言によって、アダムスが日本で厚遇されていることも妻に知らされたでしょう。ただアダムスは「未知の友人宛」（1611/10/22）では、自身も本国の妻子も互いの消息がわからないとしています。

一方、日本から夫の手紙を受け取ったメアリは、夫に返信していたようです。そのことはアダムスの「スポルディング宛」手紙（1613/1/12）から判明します。そこには「妻や友人たちが2隻の船で多くの手紙を送りましたが、ほんの数通だけ私のもとに届きました」「友人ジョン・ストークルと東インド会社総裁のトマス・スミスからの2通の手紙のみ受け取りました」などとあります。これらの手紙は、1611年2月にイギリスを発って翌年6月にパタニに到着した東インド会社「第七航海」のグローブ号から、当時同地に碇泊していて二度目に日本へ向かったオランダ船ロート・レーヴ・メト・ペイレン号に託されて届きました。

いずれにしてもメアリは、夫が日本にも妻子がいることを知ったでしょう。イエズス会宣教師たちは早くからそれに気づいていましたし、日本に渡航してアダムスの妻子に会ったセーリス自身、1614年に本国へ帰国しているので、当然そのことを周囲に話したと思われます。さらに、慶長遣欧使節の一行がセビーリャで1614年12月にイギリス人外交官へ「アダムスが（日本の）上流階級の夫人と結婚した」と伝えています。これらの情報も、まもなくメアリに届いたに違いありません。

アダムスは東インド会社総裁スミスの手紙（現存せず）によって、イギリスから多くの手紙が自分宛てに発送されていたことと、妻の近況を知らされました。スミスがメアリに20ポンドを貸してくれたことにも感謝しています。この手続きを進めてくれたのは、ライムハウス時代の仲間ウィリアム・バレルであることが「トマス・ベスト宛」の手紙から推測できます。長期間不在の夫を待ち続けたメアリが、経済的にかなり困窮していたのは想像に難くありません。その後もアダムスは本国の妻に何度も送金を試みています。

東インド会社の議事録によれば、1614年5月、会社はメアリに20ポンド貸与しており、翌年4月、メアリはアダムスの俸給から30ポンドを支払うよう会社に要請し、会社はこれに応じました。さらに1618年2月、コックスが東インド会社に宛てた書簡によれば、コックスはまもなく日本を発つイギリス船アドヴァイス号でアダムスの妻に50ポンド送ること、および昨年すでにトマス号でも60ポンド送ったことを伝えています。これに対して1619年1月、会社はメアリの要求により、アダムスが託した66ポンドのうち6ポンドだけ支払っています。

1620年の死に際して作成した遺言状で、アダムスは「財産の半分をイギリスに残してきた妻と子たちに与える」としています。先述のようにアダムスには二子があり、一人は娘デリヴァランスですが、もう一人については手がかりがありません。ただ、アダムスの死から半年後の1620年12月にコックスが東インド会社に宛てた書簡では、「夫人（メアリ）が別の者と結婚しているかもしれないので、（贈与した遺産の）全部を妻に相続させるのは彼（アダムス）の本意ではなく、（妻と娘の）両者で均等に分けるように」と念を押しています。またその際、夫人と娘に東インドでの算定額の2倍、200ポンドを支払うよう求めています。

アダムスの死後も、コックスはメアリ夫人に少なくとも二度手紙を送っています。1通目は162

0年12月14日の条にあり、平戸を発つイギリス船ジェームズ・ロイヤル号の司令官マーティン・プリングに託しました。この船は5ヶ月前（7月23日）に平戸へ来航し、12月17日に出航しています。この手紙は現存しませんが、内容はアダムスの遺産処理に関することに違いありません。というのは、同日付けで東インド会社に宛てた手紙も同様にプリングに託され、そこにはアダムスの遺言状と遺産目録の写しを夫人に送るとあるからです。同船は1621年9月19日に本国へ帰着しました。

なおコックスは日記に、司令官プリングがアダムス一家と長く親交があると記しています。詳しい経緯はわかりませんが、プリングが日本到着後に、本国ではアダムス夫人たちと交流があったとコックスに語ったのかもしれません。なお、プリングも出自がフランドル系と考えられますので、アダムス夫人とは同郷の繋がりも考えられます。

2通目は1621年9月30日の条にあり、オランダ船スワン号で離任するジャック・スペックスに託したものです。内容は不明ですが、アダムスの遺族に対して自身が便宜を図った遺産相続の確認でしょう。コックスが送ったこれら遺言状の写しと手紙は、メアリ夫人の元へ届けられたでしょう。ただ、メアリが存命中にアダムスが遺言で示した遺産を全部受け取ったことはないようです。その後も娘のデリヴァランスがその支払いを会社に求めているからです。

ところでメアリは再婚したのでしょうか。

アダムスの存命中にその形跡はありません。メアリは東インド会社の議事録に何度か登場し、すべて「ウィリアム・アダムスの妻」となっているからです。一方、ジリンガムの歴史家P・G・ロジャーズは著書『日本に来た最初のイギリス人』で、セント・ダンスタン教会の記録によって、メアリが再婚および再々婚をしていたと述べています。それによれば、一度目の相手は1627年5月20日に針職人ジョン・エイクヘッドJohn Akehead、二度目は1629年4月30日にラトクリフの船乗りヘンリ・ラインズHenry Linesでした。

この説のとおりならば、メアリはかなり高齢で再婚と再々婚をしたことになります。メアリの年齢はわかりませんが、仮に1564年生まれのアダムスより数歳年下としても、1627年には60歳くらいになります。もちろんその年齢での再婚や再々婚が不可能とは言えません。しかし、この説は東インド会社役員会の議事録と矛盾します。1624年8月13日の議事録によれば、メアリはこのときすでに死亡しており、遺言で自分の財産すべてを娘のデリヴァランスに与えています。会社の記録が正しいならば、メアリは生涯夫を待ち続け、夫の死後間もなく20数年間生き別れたままの夫を追うように天に召されたことになります。

メアリ夫人の墓の場所はわかりませんが、明治・大正期に地理学者および政治家としても活躍した志賀重昂《しがしげたか》は、明治末期にアダムスの故郷「ギリンガム（ジリンガム）」に立ち寄り、「アダムスの遺妻を埋めたと伝える古寺を探り、孤鸞《こらん》の永夜に哭いた当年を追想し、徘徊する多時」と感慨を込めて記しています。「古寺」とはセント・メアリ・マグダレーン教会と思われます。しかし筆者が同教会に尋ねたところ、メアリの墓はそこにはないとのことでした。

2　本国の娘デリヴァランス

アダムスの結婚は1589年で、ウェブサイト「歴史文書と家系図Historical records and family

trees」によればデリヴァランスの生年は1591年です。仮にその数年後に息子が誕生したとすれば、アダムスの死亡時には20代後半になります。しかし、アダムスの手紙や東インド会社の記録にイギリスの息子についての言及は皆無です。1613年にクローブ号が平戸へ来航したとき、一時期アダムスは商館員となって何度かイギリス人と接触していますが、その間、本国の息子の消息は知らされなかったのでしょう。

娘のデリヴァランスは1618年9月30日、両親と同じセント・ダンスタン教会で、1580年生まれのラトクリフの船員ラルフ・グッドチャイルドと結婚しました。母メアリが1618年1月、東インド会社に夫の俸給の一部を請求しているのは、娘の結婚と関係があるのでしょう。このときデリヴァランスは26、27歳なので、当時の平均的な結婚年齢からすればかなりの晩婚です。グッドチャイルド夫妻には翌1619年10月に長女が誕生しましたが、生後すぐ死亡しました。次女ジェーンは1621年4月8日に受洗しています（大英図書館ウェブサイト、マーガレット・メイクピース氏）。

アダムスの孫ジェーンの生涯はわかりませんが、もし無事に成長して子をもうけ、さらにその子孫が代々存在するならば、アダムスの血統は現代にも続いているのかもしれません。なお、1624年8月13日付けの東インド会社役員会議事録には、父の遺産に関する娘デリヴァランス・グッドチャイルドの請願が記録されています。それによれば、デリヴァランスは会社に対し、ムーン号で本国に送られた父の遺産を支払うよう会社に督促していますが、前述のように母メアリはこのとき死去しています。

1624年8月13日「デリヴァランス・グッドチャイルドの東インド会社への申し立て」以前会社の社員だった故アダムス氏の娘デリヴァランス・グッドチャイルドは役員会に対し、父が先の遺言状で申請者とその母に、ムーン号、エリザベス号、ブル号により全遺産を彼女らで等分に分けるように遺贈したが、彼女の母（メアリ）もすでに死去しており、母は遺言で遺産をすべて申請者（デリヴァランス）に与えるとしている、と申し立てた。彼女はまた、エリザベス号については精算済みなので、ムーン号についての精算もなされると聞き、50ポンドが自分の取り分のはずと主張している。ゆえに彼女は、ムーン号の精算によって自身への支払い書が出されるように嘆願している。役員会は、彼女の言う遺言書はまだ見ていないと回答した。彼女はさらに、ある友人には金の支払い命令が届いていると主張した。役員会はその友人を呼んで事情徴収してから善処すると答えた（Farrington, p. 961）。

この請願から2ヶ月後の同年10月13日、33歳のデリヴァランスはグリニッジ市セント・アルフェージSt Alfegeのジョン・ライトJohn Wrightと再婚しました。前夫グッドチャイルドとの離別の理由や、一家のその後の消息はわかりません。デリヴァランスが請求した支払いが東インド会社からなされたかも不明です。

メアリのもう一人の子については記録がありません。一つの可能性として、アダムスの本国の息子は、少年期に航海関係の修業で行方不明になったのではないでしょうか。それを聞いた父は、それでも息子が帰還した場合に備えて、遺産の受取人に指定しておいたと考えます。ただコックスは、本国からの情報で現実的にその可能性はないと考え、娘だけに限定したのでしょう。

ところで、アダムスの子孫は現代にまで残っているのでしょうか。

噂はいくつかあるようです。牧野正『青い目のサムライ』によれば、牧野氏は1980年にイギリスのアダムスの生地を訪問した際、自称アダムスの子孫の女性と会っています。この女性は当時ロチェスターに在住していたジョイスB・R・E・キームさんと言いますが、ご本人は父親から聞いた話としているだけで確実な根拠はなく、真偽のほどは不明です。同書によれば、当時キームさんは73歳で、53歳の娘さんと50歳の息子さんがおられたとのこと。それからすでに40年、息子さんが存命されていても現在90歳です。キームさんの孫や曾孫、玄孫）たちがどこかでアダムスの血脈を継いでいるのでしょうか。なお、現在イギリスに確証のない「自称アダムスの子孫」は十数人いるようです。

また同書には、英字新聞『ジャパン・タイムズ』の1928年の記事にロンドンでアダムスの子孫に会った記者がいるとの文章があります。同書に詳しい説明はありませんが、筆者の調査では確かに1928年6月24日付けの同紙に、M・マッサダー記者の「ウィル・アダムスのロマンス——日本の領主となったイギリス人パイロット」という記事があります。それによれば、アダムスの子孫と主張する日本人がいましたが、その方は推定年齢57歳以上ですでに死亡しており、イギリスで未亡人生活を送っていた妻のマベル・アダムスさんもやはり死亡したとのこと。彼女はジリンガムの教会敷地に埋葬されましたが、教会の記録簿には何らかの間違いで「エリザベス・アダムス夫人」となっているとのことです。しかしセント・メアリ・マグダーレン教会によれば、この話にも確証はないようです。

3　アダムスの日本人妻

アダムスは1605年ころまでに日本で家族を持ちました。1603年に江戸が開府し、普請が本格的に始まったのは翌年からです。アダムスはそのころ日本橋近くに居宅をあてがわれ、日本人妻を迎えたのでしょう。ただ、この日本人妻の名前や出自ははっきりしません。コックスの日記にしばしば登場し、懸命に夫を支えていたことは間違いありませんが、今一つ実像が摑めず謎の残る女性です。夫人は一般に「馬込勘解由《まごめかげゆ》の娘」の「おゆき」とされます。しかし、どちらにも確実な史料的根拠はありません。筆者は以前書いた論文でこのことを扱いましたので、詳細はそれを参照して貰うことにし、ここでは要点だけを述べます。

馬込勘解由とは、日本橋大伝馬町《おおでんまちょう》に屋敷を構えて公儀の伝馬と人足を管轄し、江戸時代全期を通じて江戸と五街道の通交責任を担い、町の名主も兼ねた要人です。この役職は世襲されて代々その名で呼ばれました。現在、東京都内の中央区日本橋大伝馬町には屋敷跡の案内板があります。馬込家の初代は平左衛門といい、出身地は遠州馬込村（現、浜松市中区馬込町）です。天正年間から徳川家康に仕え、家康の江戸入府に帯同して江戸での伝馬役を務めることになりました。大伝馬町に居を定めたのは江戸の大改造が行われた慶長十一年（1606）のことで、家康古参の忠臣です。

しかし、アダムスと最も行動を共にしたイギリス商館長リチャード・コックスの大部の日記や多くの書簡に、馬込勘解由は全く登場しません。日本橋のアダムスの居宅から大伝馬町の馬込の屋敷までは極めて近く、徒歩10分も要しません。もし馬込がアダムスの義父だったならば、アダムスの江戸参府のときなどに駆けつけて何かと便宜を図ったはずですが、その形跡はありません。コックス以前に江戸を訪れたイギリス人司令官ジョン・セーリスのときも同様です。

一方、『イギリス商館長日記』の1616年10月17日の条には、逸見《へみ》（現、神奈川県横須賀市）のアダムス宅に滞在したコックスが「アダムスの義父にブラムポート産の更紗《さらさ》を1反贈った」とあります。ほかに何も説明がないので、これだけで「義父」の人物像はイメージできませんが、このときコックスは「義父」を何ら特別視していません。贈物は極めてありきたりの品で、ほかの家族と差がないことは平凡な庶民だったことを窺わせます。さらに翌1617年の7月24日には、「アダムス夫人の義父」とされる人物が夫人の手紙を携えて平戸のコックスのところまでやって来ています。

アダムス夫人は、仁右衛門殿がわれわれの商品の売り上げ代金を携えて当地に向かっている、と書いてきた。これらの手紙はアダムス夫人の義父Mrs. Adams father in lawにあたる老人に託されてきたが、この人は私に酒1樽と塩漬け魚3匹も持ってきた（『イギリス商館長日記』）。

このときコックスは、この老人からアダムスの息子ジョゼフ、義妹マグダレーナ、その夫アンドレア、および伊達政宗の通詞トメからの手紙も受け取っていますが、老人が「アダムスの義父」でも「夫人の父」でもなく「夫人の義父」となっているのは奇妙です。一般に「夫人の義父」とは「夫の父」、すなわち「舅《しゅうと》」です。しかしこの「夫人の義父」は、アダムスの父ではありえません。おそらくこの「夫人の義父」は前年10月に会った逸見の「アダムスの義父」と同一人物で、書き誤ったのではなく、コックスは前年の挨拶時に単に夫人の父と思い込んだのでしょう。

しかし「妻の義父であるが、夫の父ではない」とすれば、平戸にやって来たその「老人」は、妻とどのような関係なのでしょうか。以下の可能性などが考えられるでしょう。

①当時存命中だった夫人の母には再婚相手、すなわち夫人の「継父」がいた。

②夫人にはかつて前夫がいたが、死別などの事情によりアダムスと再婚した。ただ、その後もかつての義父とは何らかの交流があった。

③夫人はもともとある家の養女とされたので、コックスがその養父を「義理の父」とした。

いずれにしても、この老いた「義父」が逸見からはるばる平戸まで旅してきたとすれば、相当に旅慣れています。壮年で頑強なアダムスでさえ、その旅程にほぼ1ヶ月を要しているからです。このことは、その老人が通交関係の仕事に携わっていることを推測させます。

また同日記の1617年9月7日の条には、「浦賀の老人」が大坂の手前22リーグにあるタカサンガ（高砂。現、兵庫県高砂市）から、アダムスの手紙を大坂滞在中のコックスに持参したと記され、さらに同年11月25日の条には、平戸のコックスがアダムスの従者ジェンケセ（善吉）から江戸発信の手紙を数通受け取り、それらの発信人はアダムス夫人、その姉妹、一老人、ヤダイェ（弥太夫）でした。

いずれの手紙も内容はわかりませんが、この「一老人」が大坂に滞在中の「浦賀の老人」で、かつ既出の「アダムスの義父」「アダムス夫人の義父」である可能性は高いでしょう。しかし、老人が馬込勘解由だったとは考えられません。江戸の要職にある者がかくも遠方まで、自ら手紙や贈答品を携えて単身でやって来るはずはないからです。それでも、アダムス夫人に「父」か「義父」がいたことは確かです。

では、アダムス夫人が馬込勘解由の娘とされたのはなぜでしょうか。

筆者の調べた限り、明治期に出された新聞『横須賀新報』（1888）と菅沼貞風著『大日本商業史』（1892）が最も初期のものです。しかし両者とも出典を示していないので、幸田成友は、菅沼が「三雲屋」と「馬込」を取り違えた可能性を指摘しています。三雲屋とは、イギリス商館の江戸でのビジネスを当初一手に引き受けていた商人で、商館員の寄宿先でもありました。江戸駐在商館員のリチャード・ウィッカムが1614年5月22日付けで平戸のコックスに宛てた手紙には、「富裕で信用でき評判も良い、私の江戸での宿主ミクモヤ・ゲムドノMiqmoya Gemdonoと呼ばれる男に商品を託す」とあります。

「ミクモヤ・ゲムドノ」の「ゲム」の意味ははっきりしませんが、「ゲンドノ」とすれば「源」「玄」などが付いた名前と考えられます。三雲屋が日本橋界隈に住んでいたことや、両者の発音が似ていることもあって、この「ミクモヤ・ゲム」が「マゴメカゲユ」と混同されたというのです。アンソニー・ファリントンも『日本のイギリス商館1613年―1623年』（未邦訳）でMigmoyとMagomeを同一視しています。

しかし、コックスが逸見で更紗を贈った「アダムスの義父」、および平戸まで手紙を届けに来た「アダムス夫人の義父」はいずれも三雲屋ではありません。なぜならコックスは、これらの記述の前にすでに何度か三雲屋に言及してるからです。もしその老人が三雲屋ならばそう記すでしょうし、文脈からも三雲屋とは考えられないからです。コックスも三雲屋をアダムスの義父とはしていません。ちなみにコックスは、先述のように三雲屋に好印象を持たず、後日、商品の清算問題がこじれて三雲屋に強い不信感を持ち、取引を止めています。

ところで、当時の日本人は西洋人に対して相当な偏見を抱いていたことが、セーリスやコックスの旅行記からわかります。彼らは旅の途中に何度か砂をかけられたり、罵声を浴びせられたりしました。長く堺に住んでいたサントフォールトも長崎に転居するとき、外国人に慣れている長崎ならば好奇の目に晒されなくて済むと安堵しています。そうした時代に社会的地位の高い者が、いくら家康の寵遇を受けているとはいえ、娘を西洋人に嫁がせることには相当の抵抗があったでしょう。それゆえに、前出の幸田はアダムス夫人を「微賤の出ではないか」と推測しています。

一方、夫人が高貴な出であるという証言もあります。慶長遣欧使節がスペインのセビリャに滞在中、使節と面会したイギリス人ヴィクター・サックヴィルが、1614年12月9日付けで現地から本国に宛てた書簡に、「彼ら（慶長遣欧使節）は、かの地（日本）で上流婦人a principall womanと結婚し、大領主a greate Lordとなったイギリス人アダムスという者について私に話してくれた」とあります。ただ、石高220石から250石ほどでは「大領主」とは言い難いですし、「上流婦人」という形容にも誇張が含まれているかもしれません。なお、ここにも夫人の名はありません。

また、この書簡にある「イギリス人アダムスという者」という何気ない表現にも注意が必要です。当時の日本側史料はアダムスを「安仁」「あんし」「安針」などとしており、西洋人の人名を漢字の音に当てて表したヤン・ヨーステン（耶揚子）やクワケルナック（果伽羅那加）のような例は、アダムスにはありません。おそらく支倉常長《はぜくらつねなが》ら日本人使節の一行も、「アンジン」は聞いてはいても「アダムス」は知らなかったでしょう。では、現地で「アダムス」の名を挙げたのは誰でしょうか。

使節団に同行して案内と通訳を務めたのは、来日して布教活動を行っていたフランシスコ会宣教師ルイス・デ・ソテーロです。ヨーロッパ人の名に通じているソテーロにしてこそ、イギリス人使節に「アダムス」と伝えたでしょう。実は、ソテーロはアダムスと何度か接触していて、日本とヌエバ・エスパーニャ間の貿易の実現を画策していました。当然本名もアダムスの私生活も知り、夫人の出自も聞き及んでいた可能性があります。そのうえで「上流の出」としたならば、全く根拠のないことではないかもしれません。

また、コックスの日記や手紙から、アダムス夫人がキリシタンだった可能性は大いにあります。妹のマグダレーナやその夫のアンドレア（日本名「善徳」か）、親族のマリアなど、一族に洗礼名の者が何人かいますし、ほかにもキリスト教に関わっていたことを示唆するいくつかの事実が窺えるからです。

その一つとして、コックスがアダムス夫人に二度（1616年10月と1617年10月）絵画を贈呈し、最初のものが「ソロモンの絵」であることです。二度目は夫人と姉妹マグダレーナ、および2人の子たちに同じく絵画が贈られましたが、題名は不明です。ただ、コックスはその直前の9月に、大坂の定宿の息子に聖母子像とキリスト像の絵画を贈っているので、アダムス夫人もそうした絵画を贈られた可能性は十分にあります。当時の一般的な日本人女性でソロモンの意味を理解できる人は限られます。夫人は以前から聖書やソロモンについての知識があって、そのような絵を欲していたのではないでしょうか。

さらに夫人は1616年9月、浦賀の自邸にスペイン人を宿泊させています。江戸の噂ではスペイン人たちは聖職者で、逸見の家にも滞在しているとのことでした。この時期はキリスト教禁教令が出されたあとであり、宣教師の動向に神経質になっていた将軍秀忠の疑念とも相まって、このことは幕府がアダムスにさえ警戒心を向ける結果となりました。すでに家康は死去しており、その庇護がなくなったアダムスには明らかに不利な状況です。そのためアダムスは夫人に急使を送って、そうした行動は「生死に関わること」と注意を促しています。逆に言えば、夫人はカトリックたるスペイン人にさしたる抵抗がなかったのでしょう。

いずれにしても、アダムス夫人がいろいろな場面で「内助の功」を発揮していることは疑いありません。何度もコックスと手紙をやり取りし、夫が浦賀や逸見、江戸に連れてきたイギリス人らを懇切にもてなしていますし、商館の仕事も支えました。先述の仁右衛門への指示にあるように、帳簿の作成もしていたようです。夫の死後もコックスと交流を続け、コックスが最後に江戸に滞在した1622年春にも宿を提供しています。

以上をまとめると、アダムス夫人についてわかっていることは、上流の出と言われること、ある程度の教育を受けていること、キリシタン色が濃いこと、名前が出てこないこと、老母および妹夫婦と同居していることなどです。さらに平戸まで旅のできる老いた父か義父もいました。

では、「馬込勘解由の娘」ではなく、さりとて「微賤」でもないとすれば、夫人の出自にはどのような推測が可能でしょうか。筆者は大正期に出された『日本橋区史　第四冊』の記述に関心を持ちます。その「三浦安針」の項には「家康はアダムスに勧め、江戸の馬込勘解由が寡婦某を斡旋して其の妻となしたれば……」とあります。すなわち、馬込勘解由は自身の娘ではなく、ある未亡人をアダムスに妻として斡旋したというのです。典拠が示されていませんので断定は難しいですが、筆者にはこの説のほうが周囲の状況に合うように思えます。馬込の娘ではなく、一族の出かもしれません。

イギリス人司令官セーリスが来日した1613年10月、アダムスは家康に采地の返還を申し出ましたが、その後も采地は息子ジョゼフに安堵されました。しかし、アダムス自身はそれ以後ほとんど平戸に滞在していたので、ジョゼフの年齢を考えると、采地の管理は実質的に夫人に委ねられたとみられます。アダムスは遺言で本国の夫人メアリには遺産分与をしていますが、日本人妻にはしていません。アダムスにしてみれば、「妻が2人」では「一夫多妻」や「重婚」となります。キリスト教倫理に反してまで明文化することはできなかったのでしょう。また、日本の封建道徳による「三従」の教えよろしく、アダムスは息子ジョゼフに采地を託すとき、将来しっかり母の面倒を見るよう伝えたに違いありません。

いずれにしても、1616年から1622年まで（1619年と1620年は大部分欠損）綴られたコックスの膨大な日記には、アダムス夫人が何度も登場し、アダムスの死後も含めてたびたび手紙をやり取りしているだけでなく、数回会ってもいます。しかし、日記に夫人の名が記された箇所は全くなく、原語の表現こそ多少異なりますが、いずれも「アダムス夫人」となっています。また、アダムス夫人について記された同時代の日本側史料として、従者善左衛門が元和四年十月下旬（1618年12月）に江戸から平戸のコックスに発信した書簡がありますが、そこにも「安仁内儀、子共たち、伝言被申候」とあるだけで、やはり名前はありません。

夫人にはなぜ名前がないのでしょう。もともと名前がなかったはずはないですし、アダムスが意図

図14-1　横須賀市逸見にあるアダムス夫妻の供養塔（田口義明氏撮影）

的に妻の名を秘匿したとも思えません。当時の既婚女性は、しばしば名前ではなく、例えば誰それの「お内儀《かみ》」など、夫の影の存在として呼ばれていたことも事実です。それでもコックスは、アダムス夫人の妹は「アンドレア夫人」とせず「マグダレーナ」と名前で記しています。筆者はこの点について、夫人自身の意思が働いていたのではないかと考えます。すなわち夫人には何らかの複雑な事情があり、周囲の偏見を承知でアダムスに嫁いだ時点で、それまでの名を捨てて「安仁内儀」として生きていく決意をしたのではないでしょうか。

　夫人は夫の死から14年後、寛永十一年七月十六日（G1634/8/9）に死亡し、戒名は「梅華王院妙満比久尼」と付けられました。現在、逸見の塚山公園にはアダムスと夫人を追慕する供養塔が建てられていますが（図14―1）、この供養場所そのものは寛永年間（1624―1644）からあったと言います。当時は武士の妻が夫と共に供養された例は少ないので、夫人に対する領民の思慕の念が伝わってきます。

4 ジョゼフ（三浦按針2世）

アダムスは日本で3人の子をもうけました。日本人妻との間の息子ジョゼフと娘スザンナ、それに平戸の女性との子です。平戸の子の名は不明ですが男児のようです。このうちジョゼフに関する史料は比較的多く残されていますが、スザンナのものは少なく、平戸の子についてはごくわずかしかありません。まずジョゼフの生涯を、1622年までは主に『イギリス商館長日記』、それ以後はオランダ関係の史料に拠って辿っていきます。

ジョゼフが最初に記録に現れるのは『イギリス商館長日記』1616年4月20日の条で、コックスがこの日に受け取った何通かの手紙のうち1通がジョゼフのものです。内容は不明ですし、当時のジョゼフの年齢もわかりませんが、すでに十分読み書きができたのでしょう。1605年のイエズス会の報告に「彼ら（リーフデ号の元船員たち）はすでに家族を擁している」とありますので、ジョゼフの誕生がこのころとすれば、その手紙を書いたときは現代の小学校高学年くらいの年齢でしょう。

以後、『イギリス商館長日記』にはジョゼフが断続的に表れます。家康の死去から数ヶ月経った1616年8月から9月にかけて、コックスがアダムスと共に江戸へ参府したとき、ジョゼフと母（アダムス夫人）は牛肉や麵麭《めんぽう》（パン）などの食べ物を差し入れました。次いでアダムスとコックスが逸見に到着したときも、ジョゼフは母と妹と共に一行を出迎えました。このときジョゼフはコックスから黒の更紗をプレゼントされましたが、コックスは「ジョゼフという息子は老皇帝（家康）から父の采地の相続を安堵され、そこには100の農園と世帯がある」と記しています。その3年前、アダムスは本国への帰国を家康に嘆願した際に采地の返還を申し出ましたが、すでにジョゼフは家康と秀忠から父の采地の後継者として認められていたのです。

9月下旬にいったん江戸を離れたコックスは、帰路に幕府から発行された貿易特許状の内容に大幅な制限が加えられたことを知って驚き、その改訂を求めて、急遽アダムスと共に江戸へ引き返しました。このとき、ジョゼフも妹スザンナも母に伴われて浦賀から江戸を訪れますが、その際は日本橋のアダムス宅に宿泊したでしょう。結局、特許状の改訂はならず、アダムスとコックスは落胆して平戸に戻ります。その帰路、コックスは京でジョゼフとスザンナのために人形を8体購入しました。もともと「ニホンカタンゲ（日本気質）」に則って義理堅いコックスですが、逸見や江戸でアダムスの妻子から受けた歓待に特別な謝意を表しました。

翌1617年7月にも、コックスはジョゼフとその母から手紙を受け取り、10月にアダムス夫人と子どもたちに贈物をし、ジョゼフとスザンナには麝香《じゃこう》、緞子《どんす》、絵画を発送しました。このように、コックスはアダムスの妻子と定期的に交流を続け、1618年秋にコックスが再度江戸へ参府したときも、ジョゼフとスザンナはアダムスの従者弥太夫と共に料理を携えながらコックスを出迎えています。このとき約1ヶ月滞在した江戸を去るにあたり、コックスはジョゼフに座布団用天鵞絨《てんがじゅう》（ベルベット）1反をプレゼントしました。

『イギリス商館長日記』の欠損部分（1619・20年）のことはわかりませんが、1620年5月のアダムスの死まで、コックスとアダムス夫人との間で何度かやり取りが交わされたでしょう。なお、父の遺言でジョゼフと妹のスザンナには全財産の半分が譲渡され、采地を継いだこともあって、父亡きあとも生活に困窮することはなかったと思われます。

コックスは、アダムスの死後も遺された一家を何かと気遣って支援し、交流を続け、まだ独り立ちには至っていないジョゼフを後見するため、いろいろ尽力もしています。例えば亡きアダムスの朱印状の扱いをめぐって、コックスはアダムスの義弟アンドレアが自分のものにしようとしていることを牽制し、長崎奉行の長谷川藤正《はせがわふじまさ》や船奉行の向井将監忠勝《むかいしょうげんただかつ》に働きかけて、ジョゼフへ渡るようにしました。

1621年から22年の冬にコックスが江戸参府を行ったときにも、ジョゼフと妹は前回同様、品川まで豪華な料理と酒を携えてコックス一行を出迎えました。ジョゼフはコックスから父の遺言によって刀2口《ふり》と脇差1口を渡されましたが、このとき故人への思いを共有する両者は感極まって落涙しています。またジョゼフは、コックスやオランダ商館から琥珀織《こはくおり》や縮緬《ちりめん》をプレゼントされました。

2月下旬、コックスに招待されたジョセフとスザンナは、ヤン・ヨーステンの義理の息子らと江戸で歌舞伎見物に出かけ、さらに3月中旬の離別のときにも、ジョゼフはまたも豪華な深紅の緞子を贈られました。その際コックスはジョゼフの教師にも琥珀織を贈っていますので、ジョゼフはなおも何らかの学習を継続中だったのでしょう。このときが両者の永遠の別れになりました。

イギリス商館は1623年に閉鎖され、アダムスの遺族の支えとなっていたコックスも日本を離れました。コックスは本国の土を踏むことなく、翌1624年3月末、帰航途上にインド洋の船上で死亡します。そのころ20歳前後の青年に成長したジョゼフは、父「三浦按針」の名を継いで貿易に従事するようになりました。ジョゼフは寛永年間に四度、すなわち元年（1624）、九年（1632）、十一年（1634）、十二年（1635）と「三浦按針」名で朱印状の発行を受けています。このうち最初の渡航先は暹羅（シャム）とみられることが、1625年1月17日（寛永元年十二月九日）付けのオランダ商館長ナイエンローデの次の書簡から判明します。イギリス商館閉鎖後、ジョゼフはオランダ人と親しく交流していました。

> 未だに一通の特許状も下付されない。そこでどんな船が当地から出帆するのか確かめることができない。ただアダムス君の息子だけが、昨年マニラやマカオ以外は、彼の望むところに渡航して良い特許状1通を手に入れたが、この特許状で、多額の買い付けをする意向の下に、一小船で暹羅に向かうだろう（岩生成一「蘭文史料からみた三浦按針とその家族」）。

寛永元年に発行された朱印状は6通で、うち3通は「チャイナ・キャプテン」と呼ばれた中国人豪商李旦（英名アンドレア・ディティス）に、ほかは角倉《すみのくら》与一《よいち》と末吉《すえよし》孫《まご》左《ざ》衛門《えもん》に各1通ずつです。したがって、西洋人関係では確かに「アダムス君の息子だけ」です。ただ、ジョゼフが父アダムスのようにパイロットとして海外に赴いた様子はありません。もし父が息子ジョゼフにパイロットとしての技法を伝授しようとするならば、早い段階から平戸や長崎に連れてきて実地に研修させたり、航海に帯同させたでしょう。しかし、父の存命中にジョゼフが平戸までやって来た様子はないので、あくまでも貿易商として活動し、仮に南洋まで航海したとしても船客としてと思われます。それでも父が死去しイギリス商館も閉鎖されてからも、ジョゼフは平戸や長崎に頻繁にやって来て、オランダ商館員や日本人有力商人と親しく交流しながら貿易に励んでいた様子が窺えます。

なお、新将軍徳川家光の内裏《だいり》参内を見物するために上京したオランダ商館員クーンラート・クラーメルの日記の1626年8月22日（寛永三年七月一日）の条に、ジョゼフを訪問した記事があり、「夕方遅くアダムス君の息子を訪問したが、彼の語ったところによれば、若将軍は今月22日に始めて内裏に参内して挨拶した由である」とあるので、このときジョゼフも京に滞在していたことがわかります。

さらに1629年8月5日付けのオランダ商館長ナイエンローデの書簡は「当河内浦に按針Ansieのジャンク船が来着し、同船によって航海士の次のような情報が判明した」としています。この文だけでは、この来着が寛永元年（1625）に受けた朱印状によるものかはわかりませんが、仮にそれを使用したならば、ジョゼフは1628年の冬場に日本発の貿易船を送り、シャムで取引したのち1629年のモンスーン期に現地から日本に帰着したことになります。

寛永九年（1632）の朱印状については、『長崎古今集覧』に「三浦舟申の五月二十六日（G7/13）渡唐、三浦安針の舟なり」とのみ記載があります。渡航先は明らかではないですが、暹羅かコーチシナでしょう。季節風を考えると日付は帰国日のものでしょうか。しかし、まもなく鎖国政策の影響がジョゼフらにも及び始めました。1634年5月7日付けのオランダ商館員ニコラス・クーケバッケルの日記によれば、この年に朱印状を授けられたのは、ジョゼフを含めて朱印船貿易に実績のある7人だけでした。

イギリス人アダムス君の息子——今は皇帝の兵士となり、三浦按針Miouras Ainsと呼ばれる——が訪ねて来た。彼から次の話を聞いた。古くからの慣例により、毎年皇帝の朱印状を受けている7人の人々（彼もその中の一人である）が、今年も変わりなく朱印状を受け取った。それは第十二の月（われわれの1634年1月にあたる）に彼等に渡された。これらの人々は次の通りである。平野藤次郎・末吉孫左衛門（東京《トンキン》）、茶屋四郎次郎・末次平蔵（コーチシナ）、橋本十左衛門・三浦按針（カンボジア）（『平戸オランダ商館の日記 第3輯』）。

しかし、これらの朱印状は活用できなかったようです。同じ日記の1635年3月12・13日の条によれば、ジョゼフらの貿易船は幕令によって次のように出航中止命令を受けています。

われわれが京と大坂にいる間に、いろいろな商人から次の話を聞いた。数日前、東京とコーチシナに行く用意をして長崎にいた商人とジャンク船の乗組員——この中に平野藤次郎、角倉、茶屋もいた——宛の手紙が届いた。……そして宮廷の命により、茶屋《ちゃや》庄二郎《しょうじろう》（四代目茶屋四郎次郎《しろうじろう》）のジャンク船はコーチシナに、按針のジャンク船はカンボジアに向かって、出帆しないことになった。彼らは前年、皇帝から朱印状を得ていたにもかかわらず、それぞれの航海を諦めることになったのである。

この文章の前段にはその経緯が述べられており、皇帝（徳川家光）がいくつかの理由を挙げて、朱印船貿易に不満を抱いているからとされています。すなわち、東京に向かう商人らが現地に武器を持ち出していること、およびコーチシナにおいても、マカオやマニラと通じている者によってキリスト教に勧誘されるおそれがあり、また日本在住の宣教師に資金援助をしていることなどが挙げられています。

ところがジョゼフと茶屋四郎次郎（四代目）には、翌1635年にも朱印状が発行されました。かつて父ウィリアムは茶屋の同名の父である三代目（清次）から厚遇を受けています。この年の朱印状発行は両者に対してだけなので、前年の中止を補う形になったのでしょう。寛永十年（1633）以後の朱印船貿易には、老中が朱印状の有効性を再確認した「老中奉書」も必要となり、それを得られたのは幕府重臣と結びついているごく一部の商人のみで、ジョゼフはその一人だったわけです。ちなみに、この2通が江戸時代最後の貿易朱印状になります。

一方、同年のいわゆる「第三次鎖国令」は日本人の海外渡航を厳禁したうえ、外国に密航した者は死罪とすると定められました。それでもジョゼフは、交付されたこの最後の朱印状を活用できたようです。当時のオランダ人の史料は、ジョゼフの船がカンボジアで大きな取引を行ったことを記しています。

それによれば、1635年に長崎から出帆した日本船が朱印状を携えておよそ1年間カンボジアに滞在し、商品の鹿皮を7万枚、大量の鮫《さめ》皮、100斤12テールの黒漆を3万斤、若干のクルミなどを買い付け、1636年5月末日に現地を出航しました。この船は同年7月27日に長崎に帰着し、利益は10割だったと言います。本格的な鎖国体制に入る直前の厳しい状況下でも、極めて例外的にジョゼフの貿易は認められていたのです。幕閣による特別な計らいがあったからでしょう。

なお、平戸オランダ商館員ウィレム・フェルステーヘンが、1635年12月7日付けでバリンボアン海峡（スンダ海峡）の船上から、バタヴィアのオランダ東インド会社総督ヘンドリック・ブラウエルに宛てた手紙に、ジョゼフの名があります。フェルステーヘンは長く平戸オランダ商館に勤務し、のちに出島オランダ商館長も務めました。その手紙には過去に来日したドン・ロドリゴらの行動を回顧した部分が含まれ、内容自体には思い違いもありますが、ジョゼフが現在は江戸にいるとしています（岩生成一、前掲論文）。

これが済むと、一同乗船するためアカプルコへ向かい、別の3隻の船、すなわちセント・アンソ号、セント・セバスティアン号、およびアダムスが自ら建造した船――彼の息子アンジール（アンジン）は現在なお江戸にいる――と共に、ある者は日本へ、残りはマニラに向かって出帆した。

文中の「江戸」が浦賀や逸見と混同されていなければ、ジョゼフは逸見の采地と共に日本橋の住居も保持しながら、長崎で貿易活動を続けていたことになります。カンボジアから帰着した最後の朱印船を迎えて事後処理を済ませると、ジョゼフはすぐ逸見に向かいました。同じ寛永十三年八月二十四日（G1636/9/23）の記録に「鹿島御賓前大檀那三浦安針敬白」とあるからです。鹿島神社は逸見村の鎮守なので、長崎から帰ったジョゼフが村に神社を奉納したのでしょう。なおこの神社は、現在は浄土寺に隣接していますが、当時は現在の自衛隊横須賀基地内にあったとのことで、今の場所とは異なります。

この最後の朱印船と鹿島神社の建立に関連性が見て取れると考えるのは飛躍でしょうか。すなわち、前年の幕府禁令によって朱印状の発行が無くなり、日本人の海外渡航は禁止され、海外貿易がもはや不可能になったジョゼフは、これを転機に以後は逸見に留まることを余儀なくされました。神社の建立は、従来に区切りをつけて新生活に臨むジョゼフの決意表明ではないでしょうか。もちろん、その2年前に亡くなった母や、父への供養の意味もあるとみられます。

ジョゼフの記録が途絶えるこの時期には、鎖国政策の徹底で日本在住の混血児たちが海外に追放されています。では、ジョゼフが追放された可能性はあるでしょうか。

仮にジョゼフが海外に追放されるとすれば、行先はカトリック勢力の強いマカオやマニラではなく、オランダの支配地バタヴィア（現、ジャカルタ）となるでしょう。ちなみに1639年10月、長崎からの追放者をバタヴィアに運んだオランダ船ブレダ号の乗船者名簿には、リーフデ号の生き残り船員メルヒョール・サントフォールト夫妻と娘夫妻（夫は上記のフェルステーヘン）、および彼らの孫の名などがありますが、ジョゼフはありません。また、バタヴィアの慶弔関係、貸借関係の記録にもジョゼフの名は見られません。「老中奉書」も受けていることから、ジョゼフは特別に「日本人」として残留が認められたのでしょう。

ジョゼフが結婚した記録も見出せませんが、2世紀を経た天保五年（1834）刊の『新編相模国風土記稿』には「晩年当村（逸見）に住す、安針一子あり夭死して後嗣なきを以て家断絶すと云」とあります。この「安針」は息子ジョゼフのことと考えられます。晩年を平戸で過ごした父ウィリアムが「当村に住す」はずはないですし、「一子が夭死」してもいないからです。おそらくジョゼフは結婚して一子をもうけたものの、その子は早世し、さらにジョゼフの死によって采地もアダムス家の血統も消滅したのでしょう。

一方、『三浦古尋録』には、「この唐人（按針）は昔江戸日本橋に住居し鳥商い渡世して在り」とあり、おそらくそれを受けて『横須賀新報』（1888）にも、「江戸日本橋河岸に於いて魚鳥を販売するを以て業とせり」とあります。父ウィリアムが鳥や魚の商売に手を染めたとは考えられないので、この行は一見荒唐無稽なように思われます。

しかし、日本橋のアダムスの住居周辺では、当時魚市場や鳥市場が活況を呈していました。ドン・ロドリゴの江戸の見聞記事には、日本橋界隈と思われる部分に大きな魚市場のほか、「鳥類を扱う特別な街もあり、鶉《うずら》、雁《かり》、鴨《かも》、家雉、鶴、雌鳥、その他あらゆる種類の家禽《かきん》類を豊富に置いている」とあります。当時は多種多様な鳥料理が食卓を賑わせていました。寛永二十年（1643）版の『料理物語』には18種もの鳥類の料理法が紹介されています。おそらくジョゼフは、このころも生存していたでしょう。

こうしたことから、飛躍の誹《そし》りを承知で言えば、「魚鳥の販売」をしたのはジョゼフではないでしょうか。長く朱印船貿易に携わってきたジョゼフは、逸見の安穏な領主生活だけでは飽き足らず、長崎と東南アジアを結ぶ貿易から一転、それまでのビジネス経験を活かして自身の二つの住居を有効活用し、逸見周辺の豊かな魚鳥を日本橋に卸す商売に乗り出したのではないでしょうか。なお、以後も逸見と日本橋はずっと按針の縁で繋がっていて、日本橋からは毎年按針塚に米が奉納されたと伝えられています。

いずれにしても寛文三年（1663）、逸見村は横須賀や堀内などの御浦（三浦）郡12村と共に時の老中首座酒井《さかい》忠清《ただきよ》の領地となったので、ジョゼフはそれ以前に死去したのでしょう。上述の「安針一子あり……家断絶す」がジョゼフのことを指していて、家の断絶が寛文への元号変わり（1661）のころならば、ジョゼフは父同様に55歳前後で生涯を閉じたことになります。

一方、アダムスの娘スザンナについては、上述のジョゼフとの関連で述べられる『イギリス商館長日記』以外の史料はありません。すなわち、1616年にコックスが江戸参府を行ったとき、逸見で母と兄と共に出迎えたり、1622年にはコックスに招待されて江戸で歌舞伎鑑賞をしたりしています。また、コックスから何度か着物や人形などをプレゼントされています。ただ、スザンナの生年がいつなのか、結婚して子が存在したのか、どのような生涯を送ったのかなど興味は尽きませんが、手がかりはありません。

なお「寛永の大追放」では、ポルトガル人のみならず、イギリス人やオランダ人を父に持つ混血児とその母も日本から追放されました。この追放令によって、1639年に長崎からバタヴィアに送られた31人の中に「スザンナ」が3人います。うち一人はオランダ商館員ウィレム・フェルステーヘン（のち平戸オランダ商館長）の妻スザンナで、この女性はリーフデ号の生き残り船員サントフォールトの娘です。もう一人は4歳ですので、これら2人はアダムスの娘ではありません。3番目のスザンナは、オランダ商館商務員補アウフスチン・ミューレルの妻で、上は11歳から下は3歳までの、4人の子の母です。したがって年齢的にはミューレル夫人がスザンナ・アダムスであっても矛盾しませんが、アダムスの娘ならば「エゲレス（イギリス人）」と付記されるでしょう。エドムンド・セイヤーズの愛人だったマリアには「エゲレス」とあるからです（『続南洋日本町の研究』）。したがって、スザンナ・アダムスはこのリストに含まれないようなので、早世した可能性も考えられます。

5 平戸の遺児

アダムスの死から9ヶ月後、幼子を連れた女性がイギリス商館を訪ねてきました。アダムスが平戸でもうけた「隠し子」ですが、この子についてはわずかに『イギリス商館長日記』に次の二つの記事が残っているだけです。

- 1621年2月20日　キャプテン・アダムスの平戸で生まれた子がその母親に連れられて私のところに来たので、私は彼女に小粒銀20匁を与え、かつ、もしその子をイギリス国民の保護に委ねるつもりなら、学校に上げる費用を支払う旨を彼女に申し出た。
- 1621年4月16日　キャプテン・アダムスの子どもとコア・ジョンの子どもの長上衣の裏打ちをするため、日本産の琥珀〔織〕2反の代金として丁銀21匁を支払った。

「イギリス国民の保護に委ねる」「学校に上げる費用を支払う」などの文章から、その子は男児とみられます。当時、女児はそうした対象にならないでしょうし、前章で述べたイートンの息子ウリエモンは実際にイギリスに送られ、ケンブリッジの学生になっています。また、コックスはその子を「赤ん坊」としておらず、「連れてこられた」ので歩行してきたのでしょう。子は2、3歳でしょうか。

母親の素性も不明です。平戸でアダムスの使用人だったのはアントニーという男性とユガサという女性です。アダムスは遺言で両人に遺贈していますが、ユガサには鏡台と8タイユ（2ポンド相当）の棒銀を与えています。女中が若い女性ならば、往々主人の子を宿すこともありえるので、ある歴史家は男児の母がユガサである可能性を指摘しています。しかし、コックスはアダムスの遺言作成に立ち会ってその執行人になっています。「平戸の母子」は遺言状が作成されてからコックスを訪問しているので、もし「ユガサ」が子の母とすればコックスはそう記すでしょう。したがって、平戸の子の母が「ユガサ」とは思えません。

ちなみに「ユガサ」は大変珍しい名前です。当時ほとんどの庶民女性の名は2音節で、かつ多くはありふれた名です。第13章で述べた平戸の『宗門《しゅうもん》改《あらため》人別帳《にんべつちょう》』には「ユガサ」はありません。延宝六年（1678）成立の『色道大鏡』にある傾名（遊女の源氏名）についても同様です。とすれば「ユガサ」はある本名が訛ったものでしょうか。かのシーボルトは愛人「お滝さん」の名を採ってアジサイの一種に「オタクサ」と命名していますので、例えば傾名にある「日向（ひうが）」から「ひうがさん」が「ユガサ」と訛ったのでしょうか。

また当時、豊臣秀吉の朝鮮侵攻によって連行された人々が、日本で奴隷や使用人とされた例は多く見られました。長崎に在住していたスペイン人商人アビラ・ヒロンも、朝鮮人女性5人を奴隷としていました。アダムスにも使用人のアントニーがいて、アダムスは彼に若干の遺贈をし「解放」しています。ユガサがそうした一人とも考えられるでしょう。ちなみに朝鮮半島の大邸《テグ》には瑜伽寺《ユガサ》という寺院があります。

「平戸の子」のその後について、江頭巌氏は木田弥次右衛門文書の「ジャガタラ文」から、その子がバタヴィアに送られて現地で「あんち」という名で生活していたとの説を唱えています。同文書の差出人や発信年月日は明らかではありませんが　そこには「おみやどの、あんちどの、われら三人にてひつをあけ見候へば」という一文があります。現地で死亡したある女性の遺品を整理するため、女性の姪（ジャガタラ文の筆者）が故人の所持品の入った櫃《ひつ》（蓋付の大箱）を開けたときの様子を述べたものです。

江頭氏はここに出てくる「あんちどの」を「平戸の按針2世」に比定します。氏の根拠は、松浦氏の事績を記録した『三光譜録』にある次の一節です。なお、同書にある年号は1年誤っています。

> イケレス人も慶長十三年申年（1608）阿蘭陀船より平戸に来たり、其後同十七子年（1612）より十ヶ年我船より来たりけれども、利潤なくして来らず、頭人はアンチと云へり、後は日本の氏を求め三浦安知と云へり。

この「頭人アンチ」はもちろん父「三浦按針」を指しますが、江頭氏は「アンチ」（安知）の呼び名が「平戸生まれのアダムス2世」に受け継がれて「ジャガタラ文」に表れたと解釈しています。一方、岩生成一氏は前掲書でこの書簡の作成年を1665年ころと推定したうえで、「あんじ《（ママ）》」は「この頃よく一般に呼ばれているパイロットに当たる按針ではあるまいか」とし、人名ではなく職名とみています。なお、岩生氏は別書『朱印船貿易史の研究』で日本人の按針が多くいたことも指摘しています。

江頭説を判断する材料は乏しいですが、その子がアダムスの死のころに生まれたとすれば、オランダ人の子どもたちが多数追放された1639年に20歳前後、1665年には40代半ばとなります。ただ、上記のブレダ号の乗船者リストやバタヴィアの日本人の結婚記録、遺言状、借用証書などの資料には、ジョゼフを含めてアダムスとの結びつきを思わせる名はありません。このことから筆者は、「平戸の子」はバタヴィアとは結びつかないと考えます。

もっとも、追放者を乗せて出航した船はブレダ号に限りませんし、行き先もバタヴィアだけではなく、タイオワン（台湾）など別の場所も考えられます。不幸なケースでは、航海途上に嵐などで船が沈没した例や、オランダ人・イギリス人が日本人を奴隷や下僕、あるいは兵士として東南アジアに売ったケースも多くありました。結局「平戸の子」とその母の消息は不明とするしかありません。

以上のように、アダムスはイギリスで2人、日本で3人の子をもうけました。このうち、イギリスの娘デリヴァランスと日本の息子ジョゼフについては極めて断片的に30歳くらいまでの消息を追うことができ、イギリスには孫もいたことがわかっています。けれども、ほかの3人についてはほとんど知る術がなく、新史料の発掘を待つしかないのが現状です。

三浦按針（ウィリアム・アダムス）年譜

西暦	和暦	アダムス関係（日付は原則ユリウス暦）「G」はグレゴリオ暦	日本関連事項（漢数字は和暦日付）	外国関連事項
1558	永禄元			イギリス・エリザベス1世即位
1560	永禄三		五・十九 桶狭間の戦い	
1564	永禄七	9／24 ジリンガムの教会で受洗（アダムス誕生）		
1568	永禄十一		十・十八 織田信長、足利義昭を奉じて上洛	オランダ独立戦争始まる
1571	元亀二		九・十二 信長、比叡山焼き討ち	スペイン、マニラ建設
1573	天正元		七・二十六 将軍足利義昭追放	
1576	天正四	ライムハウスで徒弟修行を始める	信長、安土城を築く	
1580	天正八			スペイン・ポルトガル同君連合
1581	天正九			オランダ、事実上独立
1582	天正十		一・二十八 天正遣欧使節を派遣	

1587	天正十五		六・二 本能寺の変 五月 豊臣秀吉、九州平定 六・十九 バテレン追放令	
1588	天正十六	徒弟の年季が明ける スペイン無敵艦隊との海戦に参加 バーバリ会社に就職	七月 刀狩令	スペイン無敵艦隊イギリス侵攻
1589	天正十七	8/20 メアリ・ハインと結婚		フランス・ブルボン朝成立
1590	天正十八		秀吉の天下統一	
1592	文禄元		三月 文禄の役	
1595	文禄四			オランダ・ハウトマン隊、東インドへ
1596	慶長元		九月 サン・フェリペ号事件 十二・十九 長崎で二十六聖人殉教	
1597	慶長二		一月 慶長の役	
1598	慶長三	G6/24 マフー船隊、オランダ出帆 カーボ・ヴェルディ諸島など攻略	八・十八 秀吉死去	
1599	慶長四	4/6 マゼラン海峡に入る 9/3 マゼラン海峡抜け太平洋に入る	徳川家康、修道士ジェズス引見	

1600	慶長五	11／27サンタマリア島出帆 2／23僚船ホープ号、消息絶つ 4／19（12）リーフデ号、豊後に到達 大坂へ移送、家康と引見 5／12 入牢 6／22解放、7／22堺を出帆し浦賀へ	九・十五 関ヶ原の戦い	イギリス東インド会社成立
1602	慶長七	リーフデ号の船員たち、仲間割れ	八月 スペイン船、土佐清水に漂着	オランダ東インド会社成立
1603	慶長八	この頃、日本人妻を迎える 年末、家康が西洋船建造を依頼	二・十二家康、幕府を開く	イギリス・ジェームズ1世即位
1604	慶長九	80トンの西洋船完成 家康に帰国を願い出、却下される	五月 糸割符制度開始 朱印船貿易制度創設	
1605	慶長十	G12／2クワケルナック、パタニ着	四月 家康、将軍位を秀忠に譲る	
1606	慶長十一	クワケルナックらへの朱印状に添状 2隻目の西洋船120（170）トン完成か		
1607	慶長十二	2隻目を試験航行（浦賀―堺）か	五月 朝鮮使節が初来日 七月 家康、駿府で大御所政治へ	イギリス・ヴァージニア植民地成立

1608	慶長十三	相模国逸見の采地拝領か	大型スペイン船、浦賀入港	スペイン、オランダと12年間講和
1609	慶長十四	G7／1オランダ船、平戸に来航 G9／4牛窓でオランダ使節と遭遇 G10／1スペイン船、上総漂着 G11／8頃、ドン・ロドリゴと会見	二月 薩摩の島津氏、琉球を制圧 九月 西国大名に大型船禁止令 十二月 ポルトガル船、長崎で爆沈	
1610	慶長十五	G8／1ロドリゴ、西洋船で浦賀出航		
1611	慶長十六	G6／10返礼使節ビスカイノ来航 G7／25ビスカイノの誹謗に抗議 G8／15駿河でオランダ使節を迎える 江戸、浦賀、駿河を経、9／19平戸へ		
1612	慶長十七	平戸滞在、日本沿岸を航行か	岡本大八詰問、処刑 三月 キリスト教禁教令	
1613	慶長十八	いったん駿河と逸見に帰る 6／12英船クローヴ号平戸来航 7／29平戸で司令官セーリスと会見 8／7平戸出立、9／8駿河着 9／14江戸着、9／22浦賀着	九月 伊達政宗、慶長遣欧使節派遣	

		10月、家康より帰国許可得る 10/9 駿河発、11/6平戸着 11/24 東インド会社と雇用契約 12/5 クローヴ号、平戸出航 12/20頃、商館員を伴い平戸出立		
1614	慶長十九	2/16 大坂着、3/5江戸着 6月 駿府 朱印状申請後、7/21平戸着 12/17 平戸出航 12/22 奄美大島着 12/27 那覇入港、琉球滞在	十月 大坂冬の陣	
1615	元和元	5/22 那覇出航、6/10平戸帰着 9/11 平戸出立、10/8 駿河着 スペイン使節対応後、11/27平戸着 11/28-30 長崎滞在、12/7平戸出航	四月 大坂夏の陣 五月 豊臣家滅亡 七月 幕府、武家諸法度を制定	オランダ、モルッカ諸島占領
1616	元和二	1/10 バンコク到着、6月初め現地発 7/22 平戸帰着、7/30 江戸に出立 8/27 江戸着、9/26同地発 10/21 由比で落馬負傷、12/4平戸着 12/24 東インド会社との契約終了	四・十七 徳川家康死去 八月 唐船以外の外国船来航地を長崎・平戸に限定	

1617	元和三	3/23平戸出航　4/20コーチシナ着 7/1コーチシナ発、8/11平戸着 8/26平戸出立、9/11伏見着 京・大坂で商用に従事、12/22平戸着		
1618	元和四	3/17長崎福田出航、五島列島奈留、奄美大島に滞留 5/10長崎帰着 7/31平戸出立、9月江戸着 江戸滞在、将軍秀忠に彗星の説明		三十年戦争始まる
1619	元和五	1/25平戸着 3/15平戸出航　4/14トンキン着 8月末平戸着、しばらく病臥 9月オランダ船捕囚の英人を救援		オランダ、バタヴィア建設
1620	元和六	5/16平戸にて死去		イギリス船メイフラワー号、アメリカ大陸へ渡航
1621	元和七	平戸の母子、コックス訪問		
1622	元和八		八月 元和の大殉教	
1623	元和九	11月 イギリス商館閉鎖	七月 家光、3代将軍に就任	アンボイナ事件

1624	寛永元	ジョゼフ（アダムス2世）朱印状を得る	スペイン船の来航禁止	
1626	寛永三	8月 ジョゼフ、京に滞在		
1632	寛永九	ジョゼフ、朱印船で貿易		
1633	寛永十		二月 奉書船以外の海外渡航禁止	
1634	寛永十一	七・十六 アダムスの日本人妻死去		
1635	寛永十二	ジョゼフの朱印船、カンボジアへ	五月 日本人の海外渡航・帰国禁止	
1636	寛永十三	ジョゼフの船、カンボジアから帰着 八・二十三 ジョゼフ、鹿島神社に奉納		
1637	寛永十四		十月 島原の乱	
1639	寛永十六		七月 ポルトガル船の来航禁止	

1915.
Quinn, David B., *The Last Voyage of Thomas Cavendish 1591-1592*, Chicago, 1975.
Rennville, Constantin de, *A collection of voyages undertaken by the Dutch East-India Company*, London, 1703.
Rundall, Thomas, *Narratives of Voyages towards the North-west, in Serch of a passage to Cathay and Indie*, New York, 1967 [1849].
Schmitt, Charles B., *The Faculty of Arts at the time of Galileo*, Phisis 14, 1972.
Schurz, William Lytle, *The Manila Galleon*, New York, 1939.
Shaw, William Arthur(ed.), *Letters of denization and acts of naturalization for aliens in England and Ireland, 1603-1703*. in *Publications of the Huguenot society of London, vol.17*, Nendeln, 1969, p. 60.
Silverberg, Robert, *The Longest Voyage: Circumnavigators in the Age Of Discovery*, Ohio U.P., 1972.
Sinclair, William Frederik, *The Travels of Pedro Teixeira, with his "kings of Harmuz " and extracts from his "kings of Persia"*, Nendln, 1967 (orig.1902).
Stevens, Henry, *The dawn of British trade to the East Indies, as recorded in the court minutes of the East India Company, 1599-1603*, London, 1888.
Veer, Gerrit de (Lieutenant Koolemans Beynen, with Introduction), *The Three Voyages of William Barents to the Arctic Regions (1594,1595, and 1596)*, New York, 1967.
Wieder, Frederik Caspar, *De reis van Mahu en de Cordes door de Straat van Magalhães naar Zuid-Amerika en Japan, 1598-1600 : scheepsjournaal, rapporten, brieven, zeilaanwijzingen, kaarten, enz.* / uitgegeven en toegelicht door F.C. Wieder ; 3de d. 1925.
Wild, Cyril, *Purchas his Pilgrims in Japan*, Kobe, 1939.
Willan, Thomas Stuart, *Studies in Elizabethan Foreign Trade*, Manchester, 1959.

〈人名事典〉

H.C.G.Matthew and Brian Harrison (eds.), *Oxford Dictionary of National Biography*, New York, 2004.

pan, Warren CT, 2006
Delplace, Louis, *Le Catholicisme au Japan ; tome 2*, Bruxelle, 1910.
Eden, Richard(pref. by M. Paske-Smith), *England and Japan : the first known account of Japan in English, extracted from The history of travayle, 1577*, Kobe, 1929.
Ellis, William, *Journal of a Tour of Hawaii, or Owhyhee; with Remarks on the History, Traditions, Manners, Customs, and Language of the Inhabitants of the Sandwich Islands*, Rutland Ver. & Tokyo, 1979.
Emma Helen Blair and James Alexander Robertson (eds.), *The Philippine Islands, 1493-1803 : explorations by early navigators, descriptions of the islands and their peoples, their history and records of the Catholic missions, as related in contemporaneous books and manuscripts, showing the political, economic, commercial and religious conditions of those islands from their earliest relations with European nations to the beginning of the nineteenth century,* Cleaveland Ohaio, 1903-1909.
Gil, Juan, *Hidalgos y samurais : Espana y Japon en los siqlos XVI y XVII*, Madrid, 1991.
Hedin, Sven, *Southern Tibet ; Discoveries in former times compared in my own reserches in 1906-1908, vol.1*, Stockholm, 1917.
Kelsey, Harry, *Sir Francis Drake : The Queen's Pilate*, New Haven & London, 1998.
Leupe, Pieter Arend, *Reize van Maarten Gerritszoon Vries in 1643 naar het noorden en oosten van Japan*, Amsterdom, 1858.
Leupp, Gary P, *Interrational Intimacy in Japan : Western men and Japanese women 1543-1900*, London and New York, 2003.
MacDougall, Philip, *The Chatham Dockyard Story ; Revised and Expanded Edition*, Rainham, 1987.
Massarella, Derek, *A World Eleswhere : Europe's Encounter with Japan in the Sixteenth and Seventeenth Centuries*, New Haven & London, 1990.
Mathes, Michael W., *The Capture of the SANTA ANA Cabo San Lucas November, 1587*, Los Angels, 1969.
Moreland, W.H.(ed.), *Peter Floris His Voyage to the East indies in the Globe 1611-1615*, London, 1934,
Pratt, Peter (ed. M.Paske-Smith), *History of Japan : compiled from the records of the English East India Company at the instance of the Court of Directors*, Washinton D.C., 1979[1822].
Purnell, C.J., '*The Log Book of William Adams 1614-1619,and other related documents*', in *"Transactions and Proceedings of the Japan Society, volume XIII, Pt.2"*, London, 1914-

村上直次郎『貿易史上の平戸』日本学術振興会、1917年
森良和「クリストファーとコスマス」(『論叢：玉川大学教育学部紀要』) 2010年
森良和「ディルク・シナと日本」(『論叢：玉川大学教育学部紀要』) 2012年
森良和「メルヒオール・サントフォールト——日本で生きることを選んだリーフデ号船員の生涯」(『論叢：玉川大学教育学部紀要』) 2013年
森良和「ウィリアム・アダムズの日本人妻——その出自と名前をめぐって」(『論叢：玉川大学教育学部紀要』) 2016年
森良和「ウィリアム・アダムズと西洋船」(『論叢：玉川大学教育学部紀要』) 2017年
森良和「ウィリアム・アダムズと三つの島——スピッツベルゲン、ハワイ、ルソン」(『論叢：玉川大学教育学部紀要』) 2018年
山下重一「三浦按針（ウィリアム・アダムス）の琉球航海記」(『南島史学』47号) 1996年
山本義隆『十六世紀文化革命 2』みすず書房、2009年

〈外国人による二次文献〉

D.N.Barnes, *GILLINGHAM PARISH CHURCH ; A Brief Summary*. (Web site)
Baldwin, Ronald A., *The Gillingham Chronicles*, Lochester Kent, 1998.
Barreveld, Dirk, *The Dutch Discovery of Japan : The True Story behind James Clavell's famous novel Shogun*, San Jose et.al, 2001.
Borschberg, Peter, *The Singapore and Melaka Straits : violence, security and diplomacy in the 17th Century*, Singapore, 2010.
Boxer, Charles R., *Portuguese Merchants and Missionaries in Feudal Japan 1543-1640*, London, 1986.
Boxer, Charles R., *The Christian Century in Japan, 1549-1650*, London, 1949.
Boxer, Charles R., *Jan Compagnie in Japan, 1600-1850; an essay on the cultural, artistic and scientific influence exercised by the Hollanders in Japan from the seventeenth to the nineteenth centuries*, Oxford, 1968.
Burnell, Arthur C.(ed.), *The Voyage of John Huyghen Linschoten to the East Indies*, New York, 1964.
Corr, William, *Adams the Pilot : The Life and Times of Captain William Adams, 1564-1620*, Folkstone Kent, 1995.
Dahlgren, Erik W., *The Discovery of Hawaiian Islands*, New York, 1917.
De Lange, William, *Pars Japonica : The First Dutch Expedition to Reach the Shores of Ja-*

岩生成一『南洋日本町の研究』岩波書店、1966年
岩生成一『朱印船貿易史の研究』弘文堂、1958年
岩生成一「蘭文史料から見た三浦按針とその家族」（日蘭学会編『日蘭学会創立十周年記念誌』）1985年
江頭巖『三浦按針と平戸英国商館』山口書店、1980年
江戸東京博物館編『大伝馬町名主の馬込勘解由』、2009年
大矢真一『日本科学史散歩――江戸期の科学者たち』中央公論社、1974年
岡田章雄『岡田章雄著作集V　三浦按針』思文閣出版、1984年
岡本良知『十六世紀世界地図上の日本』弘文荘、1938年
角田文衞『日本の女性名　歴史的展望（中）』教育社、1987年
金井圓『日蘭交渉史の研究』思文閣出版、1986年
幸田成友『史話東と西』中央公論社、1940年
菊野六夫『William Adamsの航海誌と書簡』南雲堂、1972年
志賀重昂『世界山水図説』冨山房、1911年
菅沼貞風『大日本商業史』東邦協会、1891年
杉浦昭典『海賊キャプテン・ドレーク――イギリスを救った海の英雄』中公新書、1977年
鈴木かほる『徳川家康のスペイン外交――向井将監と三浦按針』新人物往来社、2010年
鈴木秀夫『気候変化と人間――１万年の歴史』大明堂、2000年
高瀬弘一郎『キリシタン時代の貿易と外交』八木書店、2002年
田中健夫編『日本前近代の国家と対外関係』吉川弘文館、1987年
東京市日本橋区編纂『日本橋区史 第四冊』、1916年
中村拓『鎖国前に南蛮人の作れる日本地図 第1』東洋文庫、1966年
橋本進「デ・リーフデ号の航海（後編）」（『全船協技報』35号）2001年
坂東省次・川成洋編『日本・スペイン交流史』れんが書房新社、2010年
比嘉洋子「ウィリアム・アダムス 琉球諸島航海日誌一六一四―一五年」（『南島史学』９号）1976年
平戸市史編さん委員会編『平戸市史 歴史史料編１』平戸市、2001年
藤井讓治編『織豊期主要人物居所集成』思文閣出版、2011年
水越允治編『古記録による16世紀の天候記録』東京堂出版、2004年
皆川三郎『形成期の東インド会社とWilliam Adams』篠崎書林、1983年
村上晶子「肥後四官とその系譜――伊倉唐人墓 郭濱沂とその一族」（『熊本史学』98号）2017年

『長崎古今集覧』（長崎文献叢書、第2集第2巻）、松浦東渓著（森永種夫校訂）、長崎文献社、1976年
『相中留恩記略、校注編：巻之二十二』福原高峰撰、相中留恩記略刊行会編、有隣堂、1967年
『新編相模国風土記稿』（大日本地誌体系23）雄山閣、1998年、原本は間宮士信ら編纂、天保13年（1842）成立

〈洋書の二次史料翻訳書〉※［　］内は原著出版年

コンスタム、アンガス（大森洋子訳）『図説スペイン無敵艦隊』原書房、2011［2002］年
ツィルゼル、エドガー（青木靖三訳）『科学と社会』みすず書房、1967［1949］年
ナホッド、オスカー（富永牧太訳）『十七世紀日蘭交渉史』養徳社、1956［1897］年
パジェス、レオン（吉田小五郎訳）『日本切支丹宗門史 上』岩波書店、1938［1870］年
パステルス、パブロ（松田毅一訳）『16-17世紀日本・スペイン交渉史』大修館書店、1994［1925-1936］年
ハリスン、モリー（藤森和子訳）『こどもの歴史』法政大学出版局、1996［1969］年
ヒル、フアン（平山篤子訳）『イダルゴとサムライ――16・17世紀のイスパニアと日本』法政大学出版局、2000［1991］年
プラム、クラウス・モンク（下宮忠雄訳）『按針と家康――将軍に仕えたあるイギリス人の生涯』出帆新社、2006［1996］年
フレンチ、ピーター（高橋誠訳）『ジョン・ディー――エリザベス朝の魔術師』平凡社、1989［1972］年
ペレス、ロレンソ（野間一正訳）『ベアト・ルイス・ソテーロ伝――慶長遣欧使節のいきさつ』東海大学出版会、1968［1924］年
ミルトン、ジャイルズ（築地誠子訳）『さむらいウィリアム――三浦按針の生きた時代』原書房、2005［2002］年
ロジャーズ、フィリップ・ジョージ（幸田礼雅訳）『日本に来た最初のイギリス人：ウィリアム・アダムズ＝三浦按針』新評論、1993［1956］年

〈日本人による研究書・論文〉

相原良一「三浦按針の北西航路探検計画」（『横浜市立大学論叢 人文科学系列』21巻1号）1969年
荒野泰典編『日本の時代史14　江戸幕府と東アジア』吉川弘文館、2003年
岩生成一『続 南洋日本町の研究』岩波書店、1987年

河野純徳訳『フランシスコ・ザビエル全書簡』平凡社、1985［1535-1552］年
フランシス・ベーコン（服部英次郎・多田英治訳）『学問の進歩』岩波書店、1974［1623］年
ジョン・セーリス（村川堅固訳、岩生成一校訂）『日本渡航記』雄松堂書店、1970［1611-1613］年
永積洋子訳『平戸オランダ商館の日記 第1輯—第3輯』岩波書店、1969［1627-1641］年
田中丸栄子企画・編集『三浦按針11通の手紙 英和対訳』長崎新聞社、2010年
平戸市史編さん委員会編『平戸市史 歴史史料編1』平戸市、2001年
松田毅一監訳『十六・七世紀イエズス会日本報告集 第Ⅰ期第3巻—第5巻』同朋舎出版、1988年
松田毅一監訳『十六・七世紀イエズス会日本報告集 第Ⅱ期第1巻—第2巻』同朋舎出版、1990年、1996年
東京大学史料編纂所編『大日本史料』東京大学出版会、1904-1973年
『第十二編之二』、『第十二編之三』、『第十二編之四』、『第十二編之六』、『第十二編之八』、『第十二編之十二』、『第十二編之二十九』、『第十二編之三十三』、『第十二編之三十六』
東京大学史料編纂所編『日本関係海外史料：イギリス商館長日記』（全7分冊）東京大学出版会、1979-1981年
東京大学史料編纂所編『日本関係海外史料 オランダ商館長日記訳文編之六』東京大学出版会、1987年、248頁に「オランダ東インド総督アントニオ・ファン・ディーメン書簡、日本国国事顧問宛、バタフィア発、1642年6月28日附」

〈和書古典籍〉
『萩藩閥閲録 第二巻』山口県文書館編、山口県文書館、1968年
『鹿苑日録 第三巻』辻善之助編、大洋社、1934-1937年
『當代記 巻三』松平忠明（国書刊行会編）、『史籍雑纂第二』所収、国書刊行会、1912年（原著は寛永年間か）
『徳川実紀 第一篇』黒板勝美編（新訂増補国史大系）、吉川弘文館、1976年
『家康公伝 5』大石学ほか編、吉川弘文館、2012年
『武徳大成記 二』林信篤ほか、汲古書院（内閣文庫所蔵史籍叢刊）、1989年
『異国往復書簡集・増訂異国日記抄』村上直次郎訳注、雄松堂、1966年（改訂復刻版）
『慶長見聞集』三浦浄心（中丸和伯校注）、新人物往来社、1969年

etc. London, 1551.
Recorde, Robert, *The Castle of Knowledge, containing the Explication of the Sphere both Celestiall and Materiall, etc.* London, 1556.
Recorde, Robert, *The whetstone of witte, whiche is the seconde parte of Arithmetike: containyng thextraction of Rootes etc.* London, 1557.
Rundall, Thomas, *Memorials of the empire of Japan*, London, 1850.
Stow, John, *A Survey of London*, Oxford, 1908 [reprinted from the text of 1603, with introduction and notes by Charles Lethbridge Kingsford].
Sainsbury, Ethel B., *A calendar of the court minutes, etc., of the East India Company, 1668-1670*, Oxford, 1929.
Scheffer, John, *The History of Lapland*, Oxford, 1674.
Veer, Gerrit de, *The true and perfect description of three voyages by the ships of Holland and Zeland*, Amsterdam, 1970(orig.1609).

〈16、17世紀著作・史料の邦訳書〉 ［　］内は原著出版年

J・G・ルイズデメディィナ『遥かなる高麗――16世紀韓国開教と日本イエスス会』近藤出版社、1988年。186-196頁に「1598年9月4日、日本司教セルケイラの奴隷に対する見解」
ルイス・フロイス（松田毅一ほか訳）『完訳日本史８』中公文庫、2000［1584-1594］年
ガリレオ・ガリレイ（今野武雄・日田節次訳）『新科学対話』岩波書店、1967［1638］年
アントニオ・モルガ（神吉敬三ほか訳）『フィリピン諸島誌』岩波書店（大航海時代叢書７）、1970［1609］年
生田滋ほか編『イエズス会と日本 一』（大航海時代叢書第Ⅱ期６）岩波書店、1988年
慶七松（若松実訳注）『海槎録：江戸時代第一次朝鮮通信使の記録』日朝協会愛知県連合会、1985［1607］年
呉允謙（若松実訳）『東槎上日録：江戸時代第二次朝鮮通信使の記録』日朝協会愛知県連合会、1986［1618］年
ヤン・ハイヘン・リンスホーテン（岩生成一ほか訳）『東方案内記』（大航海時代叢書８）岩波書店、1988［1595］年
ハウトマン、ファン・ネック（渋沢元則訳）『東インド諸島への航海』（大航海時代叢書第2期10）岩波書店、1981［1597］年
岩生成一『慶元イギリス書翰』（異国叢書、改訂復刻版）、雄松堂書店、1966年

参考文献

〈洋書一次史料・史料集〉

Bourne, William, *A Regiment for the Sea*, London, 1574.

Couto, Diogo do, *Da Asia : Decada XII*. Lisboa, 1778(orig.1611).

Danvers, Frederic Charles, *Letters received by the East India Company from its servants in the east transcribed from the original correspondences series of the India office records, 4 vols*, Amsterdam, 1968.

Dee, John, *General and Rare Memorials pertayning to the Perfect Arte of Navigation*, 1577.

Digges, Leonard, *A Prognostication everlasting*, London, 1556.

Eden, Richard, *The history of trauayle in the West and East Indies, and other countreys lying eyther way, towardes the fruitfull and ryche Moluccaes : As Moscouia, Persia, Arabia, Syria, Ægypte, Ethiopia, Guinea, China in Cathayo, and Giapan: vvith a discourse of the Northwest passage*. London, 1577.

Farrington, Anthony, *The English Factory in Japan 1613-1623*, London, 1991.

Hakluyt, Richard, *The principal navigations, voyages, traffiques & discoveries of the English nation : made by sea or over-land to the remote and farthest distant quarters of the earth at any time within the compasse of these 1600 yeeres*, New York, 1965.

Linschoten, Jan Huygen, *Voyage into East & West Indies*, London, 1598.

London Historical Documents, *Authentic replica antiqued parchment*, London,19–.

Morga, Antonio de (Wenceslao Emilio Retana [ed.]), *Sucesos de las Islas Filipinas*, Madrid, 1909(orig.1602).

Pasio, Francois, *Lettres Annales du Japon 1603-1606*, Lyon, 1609 (1605).

Polo, Marco(trans. John Frampton), *The most noble and famous travels of Marco Polo, based on Santaella's Castilian translation of 1503*, London,1579.

Public Record Office, *Calendar of state papers, domestic series, of the reigns of Edward VI., Mary, Elizabeth, 1547-1625*, [v.3], London.

Public Record Office, *Calendar of state papers , colonial series v.2 ; East indies, China and Japan, 1513-1616*, London, 1978(rpt.).

Purchas, Samuel, *Hakluytus Posthumus or Purchas his Pilgrimes, contayning a History of the World in Sea Voyages and Lande Travells, by Englishmen and others*, Glasgow, Reprinted in 1907(Orig.1625).

Recorde, Robert, *The Pathway to Knowledge, containing the First Principles of Geometry*

あとがき

三浦按針の不思議な魅力に引き込まれたのは、かなり前のことです。6年前に『リーフデ号の人々――忘れ去られた船員たち』（学文社）を刊行する以前から、本書の「主役」アダムスには格別の関心を持ち、いつか成果をまとめたいと思っていました。しかし、アダムス関係の著作や論文、小説は大量に出ています。安易に「按針ラビリンス」に彷徨い込むと、出られなくなる危惧も感じていました。それでもアダムスについての史実と評価が実にさまざまなことを踏まえ、「本当はどうだったか」という素朴な視点から本書の刊行を決意しました。

アダムスについては「実際よりも過大な名声と評価を得ている」とするものから、ほとんど英雄視し伝説化しているものまで、諸説が乱立しています。本書では、アダムスの「北東航路」「ハワイ」「関ヶ原の戦い」などとの関わりにいずれも否定的なので、按針研究の「ミニマリスト」と捉えられるかも知れません。むろん今後の新史料の発見で、それらに新解釈が生じることは十分承知しています。

本書の発刊にあたっては多くの人たちの支援を受けました。中でも『萩藩閥閲録』から新史料を提供していただいた日本大学助教小川雄氏、オランダ人・イギリス人の出自について貴重なご教示をいただいた千葉大学教授小川秀樹氏、本書の出版についてさまざまなご配慮とご指摘をいただいた東京堂出版編集部長の小代渉氏に心から謝意を表します。

【著者略歴】

森　良和（もり・よしかず）

1951年千葉県生まれ。

早稲田大学第一文学部西洋史学専修卒業。同大学院文学研究科史学専攻博士課程単位取得満期退学。

玉川学園高等部教諭（1983—98年）を経て、玉川大学通信教育部講師、准教授、教授を歴任。2017年退職。

主な著作
『リーフデ号の人びと——忘れ去られた船員たち』（学文社、2014年）
『ジョン・ハーヴァードの時代史』（学文社、2004年）
『歴史のなかの子どもたち』（学文社、2003年）
『他者のロゴスとパトス』（共著、玉川大学出版部、2006年）

三浦按針《みうらあんじん》——その生涯《しょうがい》と時代《じだい》

2020年４月30日　初版印刷
2020年５月10日　初版発行

著　者　　森　良和
発行者　　金田　功
発行所　　株式会社 東京堂出版
〒101-0051　東京都千代田区神田神保町1-17
電話　03-3233-3741
http://www.tokyodoshuppan.com/

装　丁　　常松靖史［TUNE］
組　版　　有限会社 一企画
印刷・製本　中央精版印刷株式会社

ISBN978-4-490-21028-6 C1021

東京堂出版の本

［価格税別］

江戸時代　来日外国人人名辞典

岩下哲典［編］

●A5判上製／392頁／6800円

徳川日本の個性を考える

ピーター・ノスコ［著］　大野ロベルト［訳］

●A5判上製／328頁／4500円

錦絵解析　天皇が東京にやって来た！

奈倉哲三［著］

●A5判並製オールカラー／224頁／2800円

東京堂出版の本

［価格税別］

幕末維新史年表

大石学［編］

●A5判並製／296頁／3000円

明治維新とは何か？

小路田泰直・田中希生［編］

●四六判上製／300頁／2800円

明治維新と近代日本の新しい見方

M・ウィリアム・スティール［著］　大野ロベルト［訳］

●A5判上製／344頁／4500円